ALMANAQUE DO PENSAMENTO

Um vislumbre de 2005

Neste ano, a vida torna-se um pouco mais fácil, uma vez que os aspectos planetários favoráveis são em maior número que os desfavoráveis. Tomara que as pessoas se tornem mais conscientes e os usem para elaborar um futuro de maior bem-estar e segurança, mudando o quadro atual de insegurança e destruição de valores!

Na verdade, convém multiplicar os esforços neste período favorável às finanças e aos bens materiais, procurando conservar essas vantagens pelo maior tempo possível. Será sinal de inteligência você tomar as medidas razoáveis para adquirir bens para o seu futuro e o da sua família; portanto, convém estabilizar as economias, retornar aos estudos ou dedicar-se a uma formação profissional superior. Todos deverão evitar desperdícios de recursos para que não façam falta nos anos seguintes, principalmente bens preciosos como a água, a eletricidade e os alimentos. Os melhores momentos do ano irão de maio a setembro; outubro será um mês agitado e mais difícil, e principalmente os jovens reivindicarão mais os seus direitos. Haverá um aumento de problemas de saúde, como febres de origem desconhecida, por exemplo. Pode haver rompimento de tratados e associações poderão desfazer-se.

No final do ano, a situação político-econômica será ambígua e haverá certa instabilidade financeira, aumento exagerado de impostos e uma certa lentidão na indústria e na construção civil.

No entanto, em 2005 iremos assistir a uma renovação dos valores espirituais e ideológicos. Constataremos um surto positivo de senso patriótico e de fraternidade. Ainda não é a "era dourada", mas haverá um esforço maior por mais humanidade e senso de universalidade.

A Lua, regente de 2005, coloca a ênfase nas viagens, no comércio e, sem dúvida, nas emoções. Aproveite essa energia para cuidar da saúde e implantar harmonia no seu meio ambiente.

Horóscopo 2005

O ano de 2005 é o vigésimo quinto do atual ciclo solar (que se iniciou em 1981). Seu regente anual é a Lua, o que dá maior destaque aos assuntos relacionados com as viagens, a saúde, a vida cotidiana e os assuntos domésticos, bem como com a água e os líquidos em geral. O ano é propício para o comércio varejista. Favorece a lida com os artigos de primeira necessidade. A pesca também está favorecida.

Os arcanos cabalísticos referentes a este ano são: 25, 5 e 30.

O **25**, que é o número do atual ciclo, tem no Tarô a denominação de "O Soldado do Cetro" (altos empregos). "O teu futuro depende de agires e trabalhares; o porvir é um campo que precisa ser lavrado. No bem, como no mal, todo trabalho dá seus frutos. Perigos por causa da indecisão."

O **5**, que indica o ano do presente século, tem no Tarô a denominação de "O Mestre dos Arcanos" (inspiração, inteligência, gênio, ensinamentos, reunião, acumulação). "O teu futuro está sob a influência de um bom ou de um mau Gênio. Recolhe-te ao silêncio e à solidão; uma voz interior te falará. Que a tua consciência lhe responda."

A soma dos Arcanos 25 + 5 = **30** indica no Tarô "Quatro Cetros". "Realização do sucesso esperado; empresas sérias e estáveis. Proteções. A saúde depende das medidas higiênicas."

Horóscopo para o Brasil no ano de 2005

Dentre as diversas progressões para este ano no horóscopo do Brasil, temos a conjunção do Ascendente progredido com Vênus radical como um dos principais aspectos. Indica o favorecimento da nação aos trabalhadores, à produtividade, enfim, ao conceito de trabalho e à valorização daqueles que realmente são produtivos. O bom aspecto formado entre Vênus progredido e Júpiter radical reforça todos estes significados, e dá ainda mais força para a boa interação entre o país e aqueles que nele são trabalhadores produtivos.

Como conseqüência de tais aspectos, o país tende a ter um ano de aumento de produtividade, de crescimento financeiro e de aumento da oferta de emprego. Uma melhor condição de vida para todos é o que também parecem indicar tais aspectos. Como veremos adiante, outras configurações corroboram o ganho de condições materiais e de estabilidade, em todos os níveis, para a população em geral.

O Sol progredido em quincunce com Vênus e em sesquiquadratura com Marte são outras indicações importantes para este ano. O primeiro reforça as mudanças em favor da classe trabalhadora e a valorização do próprio trabalho em si mesmo – convenhamos que este não é um país que, normalmente, valoriza o trabalho; e agora estamos num período atípico, em que este passa a estar no centro das importâncias da nação. O segundo aspecto, com Marte, simboliza o atrito entre os objetivos e metas da nação com algumas das forças que governam e comandam o país. Há mudanças necessárias aqui, inclusive para que ocorram os bons resultados acima enunciados.

A Lua progredida está na Casa XII do mapa radical do Brasil, indicação de período de sanar deficiências, em especial no campo da saúde e da alimentação da população. Ao fazer bons aspectos com Júpiter e Lua radicais em janeiro e fevereiro, a Lua progredida indica que todo o progresso material já tem início desde os primeiros meses de 2005. A Lua forma ainda quadratura com Saturno em maio, momento de restrições e problemas para o país, em particular nas áreas de educação, transportes, nas relações de forças na Câmara e no Senado, assim como para a área de saúde. Em outubro, a Lua forma conjunção com a Cabeça do Dragão, indício muito positivo de se tomar decisões que podem começar a resolver, em alguma medida, deficiências profundas sempre presentes no país, tais como a ausência de um projeto amplo ou do devido crédito no planejamento das ações.

Dentre os trânsitos planetários sobre a carta natal do Brasil, temos a quadratura de Plutão a Mercúrio como um dos principais. Ocorrendo em fevereiro, maio e dezembro, e marcando todo o tempo entre estes meses, tal aspecto simboliza grandes transformações nas relações comerciais do Brasil com outros países, seja por causas externas, seja pela própria política do governo quanto a exportações e importações. O país segue assumindo um novo papel dentro das relações internacionais, não somente do ponto de vista comercial, mas também político. Pode haver crises devido ao radicalismo de algumas mudanças, mas estas virão colocar uma nova ordem em vigor – e esta nova ordem tende a ser muito positiva para o país.

Outro trânsito importante é aquele em que Urano forma quadratura com Júpiter e Lua no mapa radical do país. Partindo da posição de Urano na Casa I de nosso mapa, tais aspectos afligem a ordem social, gerando agitação e a quebra de certos padrões da mentalidade básica do país.

A revolução solar para setembro de 2005 traz Ascendente Touro, conjunto ao Fundo-do-Céu do mapa radical, assim como o Sol na Casa IV do mapa de revolução. Estes dois fatores, somados ao trânsito de Urano acima, indicam o quão importante será a atenção dada à população do país. E não apenas àquela carente, mas será dada importância às pessoas que compõem a nação, à população em seu conjunto, e menos ênfase às instituições e às estruturas. Ou, melhor dizendo, estas últimas poderão ser colocadas realmente mais a serviço da população.

◈ ◈ ◈

Um credo para aqueles que sofreram

Soldado confederado desconhecido

Pedi a Deus que me desse força, para que eu pudesse ter sucesso.
Ele me fez fraco, para que eu aprendesse a obedecer com humildade...
Pedi saúde, para que eu pudesse fazer grandes coisas.
Ele me tornou enfermo, para que eu pudesse fazer coisas ainda melhores...
Pedi riquezas, para que eu pudesse ser feliz.
Ele me deu a pobreza, para que eu pudesse ser sábio...
Pedi poder, para que eu pudesse receber elogios dos homens,
Recebi a fraqueza, para que eu pudesse sentir a necessidade de Deus...
Pedi todas as coisas, para que eu pudesse aproveitar a vida.
Recebi a vida, para que eu pudesse aproveitar todas as coisas...
Não obtive nada do que pedi – e sim tudo o que eu desejara.
Quase sem eu querer, minhas preces não pronunciadas foram atendidas.
Eu sou, entre os homens, honradamente abençoado!

– Extraído de *Passos Simples*, do Dr. A. Caliandro, Ed. Cultrix.

Por que temos tanta dificuldade para assumir nossos atos...

Um dia, durante uma viagem, um rapaz olhou pela janela do quarto do hotel onde estava hospedado e viu duas cenas lá embaixo: dois garotos, talvez entre 8 e 9 anos de idade, andando pela rua na direção oposta ao hotel, ambos aparentemente aproveitavam o belo dia ensolarado. De repente, um dos garotos passou a perna direita na frente das pernas do amigo e girou o corpo para enganchar as pernas do outro, fazendo que ele caísse na calçada com o rosto no chão. O nariz do garoto começou a sangrar instantaneamente, e a sua bochecha direita estava arranhada. Ele rolou na calçada e começou a gritar de dor.

O garoto que o fez tropeçar olhou ao redor para ver se alguém havia testemunhado o que ele fizera. Satisfeito porque a área estava livre, ele tentou ajudar o amigo a se levantar, mas o garoto caído recusou a ajuda. Ele fez uma leve tentativa de puxar a mão do amigo e começou a chorar. Logo, alguns adultos apareceram por ali; um deles colocou um lenço no nariz do garoto e inclinou sua cabeça para trás para interromper o sangramento. Outro o ajudou a levantar-se.

Precisamente naquele momento, um terceiro garoto apareceu no local. Ele observou com desinteresse o que estava acontecendo e começou a conversar com o culpado. Alguns minutos depois, os dois garotos foram embora. Enquanto eles caminhavam, o autor da façanha mostrava ao outro garoto como seu amigo tropeçara sobre os próprios pés. Em câmara lenta, o garoto imitava repetidas vezes como o amigo tinha virado o pé, e como esse inocente erro tinha feito com que ele caísse no chão. Enquanto representava para o amigo como o "acidente" havia acontecido, ele também gesticulava para mostrar como o rosto do amigo tinha se arranhado na calçada e feito o nariz dele sangrar.

É evidente que ele estava criando uma outra história para aquilo que realmente acontecera. O garoto tentava se convencer de que era inocente. Era quase como se a explicação dele fosse um desejo de que o fato tivesse acontecido daquela maneira.

Ele não só machucou o menino, mas continuou mentindo sobre isso para o outro.

O motivo de o garoto estar realmente negando a verdade, era que ele tinha problemas em aceitar as próprias ações. Por que temos tanta dificuldade para aceitar os nossos atos que sabemos serem prejudiciais aos outros? Por que nos sentimos compelidos a mentir sobre as coisas erradas que fazemos? Talvez a resposta para essas perguntas esteja nas bases éticas essenciais à natureza humana e também podem estar entrelaçadas em nosso DNA.

– Extraído de *Determine a sua Própria Sorte*, de Peter Morgan, Ed. Cultrix.

O poder impressionante do amor...

O amor é a nossa principal emoção. Dependemos dele não apenas para a felicidade como também, provavelmente, para a nossa existência, e ele possui miríades de expressões físicas. O amor também é uma força metafísica, uma outra dimensão – uma energia tão poderosa que estamos apenas começando a redescobrir a sua magnitude.

O amor é o nosso caminho, a nossa ligação com a bondade, e como esta, ele nunca se esgota. O manancial e o fluxo do amor estão sempre presentes, à espera de que nos liguemos a ele.

Vamos então nos conectar com o amor e com os outros por meio do amor. Fazemos isso de um modo espontâneo na vida pessoal, e publicamente, os momentos de crise extraem de nós um comportamento incrivelmente altruísta. Isso é bom. Mas não precisamos esperar que o amor aconteça espontaneamente. O amor é uma direção que podemos seguir, uma escolha que podemos fazer a cada momento da vida. E quando a escolha parece confusa, difícil ou praticamente impossível, a dádiva do amor está presente, de graça. Nem mesmo precisamos ter o trabalho de estabelecer a conexão – tudo que temos que fazer é pedir e o amor aparece.

Às vezes temos consciência dessa corrente de amor e ficamos emocionados. Mas quando ele nos visita inesperadamente, ele nos deixa carentes, tentando decifrar o significado do amor. Acreditamos que ele acontece a nós e não é algo que possamos atrair, aproveitar e controlar. Num certo sentido, isso está certo, pois não podemos ser donos do amor; porém, ele circula pelo mundo e através de nós o tempo todo, de modo que somos amor, uma parte dele, e ele é uma parte de nós. Certamente podemos estimulá-lo a entrar na nossa vida e ativar a consciência que temos dele. E sem dúvida, podemos usar o amor na nossa vida – o tempo todo. O amor está presente, dentro de nós e à nossa volta. Temos a capacidade de pensar e podemos usar o poder da mente para nos ligar ao amor sempre que o amor aparece. Ele é a nossa maior dádiva. Ele é o significado da nossa vida.

– Extraído de *Pense com Amor*, de Jenny Hare, Ed. Cultrix.

Lua, regente do ano de 2005

A Lua rege o signo de Câncer. Em 2005, a Lua dinamizará os assuntos e acontecimentos sob sua regência, conferindo uma ambientação de caráter emocional, imaginativo e fantasioso.

Conforme o seu signo solar, veja abaixo as casas que a Lua rege e influencia em seu horóscopo solar, pois nelas estarão acentuadas a sensibilidade, a emotividade e o comportamento caprichoso com base nos humores e na instintividade.

Áries:	*Casa IV* – o lar, a família, as origens
Touro:	*Casa III* – o intelecto prático, os irmãos, as pequenas viagens
Gêmeos:	*Casa II* – os bens materiais, a fortuna e os valores pessoais
Câncer:	*Casa I* – a personalidade e o caráter físico, mental e moral
Leão:	*Casa XII* – as doenças, o isolamento e as provações
Virgem:	*Casa XI* – as amizades, os protetores e os projetos pessoais
Libra:	*Casa X* – o destino, a profissão e as realizações materiais
Escorpião:	*Casa IX* – os ideais, a filosofia de vida e as viagens longas
Sagitário:	*Casa VIII* – a morte, as heranças e as experiências psíquicas
Capricórnio:	*Casa VII* – o casamento e as associações
Aquário:	*Casa VI* – o emprego, o bem-estar, os subordinados e a saúde
Peixes:	*Casa V* – os amores, os filhos e a criatividade.

Em 2005, a Lua influenciará poderosamente as pessoas de signo solar Câncer, bem como as de signo solar Capricórnio, pois este signo é oposto e complementar ao signo regido pela Lua. Para os cancerianos, será um ano de fortalecimento das emoções e da vida interior, de otimismo, de planejamento e de preparação pessoal, ao passo que para os capricornianos a Lua induzirá à ação, às uniões, à participação social, à busca de realização material e objetiva.

Particularidades e correspondências astrológicas da Lua

Afinidades: emoção, maternalidade, imaginação, reações psíquicas, vida familiar e origens
Natureza: úmida e fria, feminina, fecunda, passiva, sensível e fantasiosa
Metal: prata
Pedras preciosas: quartzo branco, pérola
Cores: branco e prata
Animais: cisne, lebre, gato, coruja e todos os animais noturnos
Vegetais: miosótis, dama-da-noite, nenúfar, pepino, melão e junco
Perfumes: dama-da-noite, íris, rosa
Dia da semana: segunda-feira
Partes do corpo: estômago, cerebelo, as funções femininas ligadas à gestação, seios e o olho esquerdo
Signo de domicílio: Câncer
Signo de exílio: Capricórnio
Signo de exaltação: Touro
Signo de queda: Escorpião
Palavra-chave: RECEPTIVIDADE

Bela como uma pintura

Tal como acontece a muitas de nossas mais sutis ilusões, logo que imaginamos compreender a beleza, captá-la e preservá-la... ela se dissipa. Por quê?

Porque a beleza não é uma idéia nem um padrão, mas um modo de ser. Ela *está* no olho do observador. O que torna bonitos uma pessoa, uma palavra, uma flor ou um prato de comida não passa de reação individual perfeitamente quantificável. O porquê de acharmos algo cativante ou repulsivo, bonito ou feio, delicioso ou repugnante diz respeito à nossa estética particular, ao nosso gosto pessoal. A palavra "estética" é definida como "atitude de apreciação ou responsabilidade com respeito ao belo". A fim de compreender seu próprio senso estético, as mulheres devem descobrir como percebem a beleza (sobretudo a delas mesmas). O senso estético é absolutamente pessoal, algo que desenvolvemos e alimentamos no íntimo. Temos de aprender a explorar como a beleza se apresenta para *nós* e confiar nessa apreciação. Depois, poderemos aperfeiçoar o senso estético interior e desenvolver uma expressão pessoal da beleza capaz de refletir aquilo que de fato somos.

– Extraído de *Do que Você Tem Fome?*,
de L. Ginsburg e M. Taylor, Ed. Cultrix.

A Lua na Astrologia, na Mitologia e na Astronomia

Astrologia

A Astrologia define a Lua como um dos Luminares, juntamente com o Sol, dando especial importância a estes dois astros no simbolismo astrológico, sendo os significadores principais da constituição da personalidade. O Sol representa o caráter objetivo e criativo, enquanto a Lua representa o caráter subjetivo e reativo.

A Lua é astrologicamente constituída pelas qualidades primitivas Frio e Úmido, com predominância da qualidade Úmido, o que a coloca nos domínios do elemento Água e acentua a capacidade receptiva e passiva. A Lua simboliza aquela parte da individualidade humana que conhece e adquire experiência a partir do mundo físico e objetivo. Ela tem analogia com o corpo físico, os sentidos, os órgãos de percepção do ambiente e a subjetividade peculiar a cada indivíduo, decorrente da percepção dos sentidos.

As qualidades Frio e Úmido dão a capacidade de absorver (Frio) aquilo que recebe (Úmido) do ambiente, ou seja, a capacidade de espelhar o ambiente. Como Úmido prevalece, a fluidez receptiva tende a interferir, distorcendo as imagens percebidas no ambiente, gerando mais sensação de realidade, ou melhor, uma interpretação da realidade do que propriamente a realidade objetiva.

As pessoas sob forte influência lunar, especialmente aquelas cujo signo solar ou ascendente seja Câncer, são de uma natureza amoldável, sonhadora, receptiva e são propensas a formar castelos imaginativos, sem que estes cheguem a ganhar forma.

A Lua rege a memória, a imaginação e todas as faculdades passivas da mente: a intuição, a inspiração e a clarividência. Sua influência torna as pessoas instáveis em seus sentimentos, caprichosas em relação ao que desejam e de um espírito pacífico, sensível e atraído por mudanças.

Quando bem colocada numa carta astrológica, permite um alto desenvolvimento da inspiração, da imaginação e de uma natureza instintiva saudável e forte. Quando está mal colocada, traz indolência, timidez, acessos de melancolia e inconstância de humor e de estados orgânicos e da mente.

Mitologia

Na mitologia grega, a Lua é Selene, filha de Hipérion e de Tea. Seus irmãos são Hélio, o Sol, e Éos, a Aurora. Sua representação é de uma bela jovem que percorre o céu à noite num carro de prata puxado por dois cavalos brancos. Teve de Zeus uma filha, Pândia, e do pastor Endímio outros cinqüenta filhos.

Conta-se que, antes, ela não era a Lua, nem Hélio o Sol. Mas ao saber que seu irmão se afogara no rio sagrado Erídano, precipitou-se Selene do alto de uma torre, despedaçando-se. Os deuses, compadecidos, transformaram os dois irmãos no Sol e na Lua.

Ártemis é outra personificação da Lua na mitologia grega. Filha de Zeus e Leto, e irmã gêmea de Apolo, outra personificação do Sol. Ao contrário de Selene, Ártemis é uma deusa guerreira, vingativa, caçadora e sombria. Se bem fosse considerada uma personificação da Lua, seu culto não era de características lunares, nem representava os conceitos lunares como hoje os conhecemos.

Uma terceira personificação da Lua é Hécate, filha de Astéria e Perseu, descendente direta da geração dos Titãs, assim como Selene. Hécate concede a vitória nas batalhas, a prosperidade material e a abundância aos agricultores e pescadores. Parece ser a personificação do lado oculto e noturno da Lua, pois preside as mágicas e os encantamentos e está ligada ao mundo das Sombras.

Na verdade, várias deusas estão ligadas à Lua, cada uma personificando uma de suas fases que, como se sabe, têm diferentes características.

A Lua Nova está ligada a Hécate, deusa da Lua invisível; o Quarto Crescente está ligado a Deméter, os dias seguintes a esse Quarto estão ligados a Ártemis, e assim por diante, relacionando à Lua as deusas Sêmele, Réia, Ópis e Cibele.

Na mitologia latina, a Lua era personificada por Diana, Vênus e Juno, mas a nenhuma destas correspondia exatamente. Juno protegia as matronas, presidia aos casamentos, aos partos e à vida social.

Na mitologia egípcia a Lua é representada por Ísis, irmã e esposa do deus Osíris, personificação do Sol. Os egípcios acreditavam, em termos mitológicos, que as cheias periódicas do Nilo eram as lágrimas derramadas por Ísis por causa da morte de Osíris, e era por isso que celebravam a festa da deusa quando as águas do rio começavam a subir. Havia também relação da deusa com a fertilidade, a agricultura e a pecuária, sendo muitas vezes representada por bois e vacas.

Na mitologia hindu, o deus Shiva é uma divindade de características lunares, juntamente com sua esposa-deusa Shakti. É o deus destruidor ou transformador do mundo. O culto de Shiva envolve um panteão de deuses e deusas diferentes, cada um tendo certamente relação com uma fase lunar. Parvate, uma das esposas de Shiva, está identificada com a Lua Nova e, conseqüentemente, com Hécate.

Na mitologia indígena brasileira, a Lua é Jaci ou Ia-ci, mãe dos frutos. Conforme a fase da Lua, Ia-ci recebia diferentes homenagens: Ia-ci omunhã é a Lua Nova; Ia-ci icaua, a Lua Cheia. Ia-ci tem em seu cortejo os seres da noite que brincam, assustam ou impõem respeito àqueles que nela, à noite, se aventuram: o Saci-pererê, o M'boi-tatá, o Urutau e o Curupira.

Astronomia

Do ponto de vista astronômico, a Lua é o satélite da Terra. É também o corpo celeste mais próximo deste nosso planeta.

A cada 27,32 dias a Lua percorre uma órbita elíptica ao redor da Terra, voltando à mesma posição no céu em relação às estrelas fixas. Este período chama-se **mês sideral**.

Por não ter luz própria, mas ser iluminada pela luz do Sol, a Lua tem partes progressivamente mais ou menos iluminadas pelo Sol durante sua órbita, criando o que se chama de **fases da Lua**.

As fases da Lua ocorrem num período maior do que o mês sideral, devido ao movimento da Terra em redor do Sol, que amplia o tempo que a Lua, a Terra e o Sol levam para se encontrar na mesma posição relativa. O tempo entre duas fases idênticas da Lua é de 29,53 dias, e é chamado de **mês sinódico** ou **lunação**.

A Lua está a uma grande distância da Terra, relativamente à posição ocupada pelos satélites dos outros planetas do sistema solar. A Lua também é o maior satélite em comparação com seu planeta. Sua massa é só 81 vezes menor que a da Terra. O maior satélite seguinte, em proporção ao seu planeta, é Tritão, e pesa 500 vezes menos que Netuno.

Estes dados astronômicos tornam a Lua um satélite incomum dentro do sistema solar.

Uma inclinação para o desejo

Você desejou alguma coisa hoje? Alguma vez fez um pedido enquanto soltava no ar uma joaninha, soprava um dente-de-leão ou arrancava as pétalas de uma flor esperando que a última fosse realizar seu desejo de amor? As palavras "eu desejo" fazem parte de seu vocabulário público ou privado? Você diria que tem espírito de desejador e deseja diariamente? Você é como Pooh, que confia no coração quando se trata de desejar que as coisas "venham a ele", ou como o Coelho, que está sempre indo atrás delas? Você se deixa levar pelo cérebro, para dar duro e conseguir as coisas, ou pelo coração, para ser capaz de valorizar tudo o que tem? Para ajudá-lo a começar o processo de aprender a desejar o bem, determine quais as suas tendências em termos de desejo fazendo o seguinte Teste de Propensão ao Desejo.

Teste de Propensão ao Desejo

4 = sem dúvida, 3 = provavelmente, 2 = em muitas ocasiões,
1 = raramente, 0 = quase nunca

1. ___ Você seria capaz de jogar uma moeda numa fonte ou fazer um pedido a uma estrela cadente?
2. ___ Você costuma levar as coisas para o lado pessoal e repassá-las mentalmente sem cessar?
3. ___ Já sentiu que alguém estava olhando para você, voltou-se para ver se era verdade e descobriu que estava certo?
4. ___ Você acha que tem um "sexto sentido" em relação às coisas e às pessoas?
5. ___ Você gosta de livros de auto-ajuda e/ou participa de seminários de motivação e inspiração?
6. ___ Seus pais ou avós acreditavam em rituais como fazer pedidos?
7. ___ Você se sente "azarado" ou acha que os outros têm vidas "de sonho"?
8. ___ Você fala alto sozinho?
9. ___ Você acha que tem uma boa percepção das pessoas e que consegue sentir "boas" ou "más" vibrações vindo delas?
10. ___ Você segue seus instintos e toma decisões baseadas unicamente neles?
11. ___ Você tem sensações de *déjà vu*?
12. ___ Você ou alguém que conhece é "médium" e consegue prever o futuro?

13. ___ Se encontrasse algo parecido com uma lâmpada maravilhosa, você a esfregaria?
14. ___ Você se considera supersticioso?
15. ___ Você acha que os espíritos ou a "energia" de pessoas queridas já falecidas permanecem de alguma forma após a sua morte?
16. ___ Você acha que há vida em outros planetas?
17. ___ Você tem uma boa imaginação?
18. ___ Você acredita pelo menos na possibilidade de que existam discos voadores?
19. ___ Você acha que os animais de estimação vão para o "céu dos animais" quando morrem?
20. ___ Você acha que as alegações de abdução por parte de alienígenas merecem alguma credibilidade?
21. ___ Você usa um talismã ou outro objeto que lhe traga sorte?
22. ___ As pessoas que o conhecem bem diriam que você tem a mente aberta?
23. ___ Você ri e chora com facilidade e com vontade?
24. ___ Mesmo que não faça muita fé, você lê horóscopos?
25. ___ Você acredita em alguma forma de reencarnação?

___ TOTAL

A seguir, uma interpretação que o ajudará a determinar sua posição ao longo da escala do desejo:

80-100 = grande desejador; 60-79 = desejador freqüente;
40-59 = desejador fronteiriço; 20-39 = cético do desejo;
0-19 = cínico do desejo

– Extraído de *Realizando seus Desejos*, de Dr. P. Pearsall, Ed. Cultrix.

Se tudo fosse assim tão simples! Se só houvesse
pessoas más em outro lugar, insidiosamente cometendo
más ações, se fosse assim, bastava simplesmente
separá-las do resto de nós e destruí-las. Mas a linha
que separa o bem do mal passa pelo coração de todo
ser humano. E quem está disposto a destruir
um pedaço do próprio coração?

– *Alexander Solzhenitsyn*

Datas festivas, feriados e festas religiosas

FERIADOS NACIONAIS

Dia Mundial da Paz	1º de janeiro (sábado)
Tiradentes	21 de abril (quinta)
Dia do Trabalho	1º de maio (domingo)
Independência do Brasil	7 de setembro (quarta)
Nossa Senhora da Conceição Aparecida	12 de outubro (quarta)
Proclamação da República	15 de novembro (terça)
Natal	25 de dezembro (domingo)

FESTAS RELIGIOSAS FIXAS

Solenidade de Maria, Mãe de Deus	1º de janeiro (sábado)
Dia de Reis ou Epifania	6 de janeiro (quinta)
Apresentação do Senhor	2 de fevereiro (quarta)
Anunciação do Senhor	25 de março (sexta)
Natividade de São João Batista	24 de junho (sexta)
São Pedro e São Paulo, apóstolos	29 de junho (quarta)
Transfiguração do Senhor	6 de agosto (sábado)
Assunção de Nossa Senhora	15 de agosto (segunda)
Natividade de Nossa Senhora	8 de setembro (quinta)
Nossa Senhora da Conceição Aparecida	12 de outubro (quarta)
Todos os Santos	1º de novembro (terça)
Finados	2 de novembro (quarta)
Imaculada Conceição de Maria Santíssima	8 de dezembro (quinta)
Natal	25 de dezembro (domingo)

FESTAS RELIGIOSAS MÓVEIS

Qüinquagésima	5 de fevereiro (sábado)
Cinzas	9 de fevereiro (quarta)
Domingo de Ramos	20 de março (domingo)
Sexta-feira Santa ou da Paixão	25 de março (sexta)
Páscoa	27 de março (domingo)
Ascensão do Senhor	8 de maio (domingo)

Pentecostes	15 de maio (domingo)
Santíssima Trindade	22 de maio (domingo)
Corpus Christi	26 de maio (quinta)
Sagrado Coração de Jesus	3 de junho (sexta)
Solenidade de Cristo Rei	20 de novembro (domingo)
1º Domingo do Advento	27 de novembro (domingo)

FERIADOS JUDAICOS*

Purim	25 de março (sexta)
Pessach	24 de abril a 1º de maio (começa no domingo)
Shavuot	13 e 14 de junho (segunda)
Rosh Hashaná	4 e 5 de outubro (terça)
Yom Kippur	13 de outubro (quinta)
Sukot	18 e 19 de outubro (terça)
Chanuká	26 de dezembro a 2 de janeiro (começa na segunda)

(*) Todos os feriados têm início na noite anterior à data acima relacionada.

FESTAS MÓVEIS DE 2005 A 2010

Ano	Cinzas	Páscoa	Ascensão*	Pentecostes	C. Christi
2005	9 de fevereiro	27 de março	(5) 8 de maio	15 de maio	26 de maio
2006	1º de março	16 de abril	(25) 28 de maio	4 de junho	15 de junho
2007	21 de fevereiro	8 de abril	(17) 20 de maio	27 de maio	7 de junho
2008	6 de fevereiro	23 de março	(1) 4 de maio	11 de maio	22 de maio
2009	25 de fevereiro	12 de abril	(21) 24 de maio	31 de maio	11 de junho
2010	17 de fevereiro	4 de abril	(13) 16 de maio	23 de maio	3 de junho

* O dia indicado entre parênteses é o próprio da celebração segundo o Calendário Romano Geral; o outro é o dia próprio da celebração no Brasil.

Fonte: Calendário Romano Geral – Oração das Horas. Editoras Vozes, Paulinas, Paulus e Ave Maria, 1996.

Ciclos e eras cronológicas ano de 2005

Número áureo	11
Indicação romana	13
Epacta	19
Ciclo solar	26
Letra dominical	B
Regente do ano	Lua

O **número áureo** indica o ano em que se está num ciclo lunar, cuja duração é de 19 anos julianos.* Os gregos gostavam tanto desse ciclo que o fizeram gravar em letras de ouro no templo de Minerva. Daí vem o nome número áureo. Obtém-se o número áureo acrescentando-se 1 ao ano cujo número áureo se quer saber. Depois, divide-se a soma por 19; o resto dessa divisão indica o ano do ciclo lunar, ou seja, o número áureo. Quando não houver resto, o número áureo é 19.

A **indicação romana** é um período de 15 anos (julianos) que vem sendo usado desde o tempo dos imperadores romanos. Obtém-se a indicação romana acrescentando-se 3 ao número do ano que se está analisando e dividindo-se a soma por 15; o resto da divisão é a indicação romana. Se esse resto for zero, a indicação romana é 15.

A **epacta** indica a Idade da Lua [Idade da Lua é o número de dias que se passaram desde a última Lua Nova. No primeiro dia da Lua Nova diz-se que a Lua tem um dia; portanto, cinco dias depois ela terá 5 dias de idade] no dia 31 de dezembro do ano anterior. Conhecendo-se a epacta de um ano, obtém-se a do ano seguinte acrescentando-se 11 e subtraindo-se 30 se a soma for maior do que 30. Porém, se o número áureo desse ano for 19, será preciso que se acrescente 12 em vez de 11. Pelo número áureo determina-se o número da epacta. A tabela a seguir indica as epactas do período que vai do ano de 1900 até 2199.

---

* Ano juliano, de 365, 25 dias, de acordo com a reforma cronológica feita por Júlio César no ano 46 a.C.

Número áureo	Epacta
1	19
2	10
3	21
4	2
5	13
6	24
7	5
8	16
9	27
10	8
11	19
12	+)

o mês de dezembro do ano anterior tem duas Luas Novas: a primeira no dia 1º e a segunda no dia 31. Nesses anos, a epacta deveria ser 30, mas se considera a Lua Nova do dia 31; sua idade, portanto, será 0 nesse dia. O sinal +) significa ao mesmo tempo 30 e 0.

13	11
14	22
15	3
16	14
17	25
18	6
19	17

O **ciclo solar** é o período de 28 anos (julianos) ao final do qual o ano se inicia, no mesmo dia da semana. Durante esse ano, todos os dias cairão nos mesmos dias da semana do primeiro ano do ciclo solar anterior. Calcula-se o ciclo solar subtraindo 19 dos dois algarismos do ano que se está analisando e dividindo-se o resto da subtração por 28; o resto da divisão indicará o ano do ciclo solar. Quando o resto da divisão for zero, o ano do ciclo solar será 28.

A **letra dominical** indica o primeiro domingo do ano, sendo que os anos bissextos têm duas letras dominicais: a primeira para janeiro e fevereiro; a segunda para os outros meses. Os primeiros sete dias de janeiro são indicados pelas letras A, B, C, D, E, F e G. Aquela que corresponde ao domingo é a letra dominical. Por exemplo, se o primeiro domingo cair no dia 2, a letra é B; se cair no dia 5, a letra dominical será E.

Janeiro de 2005.
1º Domingo dia 2 = B

Concordância das principais eras

Partindo-se de uma data específica de constante referência, o ano 2005 corresponde a:

7507 anos da Era Alexandrina, iniciada em 29 de agosto de 5502 a.C.
6718 anos do período Juliano, iniciado em 1º de janeiro de 4713 a.C.
5765/66 anos da Era Mundana Judaica, iniciada em 1º de outubro de 3761 a.C.
2781 anos da Era das Olimpíadas, iniciada em 1º de julho de 776 a.C.
2758 anos da Era Romana, iniciada em 21 de abril de 753 a.C.
2752 anos da Era Nabonassar, iniciada em 26 de fevereiro de 747 a.C.
2317 anos da Era Sírio-macedônica ou Grega, iniciada em 1º de setembro de 312 a.C.
2050 anos da Era Juliana, iniciada em 1º de janeiro de 45 a.C.
2032 anos da Era Augusta, iniciada em 14 de fevereiro de 27 a.C.
2005 anos da Era Cristã, iniciada em 1º de janeiro de 1 d.C.
1383 anos da Hégira Maometana, verificada em 16 de julho de 622 d.C.
1373 anos da Era Persa de Yezdegird, iniciada em 16 de julho de 632 d.C.
423 anos da introdução do calendário gregoriano, adotado em 15 de outubro de 1582 d.C.
44 anos da primeira viagem ao Cosmos.

Ah, o conforto, o inexprimível conforto de sentir-se seguro com uma pessoa; não precisando nem pesar pensamentos, nem medir palavras, mas despejá-los todos, exatamente como são, joio e trigo juntos, sabendo que uma mão fiel haverá de peneirá-los, manter o que vale ser mantido e então, com um fôlego de amabilidade, soprar o resto para longe.

– *Anônimo*

Fenômenos naturais

COMEÇO DAS ESTAÇÕES

Estação	Data do Início	Horário
Outono:	20/3	9h34min
Inverno:	21/6	3h46min
Primavera:	22/9	19h23min
Verão:	21/12	15h35min

ECLIPSES

Data	Hora	Astro	Tipo	Grau	Magnitude
8/4	20h36min	Sol	Total	19º 6' de Áries	1,00
3/10	10h32min	Sol	Anular	10º 16' de Libra	0,96
24/4	9h55min	Lua	Penumbral	4º 20' de Escorpião	-0,14
17/10	12h03min	Lua	Parcial	24º 13' de Áries	0,07

★ ★ ★

Beijos solares encantados

Se quiser conceber um filho, toda semana, no dia do Sol (domingo), sente-se ao ar livre ou perto de uma janela aberta e massageie a barriga com uma laranja, dizendo:

"Sol beijado pela glória da Natureza,
Ajude-me agora, para que eu conceba".

Beije a laranja três vezes, corte em quatro partes e chupe-a no café da manhã ou no almoço.

– Extraído de *Como Ser uma Bruxa de Verdade*,
de Deborah Gray, Ed. Pensamento.

Efemérides

JANEIRO

1º - Dia da Fraternidade Universal, Dia Mundial da Paz
6 - Dia de Reis
7 - Dia da Liberdade de Cultos
8 - Dia Nacional do Fotógrafo e da Fotografia
9 - Dia do Fico, Dia do Astronauta
15 - Dia Mundial do Compositor
20 - Dia do Farmacêutico, de Oxalá, Festa de S. Sebastião
21 - Dia Mundial da Religião
24 - Dia da Previdência Social, Dia Nacional do Aposentado
25 - Dia da Fundação de São Paulo, do Carteiro
28 - Dia da Abertura dos Portos no Brasil
30 - Dia de Gandhi, Dia Nacional dos Quadrinhos

FEVEREIRO

2 - Dia do Agente Fiscal, Dia de Iemanjá
5 - Dia do Datiloscopista
7 - Dia Nacional do Gráfico (Sindicato dos Empregados)
10 - Dia do Atleta Profissional
16 - Dia do Repórter
19 - Dia do Esporte
22 - Dia Internacional do Maçom
23 - Dia Nacional do Rotariano
27 - Dia do Agente Fiscal da Receita Federal, Dia do Idoso

MARÇO

1º - Dia Pan-americano do Turismo
2 - Dia Nacional do Turismo
3 - Dia do Meteorologista, dos Dirigentes das Sociedades Desportivas, Culturais e Assistenciais
7 - Dia do Fuzileiro Naval
8 - Dia Internacional da Mulher
10 - Dia das Sociedades Amigos de Bairro, do Sogro
12 - Dia da Biblioteca, do Bibliotecário
14 - Dia Nacional da Poesia e do Vendedor de Livros
15 - Dia do Circo
19 - Dia Nacional do Artesão, da Escola, do Carpinteiro
21 - Dia Internacional para a Eliminação da Discriminação Racial, Dia da Florestal Mundial
23 - Dia Mundial da Meteorologia
27 - Dia Mundial do Circo
28 - Dia do Diagramador e do Revisor
31 - Dia da Integração Nacional

ABRIL

1º - Dia da Mentira
2 - Dia Internacional do Livro Infanto-Juvenil
7 - Dia do Corretor, do Médico-Legista, Dia Nacional do Jornalista, da Radiopatrulha, Dia Mundial da Saúde
8 - Dia Mundial da Luta contra o Câncer, do Correio, da Natação
10 - Dia da Engenharia
12 - Dia do Obstetra
13 - Dia dos Jovens, do Hino Nacional Brasileiro
14 - Dia do Pan-Americano
15 - Dia do Desenhista, da Conservação do Solo
18 - Dia de Monteiro Lobato, Dia Mundial do Radioamador
19 - Dia do Índio
20 - Dia do Diplomata
21 - Dia do Metalúrgico, de Tiradentes, da Latinidade, do Policial Civil e Militar, do Têxtil
22 - Dia do Descobrimento do Brasil, da Aviação de Caça e da Força Aérea Brasileira, da Comunidade Luso-Brasileira
23 - Dia Mundial do Livro, Dia Mundial do Escoteiro, Dia de São Jorge
24 - Dia Internacional do Jovem Trabalhador

25 - Dia do Contabilista
26 - Dia do Engraxate
27 - Dia da Empregada Doméstica, do Sacerdote, Dia Mundial do Teatro
28 - Dia da Sogra, da Educação, do Cartão-postal
30 - Dia do Ferroviário, Dia Nacional da Mulher

MAIO

1º - Dia do Trabalho
2 - Dia Nacional do Ex-combatente
3 - Dia do Sertanejo, do Parlamento
5 - Dia Mundial e Nacional das Comunicações, de Rondon, do Expedicionário
6 - Dia do Taquígrafo, do Cartógrafo
7 - Dia do Oftalmologista, do Silêncio
8 - Dia do Pintor, das Mães, do Artista Plástico, da Cruz Vermelha, da Vitória na Segunda Guerra Mundial, do Profissional de Marketing
10 - Dia do Campo, da Cavalaria, da Cozinheira, do Guia de Turismo
12 - Dia da Enfermagem, do Enfermeiro
13 - Dia da Abolição da Escravatura, da Fraternidade Brasileira, da Estrada de Rodagem, do Automóvel, do Preto Velho, do Zootecnista
14 - Dia do Seguro
15 - Dia do Assistente Social, do Gerente de Banco
16 - Dia do Gari
17 - Dia Mundial das Telecomunicações
18 - Dia dos Vidreiros, das Raças Indígenas da América, Dia Mundial dos Museus
21 - Dia da Língua Nacional
22 - Dia do Apicultor
23 - Dia Mundial das Comunicações Sociais, da Juventude Constitucionalista
24 - Dia do Telegrafista, da Infantaria, do Vestibulando, do Datilógrafo
25 - Dia do Industrial, do Trabalhador Rural, do Massagista, da Costureira
26 - Dia do Revendedor Lotérico
27 - Dia do Profissional Liberal, Dia Mundial dos Meios de Comunicação
28 - Dia do Ceramista
29 - Dia do Geógrafo, do Estatístico
30 - Dia do Geólogo, do Decorador
31 - Dia da Aeromoça, do Comissário de Bordo, Dia Mundial do Combate ao Fumo

JUNHO

1º - Dia de Caxias, Dia Nacional da Imprensa
4 - Dia Mundial contra a Agressão Infantil
5 - Dia Mundial da Ecologia e do Meio Ambiente
7 - Dia da Liberdade de Imprensa
8 - Dia do Citricultor
9 - Dia Nacional de Anchieta, Dia do Porteiro, do Tenista
10 - Dia da Artilharia, da Raça, da Língua Portuguesa
11 - Dia da Batalha Naval do Riachuelo, do Educador Sanitário
12 - Dia dos Namorados, do Correio Aéreo Nacional
13 - Dia do Turista, de Santo Antônio de Pádua
15 - Dia do Paleontólogo
16 - Dia da Unidade Nacional
18 - Dia do Químico, do Imigrante Japonês
20 - Dia do Revendedor
21 - Dia da Mídia, Dia Universal Olímpico
22 - Dia do Gráfico (Sindicato Patronal), Dia do Orquidófilo
24 - Dia do Caboclo, das Empresas Gráficas, do Migrante
26 - Dia Internacional contra o Abuso de Drogas e o Tráfico Ilícito
27 - Dia Nacional do Progresso, Dia Nacional do Vôlei
28 - Dia Internacional do Orgulho Gay, também conhecido como Gay Pride
29 - Dia da Telefonista, do Pescador, do Escritor Paulista
30 - Dia do Caminhoneiro

JULHO

1º - Dia do Bancário, do Papa
2 - Dia do Hospital, do Bombeiro
7 - Dia do Voluntário Social, Dia Internacional do Cooperativismo

8 - Dia do Panificador
12 - Dia do Engenheiro Florestal
13 - Dia dos Cantores e dos Compositores Sertanejos
14 - Dia do Propagandista, Dia Mundial do Hospital, Dia da Liberdade de Pensamento
16 - Dia do Comerciante
17 - Dia da Proteção da Floresta
18- Dia Nacional do Trovador
19 - Dia do Futebol, Dia Internacional do Homem
20 - Dia Internacional da Amizade
23 - Dia do Guarda Rodoviário
25 - Dia do Escritor, do Motorista, do Colono
26 - Dia dos Avós
27 - Dia do Despachante, Dia Nacional de Prevenção de Acidentes de Trabalho, Dia do Motociclista
28 - Dia do Agricultor

AGOSTO

1º - Dia do Selo Postal Brasileiro
3 - Dia do Tintureiro
4 - Dia do Padre
5 - Dia Nacional da Saúde
7 - Festa da Carpição
11 - Dia do Advogado, do Estudante, do Hoteleiro, do Magistrado, da Pintura, da Televisão, do Garçom
12 - Dia Nacional das Artes
13 - Dia do Pensamento, dos Encarcerados, do Economista
14 - Dia dos Pais
15 - Dia dos Solteiros
17 - Dia do Patrimônio Histórico
19 - Dia Mundial da Fotografia, do Fotógrafo
20 - Dia do Maçom
21 - Dia da Habitação
22 - Dia do Folclore, do Supervisor Educacional
24 - Dia da Infância
25 - Dia do Exército Brasileiro, do Feirante, do Soldado
27 - Dia do Corretor de Imóveis, Dia Nacional do Psicólogo
28 - Dia da Avicultura
29 - Dia Nacional do Combate ao Fumo
31 - Dia Nacional do Nutricionista

SETEMBRO

1º - Dia do Caixeiro-viajante, Início da Semana da Pátria
3 - Dia Nacional do Biólogo, da Guarda Civil, das Organizações Populares
5 - Dia do Oficial de Farmácia, da Amazônia
6 - Dia do Hino Nacional, do Alfaiate, do Barbeiro, do Cabeleireiro
7 - Dia da Pátria
8 - Dia Mundial da Alfabetização
9 - Dia do Administrador de Empresas, do Técnico de Administração, do Veterinário
10 - Dia Nacional da Imprensa
14 - Dia da Cruz, do Frevo
18 - Dia dos Símbolos Nacionais
19 - Dia do Teatro
20 - Dia do Funcionário Municipal
21 - Dia da Árvore, do Radialista, do Fazendeiro
22 - Dia da Juventude no Brasil, do Técnico Agropecuário, do Contador
24 - Dia do Soldador
25 - Dia da Radiodifusão, Dia Nacional do Trânsito
26 - Dia Internacional das Relações Públicas
27 - Dia do Ancião, do Encanador, do Cantor
28 - Dia da Lei do Ventre Livre
29 - Dia do Petróleo, do Professor de Educação Física
30 - Dia da Secretária, Dia Mundial do Tradutor, Dia do *Diário Oficial*, da Navegação

OUTUBRO

1º - Dia do Representante Comercial, Dia Mundial do Vendedor, Dia Nacional dos Vereadores
3 - Dia Pan-Americano do Dentista
4 - Dia Mundial dos Animais, da Natureza, Dia Universal da Anistia

5 - Dia da Ave, do Bóia-Fria
7 - Dia do Compositor, do Município, do Prefeito
9 - Dia do Atletismo
12 - Dia das Crianças, do Basquete, da Cirurgia Infantil, do Engenheiro Agrônomo, do Cão
13 - Dia do Fisioterapeuta
14 - Dia Nacional da Pecuária
15 - Dia do Professor
16 - Dia da Ciência e da Tecnologia, Dia Mundial da Alimentação, Dia do Instrutor de Auto-Escola
17 - Dia do Eletricista, Dia Nacional da Vacinação
18 - Dia Continental do Corretor de Seguros, do Pensamento Infantil, do Médico
19 - Dia do Guarda-Noturno
20 - Dia do Poeta, da Comunidade, do Arquivista, Dia Internacional do Controlador do Tráfego Aéreo
22 - Dia Internacional do Pára-Quedista
23 - Dia da Aviação Brasileira, do Aviador
24 - Dia das Nações Unidas, Dia Internacional das Missões, Dia Mundial do Desenvolvimento
25 - Dia do Dentista Brasileiro, do Sapateiro
27 - Dia Mundial da Oração pela Paz
28 - Dia do Funcionário Público
29 - Dia da Universidade Católica, Dia Nacional do Livro
30 - Dia do Balconista e do Comerciário
31 - Dia Mundial do Comissário de Vôo, Dia Mundial da Poupança, da Dona de Casa

NOVEMBRO

3 - Dia da Criação do Ministério do Trabalho
4 - Dia do Inventor
5 - Dia da Ciência, do Cinema Brasileiro, Nacional da Cultura, Nacional do Radioamador
8 - Dia Mundial do Urbanismo
9 - Dia Nacional do Hoteleiro
10 - Dia do Trigo
11 - Dia do Diretor de Escola
12 - Dia do Supermercado
14 - Dia dos Bandeirantes, Dia Nacional da Alfabetização
19 - Dia da Bandeira
20 - Dia Nacional da Conscientização do Povo Negro
21 - Dia Nacional da Homeopatia
22 - Dia do Músico, Dia Oficial da Música, Dia Nacional de Ação de Graças
25 - Dia Internacional do Doador de Sangue
27 - Dia do Técnico de Segurança no Trabalho, Dia Nacional do Combate ao Câncer
28 - Dia do Soldado Desconhecido
30 - Dia do Síndico, do Estatuto da Terra, do Teólogo

DEZEMBRO

1º - Dia do Imigrante, Dia Mundial da Luta contra a AIDS
2 - Dia Nacional do Relações-Públicas, Dia Nacional do Samba, Dia Pan-Americano da Saúde, da Astronomia
4 - Dia Mundial da Propaganda, do Pedicuro, do Trabalhador de Minas de Carvão, do Orientador Educacional, do Publicitário
5 - Dia da Fundação da Cruz Vermelha
8 - Dia Nacional da Família, de Oxum, Dia Internacional dos Direitos Humanos, Dia da Justiça
9 - Dia Nacional do Fonoaudiólogo
10 - Dia Internacional dos Direitos Humanos, Dia do Palhaço
11 - Dia do Agrimensor, do Arquiteto, do Engenheiro, do Tango
13 - Dia do Cego, da Marinha, do Óptico, do Pedreiro
14 - Dia do Ministério Público
15 - Dia do Esperanto, do Jardineiro, do Jornaleiro
16 - Dia do Reservista, do Teatro Amador
20 - Dia do Mecânico
21 - Dia do Atleta
23 - Dia do Vizinho
24 - Dia do Órfão
28 - Dia do Salva-vidas, da Marinha Mercante
31 - Dia de S. Silvestre, da Esperança

Calendário Permanente (1901-2092)

Tabela A – Anos								Tabela B – Meses											
1901-2000				2001-2092				J	F	M	A	M	J	J	A	S	O	N	D
	25	53	81		09	37	65	4	0	0	3	5	1	3	6	2	4	0	2
	26	54	82		10	38	66	5	1	1	4	6	2	4	0	3	5	1	3
	27	55	83		11	39	67	6	2	2	5	0	3	5	1	4	6	2	4
	28	56	84		12	40	68	0	3	4	0	2	5	0	3	6	1	4	6
01	29	57	85		13	41	69	2	5	5	1	3	6	1	4	0	2	5	0
02	30	58	86		14	42	70	3	6	6	2	4	0	2	5	1	3	6	1
03	31	59	87		15	43	71	4	0	0	3	5	1	3	6	2	4	0	2
04	32	60	88		16	44	72	5	1	2	5	0	3	5	1	4	6	2	4
05	33	61	89		17	45	73	0	3	3	6	1	4	6	2	5	0	3	5
06	34	62	90		18	46	74	1	4	4	0	2	5	0	3	6	1	4	6
07	35	63	91		19	47	75	2	5	5	1	3	6	1	4	0	2	5	0
08	36	64	92		20	48	76	3	6	0	3	5	1	3	6	2	4	0	2
09	37	65	93		21	49	77	5	1	1	4	6	2	4	0	3	5	1	3
10	38	66	94		22	50	78	6	2	2	5	0	3	5	1	4	6	2	4
11	39	67	95		23	51	79	0	3	3	6	1	4	6	2	5	0	3	5
12	40	68	96		24	52	80	1	4	5	1	3	6	1	4	0	2	5	0
13	41	69	97		25	53	81	3	6	6	2	4	0	2	5	1	3	6	1
14	42	70	98		26	54	82	4	0	0	3	5	1	3	6	2	4	0	2
15	43	71	99		27	55	83	5	1	1	4	6	2	4	0	3	5	1	3
16	44	72	00		28	56	84	6	2	3	6	1	4	6	2	5	0	3	5
17	45	73		01	29	57	85	1	4	4	0	2	5	0	3	6	1	4	6
18	46	74		02	30	58	86	2	5	5	1	3	6	1	4	0	2	5	0
19	47	75		03	31	59	87	3	6	6	2	4	0	2	5	1	3	6	1
20	48	76		04	32	60	88	4	0	1	4	6	2	4	0	3	5	1	3
21	49	77		05	33	61	89	6	2	2	5	0	3	5	1	4	6	2	4
22	50	78		06	34	62	90	0	3	3	6	1	4	6	2	5	0	3	5
23	51	79		07	35	63	91	1	4	4	0	2	5	0	3	6	1	4	6
24	52	80		08	36	64	92	2	5	6	2	4	0	2	5	1	3	6	1

Tabela C – Dias da Semana						
D	1	8	15	22	29	36
S	2	9	16	23	30	37
T	3	10	17	24	31	
Q	4	11	18	25	32	
Q	5	12	19	26	33	
S	6	13	20	27	34	
S	7	14	21	28	35	

EXEMPLO

É muito simples usar o calendário permanente. Vamos tomar como exemplo o dia 1º de janeiro do ano de 2011, para saber em que dia da semana começará a segunda década do século XXI.

Procure na Tabela A os últimos dois dígitos do ano 2011 (neste caso, 11) e siga essa mesma linha à direita, parando no mês de janeiro da Tabela B. (Os meses nessa tabela são indicados apenas pela primeira letra.) Ao número encontrado (neste caso, 6), adicione o número do dia em questão (1) e terá o resultado 7. Verifique na Tabela C (ao lado) em que dia da semana cai o número 7. É um sábado (indicado, na tabela C, pela letra S).

Os santos do dia

JANEIRO

FASES DA LUA		
3	– Minguante	às 14h47min
10	– Nova	às 9h03min
17	– Crescente	às 3h58min
25	– Cheia	às 7h33min

1 **Sáb** - MARIA, MÃE DE DEUS, Martinho, Magno, Agripino
2 **Dom** - COMEMORAÇÃO LITÚRGICA DA EPIFANIA DO SENHOR; Basílio Magno, Gregório Nazianzeno

3 **Seg** - Cirino, Genoveva
4 **Ter** - Ângela de Foligno, Isabel Ana Seton
5 **Qua** - Tarsila, João Nepomuceno
6 **Qui** - EPIFANIA DO SENHOR; DIA DOS SANTOS REIS (*); André Corsini
7 **Sex** - Raimundo de Peñafort, Luciano de Antióquia
8 **Sáb** - Apolinário, Severino, Teófilo
9 **Dom** - BATISMO DO SENHOR; Adriano, Marcelino, Juliano
10 **Seg** - Guilherme de Bourges, Petrônio
11 **Ter** - Honorata, Higino, Teodósio
12 **Qua** - Modesto, João de Ravena
13 **Qui** - Hilário de Poitiers, Verônica
14 **Sex** - Félix de Nola, Malaquias
15 **Sáb** - Miquéias, Isidoro de Alexandria

16 **Dom** - Honorato, Beraldo, Marcelo
17 **Seg** - Antão, Leonila, Mariano
18 **Ter** - Margarida da Hungria, Prisca ou Priscila
19 **Qua** - Mário, Marta, Júlio
20 **Qui** - Sebastião, Fabiano, Mauro
21 **Sex** - Frutuoso, Inês, Epifânio
22 **Sáb** - Victor, Vicente, Gaudêncio
23 **Dom** - Ildefonso, João Esmoler
24 **Seg** - Francisco de Sales, Timóteo, bispo e mártir
25 **Ter** - **Conversão de São Paulo**
26 **Qua** - Paula, Alberico e Estêvão Harding

27 **Qui** - Ângela Mérici, João Crisóstomo
28 **Sex** - Tomás de Aquino, Cirilo de Alexandria
29 **Sáb** - Constâncio, Aquilino
30 **Dom** - Hipólito, Jacinta de Mariscotti
31 **Seg** - João Bosco, Luísa Albertoni

Obs.: *Com a diminuição do número de feriados, certas festas religiosas, classificadas antes como "dias santos" e aqui assinaladas com um asterisco (*), passaram a ser comemoradas no domingo imediatamente anterior ou posterior. Por isso, além de sua comemoração litúrgica no domingo, anotamos o dia em que são comemoradas tradicionalmente.*

FEVEREIRO

FASES DA LUA	
2 – Minguante	às 4h27min
8 – Nova	às 19h29min
15 – Crescente	às 21h17min
24 – Cheia	à 1h54min

1 Ter - Veridiana, Brígida de Ulster
2 Qua - APRESENTAÇÃO DO SENHOR, Nossa Sra. das Candeias
3 Qui - Brás, Celerino
4 Sex - Gilberto, João de Brito
5 Sáb - Águeda ou Ágata, Genuíno
6 Dom - Paulo Míki, Dorotéia
7 Seg - Juliana de Bolonha, Ricardo
8 Ter - Jerônimo Emiliano, Juvêncio
9 Qua - QUARTA-FEIRA DE CINZAS; Miguel de Febres Cordero, Apolônia, Donato

10 Qui - Escolástica, Guilherme de Malevalle, Silvano
11 Sex - Nossa Sra. de Lourdes
12 Sáb - Damiano, Eulália
13 Dom - Maura de Ravena, Benigno
14 Seg - Cirilo, Metódio
15 Ter - Jovita, Teotônio, Faustino
16 Qua - Gregório X, Nossa Sra. do Desterro
17 Qui - Aleixo de Falconieri, Sete Santos Fundadores dos Servitas
18 Sex - Flaviano de Constantinopla, Heládio
19 Sáb - Conrado de Placência, Mansueto
20 Dom - Euquério de Orleans, Leão, Nemésio, Eleutério
21 Seg - Pedro Damião, Sérvulo
22 Ter - **Cátedra de São Pedro**, Margarida de Cortona
23 Qua - Marta de Astorga, Romana, Policarpo
24 Qui - Sérgio; Matias, apóstolo, Modesto
25 Sex - Cesário, Vítor
26 Sáb - Deodoro, Nestor, Alexandre, bispo de Alexandria do Egito

27 Dom - Gabriel de Nossa Sra. das Dores
28 Seg - Romão de Monte Jura

MARÇO

FASES DA LUA	
3 – Minguante	às 14h37min
10 – Nova	às 6h12min
17 – Crescente	às 16h19min
25 – Cheia	às 17h59min

1 Ter - Eudóxia, Adriano
2 Qua - Simplício, Inês de Praga, Jovino
3 Qui - Márcio, Mariano
4 Sex - Casimiro, Efrém
5 Sáb - Virgílio, Eusébio
6 Dom - Inês de Boêmia, Olegário
7 Seg - Perpétua e Felicidade, Paulo
8 Ter - João de Deus, Silvano, Urbano
9 Qua - Francisca Romana, Gregório Nisseno
10 Qui - Domingos Sávio, Caio
11 Sex - Cândido, Constantino
12 Sáb - Luís Orione, Bernardo
13 Dom - Patrícia, Modesta
14 Seg - Matilde, Leão, Bonifácio
15 Ter - Luísa de Marillac
16 Qua - João de Brébeuf, Hilário, Agapito
17 Qui - Patrício, São José de Arimatéia
18 Sex - Cirilo de Jerusalém, Eduardo, Narciso
19 Sáb - **José, esposo de Maria**
20 Dom - DOMINGO DE RAMOS; Alexandra, Juliana
21 Seg - Nicolau, Bento, Lupicínio
22 Ter - Léia, Basílio de Ancira
23 Qua - Eusébio, Toríbio, Teodósia

24 **Qui** - QUINTA-FEIRA SANTA; Catarina da Suécia; Gabriel, arcanjo
25 **Sex** - SEXTA-FEIRA SANTA; ANUNCIAÇÃO DO SENHOR
26 **Sáb** - SÁBADO DE ALELUIA; Bráulio, Emanuel e Marciano, Ludgero
27 **Dom** - PÁSCOA; Mateus, Lázaro, Ruperto

28 **Seg** - João de Capistrano, Espeu, abade e confessor
29 **Ter** - Segundo, Vitorino de Nicomédia
30 **Qua** - Quirino, João Clímaco
31 **Qui** - Benjamin, Balbina, Benedito

ABRIL

FASES DA LUA	
1 – Minguante	às 21h51min
8 – Nova	às 17h33min
16 – Crescente	às 11h38min
24 – Cheia	às 7h08min

1 **Sex** - Teodora, Gilberto, Irineu
2 **Sáb** - Maria Egipcíaca, Francisco de Paula
3 **Dom** - Pancrácio, Ricardo, Irene
4 **Seg** - Isidoro de Sevilha, Ambrósio, Benedito, confessor

5 **Ter** - Vicente Ferrer
6 **Qua** - Diógenes, Marcelino de Cartago
7 **Qui** - João Batista de la Salle
8 **Sex** - Gastão, Edésio
9 **Sáb** - Acácio, Maria de Cléofas
10 **Dom** - Terêncio, Ezequiel
11 **Seg** - Nossa Sra. dos Prazeres, Gemma Galgani
12 **Ter** - Júlio I, Zenão de Verona
13 **Qua** - Márcio, Hermenegildo
14 **Qui** - Máximo, Donina, Tibúrcio e Valeriano
15 **Sex** - Bento José Labre
16 **Sáb** - Bernadete Soubirous, Calisto
17 **Dom** - Aniceto, Elias
18 **Seg** - Apolônio, Galdino
19 **Ter** - Hermógenes, Gálata
20 **Qua** - Cesário, Inês de Montepulciano
21 **Qui** - Anselmo, Conrado de Parzham, Sílvio

22 **Sex** - Sotero, Leônidas de Alexandria, Agapito de Constantinopla
23 **Sáb** - Jorge, Adalberto, Egídio de Assis
24 **Dom** - Fidélis de Sigmaringen
25 **Seg** - Marcos, evangelista
26 **Ter** - Nossa Sra. do Bom Conselho
27 **Qua** - Teófilo, Tertuliano, Zita
28 **Qui** - Pedro Maria Chanel
29 **Sex** - Catarina de Sena
30 **Sáb** - Pio V, Lourenço

MAIO

FASES DA LUA	
1 – Minguante	às 3h25min
8 – Nova	às 5h46min
16 – Crescente	às 5h48min
23 – Cheia	às 17h19min
30 – Minguante	às 8h48min

1 **Dom** - **São José Operário**
2 **Seg** - Atanásio, Ciríaco
3 **Ter** - **Invenção a Santa Cruz**; Filipe e Tiago apóstolos
4 **Qua** - Mônica, mãe de Santo Agostinho
5 **Qui** - José Benedito Cottolengo

6 **Sex** - Justo, Lúcio de Cirene
7 **Sáb** - Flávia Domitila, Estanislau
8 **Dom** - ASCENSÃO DO SENHOR; Bonifácio IV, Vítor, Aureliano

9 **Seg** - Beato Gregório de Óstia
10 **Ter** - Ubaldo, Antonino de Florença
11 **Qua** - Francisco de Girolamo, Joana
12 **Qui** - Nereu, Aquiles e Pancrácio
13 **Sex** - Nossa Sra. do Rosário de Fátima, Roberto Belarmino
14 **Sáb** - Matias, apóstolo; Maria Domingas Mazzarelo
15 **Dom** - PENTECOSTES; Roberto, Cássio, Dionísia

16 **Seg** - João Nepomuceno, Simão Stock, Alípio
17 **Ter** - Pascoal Bailão
18 **Qua** - João I, Eurico
19 **Qui** - Emiliana, Pedro Celestino, Prudenciana
20 **Sex** - Bernardino de Sena
21 **Sáb** - Catarina de Cordona, Hospício
22 **Dom** - SANTÍSSIMA TRINDADE; Rita de Cássia, Helena de Auxerre
23 **Seg** - Santa Sara, Epitácio, Desidério
24 **Ter** - Nossa Sra. Auxílio dos Cristãos
25 **Qua** - Maria Madalena de Pazzi
26 **Qui** - CORPUS CHRISTI; N. Sra. de Caravaggio, Filipe Néri
27 **Sex** - Agostinho de Cantuária, Júlio, Bruno
28 **Sáb** - Bernardo de Menthon, Germano
29 **Dom** - Félix, confessor; Teodósia
30 **Seg** - Joana D'Arc, Fernando de Castela
31 **Ter** - **Visitação de Nossa Senhora**

JUNHO

FASES DA LUA	
6 – Nova	às 18h56min
14 – Crescente	às 22h23min
22 – Cheia	à 1h14min
28 – Minguante	às 15h25min

1 **Qua** - Justino, Juventino
2 **Qui** - Blandina, Erasmo, Marcelino
3 **Sex** - SAGRADO CORAÇÃO DE JESUS; Carlos Lwanga e companheiros mártires

4 **Sáb** - Francisco Caracciolo, Saturnina, Daciano
5 **Dom** - Cira, Bonifácio
6 **Seg** - Cláudio, Norberto, Filipe
7 **Ter** - Antônio Maria Gianelli, Pedro de Córdova
8 **Qua** - Guilherme de York
9 **Qui** - José de Anchieta
10 **Sex** - Itamar, Máximo, Alice
11 **Sáb** - Adelaide, Paula Frassinetti, Félix
12 **Dom** - Nazário, Olímpio, Onofre
13 **Seg** - Antônio de Pádua
14 **Ter** - Digna, Eliseu, Basílio
15 **Qua** - Vito ou Guido, Crescência
16 **Qui** - Ciro, Aureliano
17 **Sex** - Adolfo de Osnabrueck
18 **Sáb** - Marina de Espoleto, Leôncio
19 **Dom** - Juliana de Falconieri, Romualdo
20 **Seg** - Florentina, Ciríaco de Tomes
21 **Ter** - Luís Gonzaga
22 **Qua** - João Fischer; Hespério, bispo; Paulino de Nola
23 **Qui** - José Cafasso, Zeno
24 **Sex** - NATIVIDADE DE SÃO JOÃO BATISTA
25 **Sáb** - Guilherme de Vercelli, Lúcia
26 **Dom** - Virgílio, João, Paulo
27 **Seg** - Cirilo de Alexandria, Ladislau
28 **Ter** - Irineu, Marcela
29 **Qua** - Pedro e Paulo, apóstolos
30 **Qui** - Emiliana, Basilido, Teobaldo

JULHO

FASES DA LUA	
6 – Nova	às 9h03min
14 – Crescente	às 12h20min
21 – Cheia	às 8h01min
28 – Minguante	à 0h20min

1 **Sex** - Ester, Domiciano
2 **Sáb** - **Visitação da Virgem Maria**, Márcia, Félix de Campanha
3 **Dom** - Pedro e Paulo apóstolos (*); Tomé apóstolo; Irineu
4 **Seg** - Isabel, rainha de Portugal
5 **Ter** - Antônio Maria Zacarias
6 **Qua** - Maria Goretti, Rômulo
7 **Qui** - Apolônio, Cláudio
8 **Sex** - Nossa Sra. das Graças
9 **Sáb** - Anatólia, Verônica Giuliani
10 **Dom** - Maurício, Silvano

11 **Seg** - Pio I, Olga, Bento
12 **Ter** - João Gualberto, Marciana
13 **Qua** - Henrique II, Joel, Anacleto
14 **Qui** - Camillo de Léllis, Marcelino
15 **Sex** - Boaventura, Pompílio, Donaldo
16 **Sáb** - Nossa Sra. do Carmo, Fausto, Vitalino
17 **Dom** - Beato Inácio de Azevedo e companheiros mártires
18 **Seg** - Bruno, Frederico
19 **Ter** - Arsênio, Adolfo, Áurea
20 **Qua** - Jerônimo Emiliano, Paula
21 **Qui** - Daniel, Praxedes, Júlia
22 **Sex** - Lourenço de Brindisi, Maria Madalena, Cirilo de Antióquia
23 **Sáb** - João Cassiano, Brígida da Suécia
24 **Dom** - Luísa de Sabóia, Cristina
25 **Seg** - Cristóvão; Tiago Maior, apóstolo

26 **Ter** - Joaquim e Ana, pais de Maria
27 **Qua** - Pantaleão, Aurélio
28 **Qui** - Vítor I, Inocêncio I, Celso
29 **Sex** - Marta, irmã de Maria e de Lázaro
30 **Sáb** - Pedro Crisólogo
31 **Dom** - Inácio de Loyola

AGOSTO

FASES DA LUA	
5 – Nova	à 0h05min
12 – Crescente	às 23h49min
19 – Cheia	às 14h54min
26 – Minguante	às 12h18min

1 **Seg** - Afonso Maria de Ligório
2 **Ter** - Pedro no cárcere
3 **Qua** - Lídia de Tiatira, Nicodemos
4 **Qui** - João Maria Vianney
5 **Sex** - Nossa Sra. das Neves
6 **Sáb** - TRANSFIGURAÇÃO DO SENHOR
7 **Dom** - Caetano, Alberto de Messina
8 **Seg** - Domingos, Leônidas
9 **Ter** - Fábio, Domiciano, Romão
10 **Qua** - Lourenço, Paula, Filomena
11 **Qui** - Clara de Assis, Susana
12 **Sex** - Graciliano, Juliana, Beatriz
13 **Sáb** - Ponciano, Hipólito, Helena
14 **Dom** - Estanislau Kostka
15 **Seg** - ASSUNÇÃO DE NOSSA SENHORA, Tarcísio

16 **Ter** - Jacinto, Roque, Estêvão da Hungria
17 **Qua** – Beatriz da Silva, Juliana
18 **Qui** - Helena, Agapito
19 **Sex** - João Eudes, Luís de Tolosa
20 **Sáb** - Samuel, Bernardo, Severo
21 **Dom** – COMEMORAÇÃO LITÚRGICA DA ASSUNÇÃO DE NOSSA SENHORA; Pio X, Joana Francisca de Chantal
22 **Seg** – Rainha Virgem Santa Maria
23 **Ter** - Rosa de Lima, Cláudio
24 **Qua** - Emília de Vialar; Bartolomeu, apóstolo
25 **Qui** - Luís Sotello, Luís IX
26 **Sex** - Nossa Sra. dos Prazeres
27 **Sáb** - Cesário, José Calasanz
28 **Dom** - Agostinho de Hipona
29 **Seg** - Martírio de São João Batista

30 **Ter** - Ricardo Martinho, Adauto
31 **Qua** - Aristides, Raimundo Nonato

SETEMBRO

FASES DA LUA	
3 – Nova	às 15h46min
11 – Crescente	às 8h37min
17 – Cheia	às 23h01min
25 – Minguante	às 3h41min

1 **Qui** - Nossa Sra. da Penha
2 **Sex** - Lolan, Antônio de Lialores
3 **Sáb** - Gregório Magno, Dorotéia
4 **Dom** - Cândida, Rosa de Viterbo
5 **Seg** - Lourenço Justiniano, Herculano
6 **Ter** - Mansueto, Petrônio, Zacarias
7 **Qua** - Nossa Sra. de Monserrate, Anastácio, Clodoaldo
8 **Qui** - NATIVIDADE DE NOSSA SENHORA
9 **Sex** - Alexandre, Pedro Claver
10 **Sáb** - Nicolau de Tolentino
11 **Dom** - Almiro, Dídimo, Emiliano

12 **Seg** - Guido, Maria Vitória Fornari, Silvino
13 **Ter** - João Crisóstomo, Amado
14 **Qua** - **Exaltação da Santa Cruz**
15 **Qui** - Nossa Sra. das Dores, Catarina de Gênova
16 **Sex** - Edite, Cornélio, Cipriano
17 **Sáb** - Roberto Belarmino, Colomba, Narciso
18 **Dom** - José de Cupertino, Sofia, Irene
19 **Seg** - Nilo, João, Januário
20 **Ter** - André Kim Targon, Paulo Chong Hasang e companheiros
21 **Qua** - Mateus apóstolo e evangelista
22 **Qui** - Maurício, Tomás de Vilanova
23 **Sex** - André, Lino
24 **Sáb** - Nossa Sra. das Mercês, Pedro Nolasco
25 **Dom** - Cléofas, Aurélia, Herculano

26 **Seg** - Nilo de Calábria
27 **Ter** - Cosme e Damião, Vicente de Paulo
28 **Qua** - Venceslau, Eustóquia, Marçal
29 **Qui** - Miguel, Gabriel e Rafael arcanjos
30 **Sex** - Jerônimo, Esperança, Sofia

OUTUBRO

FASES DA LUA	
3 – Nova	às 7h29min
10 – Crescente	às 16h01min
17 – Cheia	às 9h14min
24 – Minguante	às 22h18min

1 **Sáb** - Teresa do Menino Jesus
2 **Dom** - Santos Anjos da Guarda, Cirilo, mártir; Modesto
3 **Seg** - Geraldo de Brogne
4 **Ter** - Francisco de Assis
5 **Qua** - Flaviana, Plácido e companheiros mártires
6 **Qui** - Emílio, Maria Francisca
7 **Sex** - Nossa Sra. do Rosário
8 **Sáb** - Brígida da Suécia, Pelágia
9 **Dom** - Dionísio Areopagita e companheiros mártires
10 **Seg** - Francisco de Borja
11 **Ter** - Emiliano, Quirino
12 **Qua** - N. SRA. DA CONCEIÇÃO APARECIDA
13 **Qui** - Eduardo, Celidônia
14 **Sex** - Calisto I, Bernardo, Fortunata
15 **Sáb** - Teresa de Ávila, Deodato, Bruno
16 **Dom** - Margarida Maria Alacoque, Geraldo Majela, Hedviges

17 **Seg** - Inácio de Antioquia
18 **Ter** - Lucas evangelista
19 **Qua** - Paulo da Cruz, Pedro de Alcântara

20 **Qui** - Maria Bertila Boscardin, Iria
21 **Sex** - Celina, Malco, Hilarião, Úrsula
22 **Sáb** - Salomé, Contardo Ferrini, Donato, Josefina Leroux
23 **Dom** - João de Capistrano, Severino
24 **Seg** - Antônio Maria Claret; Rafael arcanjo

25 **Ter** - Crisanto e Daria, Crispiniano
26 **Qua** - Nossa Sra. Mãe da Divina Graça
27 **Qui** - Florêncio, Sabina, Vicente
28 **Sex** - Simeão e Judas Tadeu apóstolos
29 **Sáb** - Ermelinda, Petrônio, Narciso
30 **Dom** - Geraldo, Zenóbia, Ponciano
31 **Seg** - Afonso Rodrigues, Lucila

NOVEMBRO

FASES DA LUA	
1 – Nova	às 22h25min
8 – Crescente	às 22h58min
15 – Cheia	às 21h59min
23 – Minguante	às 19h11min

1 **Ter** - TODOS OS SANTOS, Tiago, Cesário, Juliana
2 **Qua** - FINADOS

3 **Qui** - Martinho de Lima, Sílvia, Humberto
4 **Sex** - Carlos Borromeu, Modesta de Tréveris
5 **Sáb** - Zacarias e Isabel, pais de João Batista; Silvano, Bertila
6 **Dom** - COMEMORAÇÃO LITÚRGIA DE TODOS OS SANTOS; Leonardo, Ático, Félix
7 **Seg** - Comemoração litúrgica de Todos os Santos; Amaranto, Carina, Florêncio
8 **Ter** - Nossa Sra. Medianeira de Todas as Graças, Deodato
9 **Qua** - **Consagração da Basílica de Latrão**

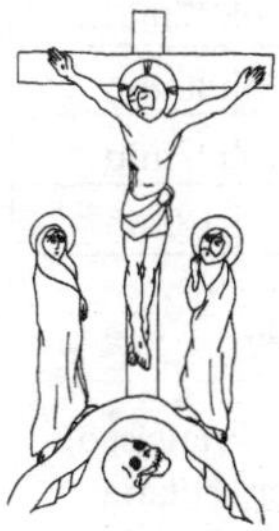

10 **Qui** - Leão Magno
11 **Sex** - Martinho de Tours, Valentim, Feliciano
12 **Sáb** - Josafá, Martinho, Cristiano
13 **Dom** - Diego de Alcalá, Quinciano
14 **Seg** - Serapião, Lourenço
15 **Ter** - Alberto Magno, Eugênio
16 **Qua** - Margarida da Escócia, Gertrudes
17 **Qui** - Isabel da Hungria, Gregório, o Taumaturgo
18 **Sex** - **Consagração das Basílicas dos Santos Apóstolos Pedro e Paulo**
19 **Sáb** - Roque Gonzales, Isabel da Turíngia ou da Hungria

20 **Dom** - NOSSO SENHOR JESUS CRISTO, REI DO UNIVERSO; Edmundo, Félix de Valois
21 **Seg** - Apresentação de Nossa Senhora no Templo
22 **Ter** - Cecília, Filêmon de Colossos
23 **Qua** - Clemente I, Columbano
24 **Qui** - João da Cruz, Crisógono
25 **Sex** - Catarina de Alexandria
26 **Sáb** - Leonardo, Belino, Conrado
27 **Dom** - PRIMEIRO DOMINGO DO ADVENTO; Nossa Sra. da Medalha Milagrosa

28 **Seg** - Catarina Labouré, Tiago da Marca
29 **Ter** - Filomeno de Galácia, Iluminata
30 **Qua** - Zózimo; André, apóstolo

DEZEMBRO

FASES DA LUA	
1 – Nova	às 12h01min
8 – Crescente	às 6h37min
15 – Cheia	às 13h36min
23 – Minguante	às 16h37min
31 – Nova	à 0h13min

1 **Qui** - Natália, Elói, Elígio
2 **Sex** - Aurélia, Bibiana

3 **Sáb** - Francisco Xavier, Hilária, Cláudio
4 **Dom** - João Damasceno, Bárbara, Bernardo
5 **Seg** - Dalmácio, Anastácio, Sabas
6 **Ter** - Dionísia, Pedro Pascásio
7 **Qua** - Maria Josefa Rosello, Ambrósio
8 **Qui** - IMACULADA CONCEIÇÃO DE MARIA
9 **Sex** - Leocádia, Joana Francisca de Chantal
10 **Sáb** - João Roberts, Hermógenes, Eulália
11 **Dom** - Dâmaso I, Daniel Estilita
12 **Seg** - N. SRA. DE GUADALUPE, padroeira principal da América Latina
13 **Ter** - Luzia, Orestes, Otília
14 **Qua** - Venâncio Fortunato, Agnelo
15 **Qui** - Maria Vitória de Fornari-Strata
16 **Sex** - Misael, Albina
17 **Sáb** - Floriano, Lázaro de Betânia

18 **Dom** - Vitorino, Basiliano, Zósimo
19 **Seg** - Fausta de Roma, Urbano V
20 **Ter** - Teófilo de Alexandria
21 **Qua** - Pedro Canísio; Tomé, apóstolo
22 **Qui** - Francisca Xavier Cabrini
23 **Sex** - João Câncio, Vitória, Sérvulo
24 **Sáb** - Tarsila, Ermina e Adélia
25 **Dom** - NATIVIDADE DE NOSSO SENHOR JESUS CRISTO
26 **Seg** - Arquelau, Estêvão
27 **Ter** - João, apóstolo e evangelista
28 **Qua** - Santos Inocentes, Cesário, Teófila
29 **Qui** - Tomás Becket, Marcelo de Constantinopla
30 **Sex** - SAGRADA FAMÍLIA; Marcelo e Venustiano, Sabino
31 **Sáb** - Silvestre I, Melânia, Colomba

❊ ❊ ❊

Chegará o dia em que as outras criaturas animais adquirirão direitos dos quais jamais poderão ser provados, a não ser pela mão da tirania. Os franceses já descobriram que o fato de ter a pele negra não é motivo para que um homem fique à mercê do bom ou do mau humor de um torturador. Um dia, saber-se-á que o número de patas, o pêlo no corpo ou o prolongamento do osso sacro tampouco são motivos para entregar um ser sensível ao mesmo destino. Mas qual há de ser a fronteira intransponível? Acaso o dom da razão ou, quem sabe, a capacidade de fazer um discurso? Mas um cavalo adulto é um animal consideravelmente mais sensato e comunicativo que uma criança de um dia, de uma semana ou mesmo de um mês. Mas, supondo que fosse diferente, qual seria? A pergunta não é "Eles são capazes de pensar?", nem "Eles sabem falar?", e, sim, "Eles podem sofrer?"

– Jeremy Bentham

Um diário lunar

Este diário não deve ter relação com o mundo físico, ele deve ser um modo de registrar sentimentos com honestidade.

Um bom assunto para o diário são os sonhos, pois eles quase sempre retratam uma mensagem simples, mesmo que as circunstâncias sejam estranhas. Diz-se que os diferentes aspectos dos personagens do sonho representam diferentes aspectos do sonhador. A única coisa de que você não deve se esquecer é marcar o dia e hora ao escrever, bem como o signo solar e lunar do momento. Você terá de consultar a Tábua solar e a Tábua lunar do Almanaque.

As emoções lunares

Todos os meses reserve uma página do diário para cada Lua, por exemplo, Lua em Áries, Lua em Touro, etc. Você saberá em que signo está a Lua consultando a Tábua lunar, p. 88. Essa página deve conter sentimentos gerais sobre a vida, o trabalho, os relacionamentos. Você está se sentindo organizado, energizado, feliz, alegre, pensativo, ansioso, triste, inseguro ou amoroso? Você sente que precisa rir, falar, sorrir, chorar ou dar um grande grito? Quer participar com os outros ou prefere passar algum tempo a sós? Sente que quer fugir dos problemas? Quer explicar o que sente acerca da vida? Admita a verdade. Sempre que a Lua estiver em Áries, acrescente algo no seu diário na página destinada à Lua em Áries, fazendo o mesmo com as outras Luas.

Você também deve prestar atenção ao seu sono noturno. Algumas noites você se sente bem e relaxa, outras vezes fica insone. Observe os níveis de energia, verifique o efeito da Lua sobre as suas atividades diárias. O objetivo é você aprender o nível de intensidade energética a esperar de cada Lua. Logo verá que há vínculos entre seus níveis pessoais de energia e o ciclo lunar. Depois de escrever tudo em seu diário durante um mês, analise o diário para ver quais sentimentos se repetem, quais as emoções mais freqüentes e os melhores níveis de energia.

Eis aqui uma lista dos signos solares com seus opostos. Veja em que signo está o seu Sol (consulte a Tábua solar, p. 40) e observe que, ao passar pelo seu signo natal, a Lua trará sentimentos extras de alegria e energia. Ao passar pelo signo oposto ao seu Sol, ela trará tempos de desafio e diminuirá seu nível de energia.

Áries/Libra
Touro/Escorpião
Gêmeos/Sagitário
Câncer/Capricórnio
Leão/Aquário
Virgem/Peixes

Convém observar também as fases da Lua, pois cada uma exerce uma influência específica. A Lua Nova é a época dos recomeços. Os sonhos e as inspirações muitas vezes dizem a resposta. A Lua crescente é o tempo para desenvolver as coisas iniciadas. A Lua Cheia mostra o tempo das finalizações, ao passo que a lua Minguante traz destruição e desintegração das coisas, sendo um tempo para eliminar o velho abrindo espaço para o novo.

Como se trata da sua vida, tudo o que você pensar, fizer, disser ou escrever, todas as suas reações aos estímulos da sua vida são sua responsabilidade e não responsabilidade do Zodíaco.

Sendo assim, o que fazer quando a Lua estiver em Áries?

Inicie novos projetos, tente novas receitas, procure perder um pouco de peso (não muito), faça muitos exercícios, pois a energia fogosa deve ser usada para algo útil. Coisas iniciadas com esta Lua não duram muito.

O que fazer quando a Lua estiver em Touro?

Forme hábitos saudáveis, eles serão difíceis de mudar. Melhore a aparência física, evite cair no pecado da gula, comece a fazer uma poupança, inicie um projeto de construção. Se não estiver a fim de nada disso, ao menos leia um bom livro.

O que fazer quando a Lua estiver em Gêmeos?

Escreva e comunique-se com os outros, sem, no entanto, ser influenciado pelas opiniões alheias. Elimine hábitos nocivos e aproveite a vida: vá a festas, divirta-se. Freqüente algum curso, compre novos jogos para seu computador. Não se leve muito a sério.

O que fazer quando a Lua estiver em Câncer?

Use a intuição e estabeleça uma ligação com as outras pessoas. Tente convidar amigos para um jantar, apresentando algumas novas receitas. Qualquer atividade relacionada com o lar, com o seu embelezamento é apropriada. Se precisar, compre os móveis agora.

O que fazer quando a Lua estiver em Leão?

Concentre-se no trabalho e desenvolva uma nova idéia. Trabalhe como voluntário em grupos de caridade. Pense em comprar um carro novo, mande pintar a casa. Use a energia extra para fazer ginástica e perder peso. Prefira vegetais e frutas secas aos pratos à base de carnes.

O que fazer quando a Lua estiver em Virgem?

Complete todos os projetos inacabados. Evite atividades que dependam de iniciativa ou análise detalhada. Comece a estudar uma língua estrangeira, participe de um clube de astrologia ou tome lições de culinária. Assuma novas responsabilidades profissionais, mas aprenda a delegar poderes.

O que fazer quando a Lua estiver em Libra?

Participe de um grupo social e aproveite para relacionar-se mais. Trabalhe com vendas ou seja voluntário numa clínica infantil. Prepare um jantar romântico para dois. Renove seu guarda-roupa ou tome lições de maquiagem. Mude o estilo do penteado.

O que fazer quando a Lua estiver em Escorpião?

Encerre coisas, inclusive relacionamentos. Ajude um grupo de pessoas conservadoras. Use o período para tratar de quaisquer doenças, pois essa Lua tem poder de cura. Compre ervas, chás, produtos esotéricos.

O que fazer quando a Lua estiver em Sagitário?

Como essa Lua encoraja a fé na vida, use-a para realizar tarefas difíceis, usando sempre a imaginação. Faça planos para as férias. Dê mais do que dinheiro para obras de caridade, trabalhe. Viva mais despreocupado, viaje um pouco.

O que fazer quando a Lua estiver em Capricórnio?

Desenvolver novos planos é conveniente. Mas seja organizado, lance alicerces firmes, especialmente se houver envolvimento de interesses financeiros. Estabeleça objetivos para o futuro. Economize algum dinheiro.

O que fazer quando a Lua estiver em Aquário?

Boa Lua para fazer permanentes, tinturas, bronzeamento, etc. Inicie uma dieta com a ajuda de um endocrinologista ou uma clínica, não tente fazer isso sozinho. Evite emprestar dinheiro ou pedi-lo emprestado. Dê prioridade para os eventos sociais, viaje em grupo, passe algum tempo com os amigos.

O que fazer quando a Lua estiver em Peixes?

Esta é a Lua própria para a recuperação, reorganização e planejamento de um projeto. Organize seu arquivo. Jogue fora as roupas que não está usando mais. Areje a casa, e depois saia para uma viagem romântica. Não se esqueça de atualizar a correspondência, cuide do seu jardim.

Tire vantagem da Lua, seja responsável e não se contente com o papel de vítima. Ser feliz é estar em harmonia com o ambiente, é estar em paz consigo mesmo: ESCOLHA SER FELIZ!

O nosso medo mais profundo não é o de sermos incapazes. Nosso medo mais profundo é o de que somos poderosos além de qualquer medida. É a nossa luz, e não a nossa escuridão, o que mais nos aterroriza.

Quando você se pergunta: "Quem sou eu para ser assim brilhante, maravilhoso, genial, fabuloso?" Na verdade, que possibilidades não estão em você? Você é um Filho, uma Filha, de Deus. Não há nada de sábio e verdadeiro quando você se encolhe, para que os outros não se sintam inseguros à sua volta.

Nascemos para manifestar a glória de Deus que está dentro de nós. E não apenas de alguns dentre nós, mas todos. E à medida que deixamos a nossa luz brilhar, conscientemente damos permissão para que os outros façam o mesmo. Quando somos libertados do nosso próprio medo, nossa presença automaticamente liberta os outros.

(Nelson Mandela – Discurso de posse na presidência da África do Sul, 1994)

Tábua planetária

Nesta tábua estão anotadas as posições dos planetas em graus (°) e minutos ('), a zero hora de Greenwich do dia 1º de cada mês, bem como a data de sua passagem para outro signo. Estão anotados, ainda, o início do movimento retrógrado e a retomada do movimento direto. A letra R indica que o planeta continua retrógrado.

JANEIRO

Plutão: 22°43' de Sagitário.
Netuno: 13°51' de Aquário.
Urano: 3°55' de Peixes.
Saturno: 24°56' de Câncer (R).
Júpiter: 17°17' de Libra.
Marte: 4°21' de Sagitário.
Vênus: 19°6' de Sagitário; no dia 10, a 0°22' de Capricórnio.
Mercúrio: 18°24' de Sagitário; no dia 11, a 1°8' de Capricórnio; no dia 31, a 1°14' de Aquário.

FEVEREIRO

Plutão: 23°44' de Sagitário.
Netuno: 14°58' de Aquário.
Urano: 5°23' de Peixes.
Saturno: 22°26' de Câncer (R).
Júpiter: 18°52' de Libra; no dia 3, a 18° 52', começa a retrogradar.
Marte: 25°56' de Sagitário; no dia 7, a 0°10' de Capricórnio.
Vênus: 27°56' de Capricórnio; no dia 3, a 0°26' de Aquário; no dia 27, a 0°28' de Peixes.
Mercúrio: 2°51' de Aquário; no dia 17, a 0°28 de Peixes.

MARÇO

Plutão: 24°19' de Sagitário; no dia 27, a 24°31', começa a retrogradar.
Netuno: 16°1' de Aquário.
Urano: 6°58' de Peixes.
Saturno: 20°48' de Câncer (R); no dia 23, a 20°24', reinicia o movimento direto.
Júpiter: 17°44' de Libra (R).
Marte: 15°48' de Capricórnio; no dia 21, a 0°11' de Aquário.
Vênus: 2°58' de Peixes; no dia 23, a 0°24' de Áries.
Mercúrio: 22°51' de Peixes; no dia 6, a 1°32' de Áries; no dia 21, a 14° 2', começa a retrogradar.

ABRIL

Plutão: 24°30' de Sagitário (R).
Netuno: 16°58' de Aquário.
Urano: 8°40' de Peixes.
Saturno: 20°29' de Câncer.
Júpiter: 14°19' de Libra (R).
Marte: 8°8' de Aquário.
Vênus: 11°35' de Áries; no dia 16, a 0°10' de Touro.
Mercúrio: 7°6' de Áries (R); no dia 13, a 1°46', retoma o movimento direto.

MAIO

Plutão: 24°12' de Sagitário (R).
Netuno: 17°30' de Aquário; no dia 21, a 17°36', começa a retrogradar.
Urano: 9°58' de Peixes.
Saturno: 21°48' de Câncer.
Júpiter: 10°44' de Libra (R).
Marte: 29°55' de Aquário; no dia 2, a 0°38' de Peixes.
Vênus: 18°42' de Touro; no dia 11, a 1°1' de Gêmeos

Mercúrio: 14°9' de Áries; no dia 13, a 0°59' de Touro; no dia 29, a 1°10' de Gêmeos.

JUNHO

Plutão: 23°31' de Sagitário (R).
Netuno: 17°34' de Aquário (R).
Urano: 10°41' de Peixes; no dia 15, a 10°46', começa a retrogradar.
Saturno: 24°32' de Câncer.
Júpiter: 8°58' de Libra (R); no dia 5, a 8°56', reinicia o movimento direto.
Marte: 22°12' de Peixes; no dia 13, a 0°37' de Áries.
Vênus: 26°46' de Gêmeos; no dia 4, a 0°27' de Câncer; no dia 29, a 0° 55' de Leão.
Mercúrio: 7°39' de Gêmeos; no dia 12, a 1°28' de Câncer; no dia 29, a 1° 11' de Leão.

JULHO

Plutão: 22°44' de Sagitário (R).
Netuno: 17°10' de Aquário (R).
Urano: 10°40' de Peixes (R).
Saturno: 28°2' de Câncer; no dia 17, a 0°4' de Leão.
Júpiter: 9°54' de Libra.
Marte: 12°53' de Áries; no dia 29, a 0°27' de Touro.
Vênus: 3°21' de Leão; no dia 24, a 1°9' de Virgem.
Mercúrio: 3°56' de Leão; no dia 24, a 20°26', começa a retrogradar.

AGOSTO

Plutão: 22°5' de Sagitário (R).
Netuno: 16°25' de Aquário (R).
Urano: 9°57' de Peixes (R).
Saturno: 2°0' de Leão.
Júpiter: 13°19' de Libra.
Marte: 2°11' de Touro.
Vênus: 10°45' de Virgem; no dia 18, a 1°2' de Libra.
Mercúrio: 17°20' de Leão (R); no dia 17, a 8°48', reinicia o movimento direto.

SETEMBRO

Plutão: 21°49' de Sagitário(R); no dia 3, a 21°49', reinicia o movimento direto.
Netuno: 15°35' de Aquário (R).
Urano: 8°47' de Peixes (R).
Saturno: 5°50' de Leão.
Júpiter: 18°30' de Libra.
Marte: 17°7' de Touro.
Vênus: 17°33' de Libra; no dia 12, a 0°22' de Escorpião.
Mercúrio: 23°22' de Leão; no dia 5, a 0°28' de Virgem; no dia 21, a 0°33' de Libra.

OUTUBRO

Plutão: 22°03' de Sagitário.
Netuno: 15°0' de Aquário (R); no dia 27, a 14°49', reinicia o movimento direto.
Urano: 7°40' de Peixes (R).
Saturno: 8°54' de Leão.
Júpiter: 24°34' de Libra; no dia 27, a 0°11' de Escorpião.
Marte: 23°22' de Touro; no dia 2, a 23°22', começa a retrogradar.
Vênus: 22°7' de Escorpião; no dia 9, a 1°4' de Sagitário.
Mercúrio: 17°44' de Libra; no dia 9, a 0°26' de Escorpião; no dia 31, a 0°43' de Sagitário.

NOVEMBRO

Plutão: 22°44' de Sagitário.
Netuno: 14°49' de Aquário.
Urano: 6°56' de Peixes (R); no dia 16, a 6°51', reinicia o movimento direto.
Saturno: 10°53' de Leão; no dia 23, a 11°19', começa a retrogradar.
Júpiter: 1°17' de Escorpião.
Marte: 17°15' de Touro (R).
Vênus: 25°38' de Sagitário; no dia 6, a 0°39' de Capricórnio.
Mercúrio: 1°51' de Sagitário; no dia 15, a 10°54', começa a retrogradar; no dia 27, a 29°22' de Escorpião.

DEZEMBRO

Plutão: 23°44' de Sagitário.
Netuno: 15°10' de Aquário.
Urano: 6°56' de Peixes.
Saturno: 11°14' de Leão (R).
Júpiter: 7°37' de Escorpião.
Marte: 8°49' de Touro (R); no dia 11, a 8°14', reinicia o movimento direto.
Vênus: 22°16' de Capricórnio; no dia 16, a 0°6' de Aquário; no dia 25, a 1°28', começa a retrogradar.
Mercúrio: 25°38' de Escorpião (R); no dia 5, a 24°48', reinicia o movimento direto; no dia 13, a 0°7' de Sagitário.

A mente além dos julgamentos observa e compreende

Não considere o que é certo e o que é errado, porque, se você considerar o que é certo e o que é errado, você ficará dividido, você se tornará um hipócrita. Você fingirá o certo e fará o errado. E, no momento em que você considera o que é certo e o que é errado, você fica preso, você se torna identificado. Você certamente fica identificado com o certo.

Por exemplo, você vê uma nota de cem reais na beira da calçada; ela pode ter caído do bolso de alguém. Então surge a questão: pegá-la ou não pegá-la? Uma parte sua diz: "Está perfeitamente certo pegá-la. Ninguém está olhando, ninguém nem mesmo suspeitará. E você não está furtando – ela está bem ali! Se você não a pegar, outra pessoa irá pegá-la de qualquer modo. Assim, por que perdê-la? Está perfeitamente certo!".

Mas uma outra parte diz: "Isso está errado – este dinheiro não lhe pertence, não é seu. De certo modo, de um modo indireto, é um furto. Você deve informar à polícia, ou, se você não quer se incomodar com isso, então siga adiante e esqueça. Nem ao menos olhe para trás. Isso é ganância e ganância é pecado!".

Agora, essas duas mentes estão presentes. Uma diz "está certo, pegue-a", a outra diz "está errado, não a pegue". Com qual das duas você vai se identificar? Você vai certamente se identificar com a mente que diz que é imoral, porque isso satisfaz mais o ego: "Você é uma pessoa moral, você não é qualquer um; outra pessoa qualquer teria ficado com a nota de cem reais. Nesses tempos difíceis, as pessoas não pensam em tais delicadezas". Você se identificará com a mente moral. Mas há toda possibilidade de você pegar o dinheiro. Você se identificará com a mente moral e se desidentificará da mente que vai pegar o dinheiro. Lá no fundo você a condenará. Você dirá: "Isso não está certo – é o pecador em mim, a parte mais baixa, a parte condenada". Você se manterá distante da coisa. Você dirá: "Eu era contra isso. Foi meu instinto, foi meu inconsciente, foi meu corpo, foi minha mente que me persuadiu, pois eu sabia que era errado. Eu sou aquele que sabe que aquilo estava errado".

Você sempre se identifica com o certo, com a atitude moral, e se desidentifica do ato imoral – embora o faça! É assim que a hipocrisia surge.

Ir além dos julgamentos de bom e ruim é o caminho da observação. E é através da observação que a transformação acontece. Essa é a diferença entre moralidade e consciência. A moralidade diz: "Escolha o certo e rejeite o errado. Escolha o bom e rejeite o ruim". A consciência diz: "Simplesmente observe os dois. Não escolha nada. Permaneça na consciência sem escolha".

– *Osho*

A lei do vácuo da prosperidade

O universo não pode colocar coisas boas na sua mão enquanto você não soltar o que está segurando.

Quando você anda pela praia, você deixa pegadas na areia. Mas, se você der ao vento e às ondas alguns minutos, esses rastros serão preenchidos. Assim como a vegetação cobre um campo e uma determinada programação se expande para se encaixar no tempo designado para uma reunião.

Certa noite, no final da aula de prosperidade que eu estava ministrando, uma das alunas aproximou-se de mim, confusa. Ela queria saber como toda "essa coisa de prosperidade" poderia estar funcionando, visto que ela recentemente perdera o emprego e o namorado.

O interessante é que, há meses, ela vinha se queixando do emprego. O salário era minúsculo e a função não parecia oferecer nenhum espaço para ela progredir. E várias vezes havíamos conversado sobre o seu namorado, que a maltratara tanto física quanto verbalmente.

Por conseguinte, eu disse a ela que era bastante provável que ela estivesse num caminho bastante positivo rumo à prosperidade. E foi exatamente o que aconteceu.

À medida que a consciência dela se desenvolvia, o emprego não conseguiu mais satisfazê-la e o namorado deixou de se sentir à vontade ao lado dela. No final, ela conseguiu um emprego muito melhor e conheceu um homem que gostava realmente dela e não a maltratava.

Se você está apegado a algo negativo, não há espaço para que o positivo entre na sua vida. Portanto, quando as pessoas me procuram em busca de conselho porque não estão manifestando prosperidade em todas as áreas da vida, a primeira pergunta que faço a elas é a seguinte:

A que você está apegado? O que você precisa soltar?

Mas a prática dessa lei exige uma certa quantidade de fé. Você precisa estar disposto a abrir mão das coisas. Quando você percebe que o universo é inerentemente bom, torna-se mais fácil confiar nos resultados justos. Você deixa de ter medo de soltar as coisas porque sabe que elas serão substituídas por algo de valor igual ou até mesmo superior.

Você está cercado pelo bem por todos os lados. A única carência é a da sua mente. Esteja aberto para manifestar a prosperidade, crie um vácuo para recebê-la e você certamente a atrairá.

– Extraído de *As 7 Leis Espirituais da Prosperidade*,
de R. Cage, Ed. Cultrix.

Tábua solar

Para meia-noite de Greenwich
Posição do Sol nos signos durante o ano de 2005
(com relação ao meridiano de Greenwich)

JANEIRO

Dia	Posição	Signo
1º	10° 39'	Capricórnio
5	14° 44'	Capricórnio
10	19° 50'	Capricórnio
15	24° 56'	Capricórnio
20	0° 1'	Aquário
25	5° 6'	Aquário
31	11° 12'	Aquário

FEVEREIRO

Dia	Posição	Signo
1º	12° 13'	Aquário
5	16° 16'	Aquário
10	21° 20'	Aquário
15	26° 24'	Aquário
20	1° 26'	Peixes
25	6° 28'	Peixes
28	9° 29'	Peixes

MARÇO

Dia	Posição	Signo
1º	10° 29'	Peixes
5	14° 30'	Peixes
10	19° 30'	Peixes
15	24° 30'	Peixes
20	29° 28'	Peixes
25	4° 26'	Áries
31	10° 22'	Áries

ABRIL

Dia	Posição	Signo
1º	11° 21'	Áries
5	15° 18'	Áries
10	20° 13'	Áries
15	25° 7'	Áries
20	0° 0'	Touro
25	5° 53'	Touro
30	9° 44'	Touro

MAIO

Dia	Posição	Signo
1º	10° 43'	Touro
5	14° 36'	Touro
10	19° 26'	Touro
15	24° 16'	Touro
20	29° 5'	Touro
25	3° 53'	Gêmeos
31	9° 38'	Gêmeos

JUNHO

Dia	Posição	Signo
1º	10° 36'	Gêmeos
5	14° 26'	Gêmeos
10	19° 13'	Gêmeos
15	24° 0'	Gêmeos
20	28° 46'	Gêmeos
25	3° 32'	Câncer
30	8° 18'	Câncer

JULHO

Dia	Posição	Signo
1º	9° 15'	Câncer
5	13° 04'	Câncer
10	17° 50'	Câncer
15	22° 37'	Câncer
20	27° 23'	Câncer
25	2° 9'	Leão
31	7° 53'	Leão

AGOSTO

Dia	Posição	Signo
1º	8° 51'	Leão
5	12° 40'	Leão
10	17° 28'	Leão
15	22° 16'	Leão
20	27° 4'	Leão
25	1° 53'	Virgem
31	7° 41'	Virgem

SETEMBRO

Dia	Posição	Signo
1º	8° 39'	Virgem
5	12° 32'	Virgem
10	17° 23'	Virgem
15	22° 15'	Virgem
20	27° 7'	Virgem
25	2° 1'	Libra
30	6° 55'	Libra

OUTUBRO

Dia	Posição	Signo
1º	7° 54'	Libra
5	11° 51'	Libra
10	16° 47'	Libra
15	21° 44'	Libra
20	26° 41'	Libra
25	1° 40'	Escorpião
31	7° 39'	Escorpião

NOVEMBRO

Dia	Posição	Signo
1º	8° 39'	Escorpião
5	12° 40'	Escorpião
10	17° 41'	Escorpião
15	22° 43'	Escorpião
20	27° 45'	Escorpião
25	2° 48'	Sagitário
30	7° 52'	Sagitário

DEZEMBRO

Dia	Posição	Signo
1º	8° 53'	Sagitário
5	12° 56'	Sagitário
10	18° 1'	Sagitário
15	23° 6'	Sagitário
20	28° 11'	Sagitário
25	3° 17'	Capricórnio
31	9° 24'	Capricórnio

Entrada do Sol nos signos do zodíaco

Signo	Data	Horário
Aquário	19 de janeiro	20h22min
Peixes	18 de fevereiro	10h32min
Áries	20 de março	9h34min
Touro	19 de abril	20h37min
Gêmeos	20 de maio	19h48min
Câncer	21 de junho	3h46min
Leão	22 de julho	14h41min
Virgem	22 de agosto	21h46min
Libra	22 de setembro	19h23min
Escorpião	23 de outubro	4h43min
Sagitário	22 de novembro	2h15min
Capricórnio	21 de dezembro	15h35min

☆

Quando você aceita tudo, sua vida se torna uma alegria. Ninguém pode fazer com que você fique infeliz, nada pode deixá-lo infeliz.

Um homem com apenas três fios de cabelo entrou num salão de cabeleireiro e pediu para que lavassem seus cabelos e depois lhe fizessem uma trança. O cabeleireiro começou o trabalho e, quando estava terminando de penteá-los, um dos fios caiu.

O cabeleireiro ficou muito constrangido, mas o homem apenas disse: "Bem, o que fazer? Acho que agora é melhor repartir o cabelo ao meio!"

Com muito cuidado, o cabeleireiro pôs um fio de cabelo para o lado direito e estava para colocar o outro para o esquerdo quando esse também caiu. Ele se desculpou o mais que pôde, mas o homem encarou a coisa com serenidade.

"Bem", ele disse, "acho que agora terei de andar por aí com o cabelo despenteado".

– Extraído de *Buda – Sua Vida e Ensinamentos*, de Osho, Ed. Cultrix.

Recorra ao seu dinamismo interior

Uma das piores coisas que podem acontecer a qualquer um de nós na vida é nos tornarmos o que eu chamo de "pessoas que desistem rápido".

Às vezes, tão logo nos vemos diante de um problema grave, fugimos correndo dele. O pessimismo e a falta de autoconfiança faz com que tomemos o caminho mais fácil, e simplesmente paramos de tentar. Ou então, diante de um contratempo, tentamos outra coisa, declaramos que o problema está "além do nosso limite" sem mesmo pensar em tentar de novo.

Esse tipo de pensamento permeia muitas vidas – na maioria das vezes, a vida de pessoas infelizes e insatisfeitas. No entanto, existe um jeito melhor.

Podemos recorrer ao nosso dinamismo interior. Quando nos virmos diante de um contratempo ou mesmo de completo fracasso, podemos continuar a avançar e tentar de novo.

É certo que manter viva a esperança e enfrentar todos os obstáculos nem sempre conduz à vitória. No entanto, recusar-se a fazer parte do grupo de pessoas que desistem rápido é uma das maneiras mais certas que conheço de inclinar fortemente a seu favor a probabilidade de sucesso.

Como disse Sir Winston Churchill aos concidadãos quando a Inglaterra passava pelo seu momento de maior perigo na Segunda Guerra Mundial: "Senhores, a situação é grave, mas eu a considero altamente estimulante".

Ou então, como o médico Dr. Bernie Siegel diz aos pacientes que têm uma doença da qual ninguém até hoje se recuperou: "Você gostaria de ser o primeiro?".

Essas duas pessoas sabiam que, embora alguns obstáculos pareçam intransponíveis, o sucesso depende da habilidade de conservar a esperança e se empenhar em alcançar a vitória.

Estamos falando aqui de milagres. Mas milagres acontecem. Quase sempre, eles acontecem a pessoas que compreendem que podem exercer a escolha de enfrentar todos os obstáculos.

– Extraído de *Passos Simples*, do Dr. A. Caliandro com B. Lenson, Ed. Cultrix.

❖ ❖

Estar em comunhão é amor. Não havendo amor não se pode apagar o passado. Amai e o tempo deixa de existir.

– *Krishnamurti*

Horas planetárias

O método mais prático para você aproveitar a influência das horas planetárias na sua vida diária é sincronizar as suas atividades mais importantes com os dias e horas mais favoráveis. Você obterá a informação quanto aos dias mais e menos propícios ao início dos seus empreendimentos no *Guia astral*. E as influências e as características da hora associada a cada planeta são dadas a seguir, a fim de que você possa usá-las em combinação com o dia mais favorável, para conseguir um grande sucesso. Consulte também a seção "Cálculo das horas planetárias", p. 46.

LUA

Influência mais acentuada à noite. Sua hora é boa para fazer viagens e mudanças não definitivas, e para estipular comissões e todas as coisas de natureza provisória ou variável. É também uma boa hora para fazer as pessoas mudarem de opinião ou alterarem seus planos. Facilita negociações rápidas e o comércio varejista.

Os negócios tratados nessa hora precisam ser concluídos logo; caso contrário, correm o risco de sofrer mudanças ou ser cancelados.

Devemos ter cautela com os arranjos feitos nessa hora porque todas as coisas correm o risco de ficar incertas e serão passageiras.

MERCÚRIO

A influência de sua hora é sempre duvidosa e variável, pois gera oscilações e tem um caráter secundário.

É uma hora favorável para a redação de cartas, estudos de toda natureza, teorias, escrituras, documentos e textos literários. Boa para a troca de correspondência, compra de livros e trabalho com impressoras. A compreensão e a percepção são rápidas devido à fertilidade de idéias. Favorece os profissionais de vendas, os professores e todos os que se ocupam de atividades intelectuais. Também favorece os joalheiros que fabricam objetos de precisão.

Na hora de Mercúrio, geralmente encontramos pessoas volúveis e inconstantes, que dificilmente sustentam a palavra dada ou levam adiante seus projetos.

A hora de Mercúrio é sempre seguida pela da Lua e pela de Saturno, de modo que é melhor chegar logo a uma conclusão ou adiar os negócios para uma ocasião mais propícia.

VÊNUS

A hora de Vênus é favorável à recreação, à diversão, ao canto, à música, à dança e a todas as áreas relativas a vestuário, ornamentos e luxo.

É boa para a compra de objetos artísticos, de roupas, de perfumes e de outros itens do gênero. Favorece o amor e a galanteria, bem como o estudo das belas-artes. Favorece a restauração de objetos artísticos.

Essa hora governa o lado doméstico e feminino da vida e tudo o que é relativo aos sentimentos; facilita a dissolução do ódio e dos rancores; amplia os assuntos ligados à construção de formas (arquitetura, manipulação de projetos).

É a hora em que existe o perigo do excesso e da extravagância.

Favorece a maledicência de que são alvo aqueles que só vivem para o presente.

SOL

A hora do Sol favorece as relações com pessoas que ocupam posição de destaque – autoridades, juízes, altos funcionários do governo, homens de Estado.

Essa hora é própria para solicitar favores e proteção dos maiorais; favorável a projetos que ativam a consciência das atividades no planeta Terra.

As melhores horas solares são as que vêm antes do meio-dia. Elas reeducam ou retiram o sentimento de usura, de avareza e usurpação.

MARTE

A hora de Marte é propícia a todos os empreendimentos ousados. Há forças suplementares nas situações difíceis e tensas. É geralmente nessa hora que aumenta a incidência de acidentes, disputas e desentendimentos.

Ela favorece os impulsos, o domínio da força e tende a produzir contestações e argumentações, enfrentando-se concorrentes profissionais sem agressões, além de fazer aflorar a decisão firme com bases sólidas.

Nesta hora é preciso fazer tudo para não provocar a cólera alheia. Não se deve começar novas amizades durante esta hora, nem transitar por lugares reconhecidamente perigosos. É boa hora para nos ocuparmos de coisas práticas, referentes à mecânica, às minas, aos metais e aos materiais de natureza explosiva e inflamável, como o carvão, o petróleo etc. É prudente não assumir compromissos nessa hora, nem tomar atitudes com respeito a situações sérias e graves. É a hora em que convém nos precavermos contra roubos e assaltos, pois é considerada uma das mais perigosas do dia.

JÚPITER

De todas as horas planetárias, a mais favorável é a de Júpiter, durante a qual se podem iniciar novos empreendimentos de qualquer tipo.

Favorece toda espécie de assuntos financeiros e é boa para as questões legais e religiosas.

É a hora mais fecunda de todas; as coisas que forem executadas pela "primeira vez" nessa hora devem ser repetidas até que o sucesso recompense a iniciativa.

Todas as coisas de valor, seja de caráter objetivo ou subjetivo, podem ser tratadas na hora de Júpiter. Ela faz aflorar a sabedoria, proporcionando confiança sem fanatismo.

SATURNO

A influência deste planeta é lenta e pesada. As coisas começadas nessa hora caminham devagar, porém a passos firmes.

Saturno confere determinação, simplicidade, prudência e maturidade. Governa a terra de onde o homem tira seu sustento e a casa que lhe serve de abrigo; por isso Saturno rege os negócios imobiliários e a agricultura. Influencia os estudos avançados e de compreensão lenta. Tendência a ponderar como sair da vida diária criando, modelando, construindo novas vivências. Trata-se da experiência sábia dos idosos. É o planeta da destruição e da reconstrução.

URANO

Este planeta governa todas as atividades do mundo moderno e a tecnologia avançada; a eletricidade, a eletrônica, a aeronáutica, a indústria automobilística etc. Sua influência é imprevisível, e os negócios iniciados em sua hora podem ter os mesmos resultados duvidosos ou variáveis induzidos por Mercúrio, pois a hora de Urano é a mesma de Mercúrio. Tendência à renovação e à originalidade.

NETUNO

Este planeta governa a inspiração artística e todas as faculdades extra-sensoriais:

intuição, clarividência etc. Sua hora favorece os assuntos artísticos, o amor desinteressado e os atos de benevolência. A hora de Netuno é a mesma de Vênus. É a inspiração da vida, que modifica o modo de agir e de pensar em todas as atividades do cotidiano.

PLUTÃO

Plutão ainda é um enigma para a maioria dos astrólogos. Ele representa uma força estranha, um tanto destrutiva e em parte desconhecida. Está relacionado com o poder atômico, favorecendo mudanças drásticas, descobertas de cunho técnico e exigindo que se saiba lidar com essa energia planetária para que não cause danos. Plutão atua destruindo para que se possa reconstruir. Favorece as ações que requerem entusiasmo e uma nova visão dos fatos. A hora de Plutão é a mesma de Marte. Plutão nos impulsiona a transformações profundas.

Ações de emergência

Por mais vigoroso que você seja normalmente, as situações podem subitamente transtornar os seus recursos interiores. Veja três exemplos de como sair de dificuldades.

Numa conversa com um amigo angustiado, você percebe que à medida que ele começa a se sentir melhor, você vai ficando completamente esgotado. É fácil corrigir isso: apenas cruze os braços diante do plexo solar – a energia psíquica deixará de "vazar".

Você pode inesperadamente se surpreender numa situação ameaçadora, por exemplo, quando está caminhando sozinho à noite. Se isso acontecer, visualize uma luz dourada intensa envolvendo-o. Freqüentemente isso o torna invisível aos outros.

Se você vive uma situação difícil com alguém – pai ou mãe, filho ou colega, por exemplo – visualize-se numa bolha transparente de luz branca. Fique alguns minutos simplesmente se sentindo bem e feliz dentro dela. Depois, forme na mente a imagem da pessoa com quem você está tendo problemas. Imagine essa pessoa dentro da própria bolha de luz dela. Desenhe um oito unindo as duas bolhas; em seguida visualize um corte que separa as duas bolhas e observe a bolha da pessoa pairando no ar e afastando-se. Faça esse exercício numa atitude de desapego. Corretamente realizado, este é um recurso curativo de grande efeito.

– Extraído de *Você é Sensitivo?*,
de Julie Soskin, Ed. Pensamento.

Cálculo das horas planetárias

Depois de conhecer as características da hora de cada planeta, na seção "Horas planetárias", aprenda a calcular essa hora, para poder usar essas características de forma benéfica e proveitosa.

As doze horas planetárias diurnas e as doze noturnas às vezes têm mais de sessenta minutos, às vezes têm menos, dependendo do horário do nascimento ou do ocaso do Sol. Por isso, é preciso calcular em primeiro lugar o momento exato em que começa e termina a primeira hora do dia que lhe interessa. Para tanto, use a "Tábua do nascimento e ocaso do Sol" e verifique o horário em que esse astro nasce e se põe. Por exemplo, consultando essa tabela, você saberá que em Brasília, no dia 1º de janeiro, o Sol nasceu às 5h44m e se pôs às 18h47m. Se subtrairmos 5h44m de 18h47m, saberemos que o dia durou 13 horas e 3 minutos. Transforme as 13 horas em minutos (780 min), acrescente os 3 minutos restantes (783min) e divida o resultado por 12. Você saberá, então, que cada hora desse dia terá 65 minutos e 25 segundos, ou 1 hora e 5 minutos – podendo-se deixar de lado os segundos.

Portanto, a primeira hora do dia 1º de janeiro de 2005 começará, em Brasília, às 5h44m e terminará às 6h47m; a segunda hora começará às 6h48m e se prolongará até às 7h55m e assim por diante. (O período noturno deve ser calculado da mesma forma).

Consulte, a seguir, a tabela "Horário da semana de acordo com a Regência Planetária". Com ela você saberá que, em 1º de janeiro, um sábado, Saturno rege a 1ª hora diurna, Júpiter rege a 2ª hora, etc. Portanto, o melhor momento do dia para tratar dos assuntos regidos por Saturno será ao longo da 1ª hora, que vai das 5h44m até às 6h47m. Quanto aos assuntos relacionados a Júpiter, o melhor é esperar até a 2ª hora do dia.

Com base nessas informações, você poderá organizar as atividades desse dia, levando em conta o horário em que elas serão mais favorecidas!

Tábua do nascimento e ocaso do Sol

(Hora legal de Brasília)

Se estiver vigorando o horário de verão, somar 1 hora ao valor tabulado

Data	Brasília		Rio de Janeiro		São Paulo	
	Nasc. (hora)	Ocaso (hora)	Nasc. (hora)	Ocaso (hora)	Nasc. (hora)	Ocaso (hora)
1º de janeiro	*5:44*	*18:47*	*5:11*	*18:42*	*5:23*	*18:57*
11 de janeiro	*5:50*	*18:49*	*5:18*	*18:44*	*5:30*	*18:59*
21 de janeiro	*5:50*	*18:50*	*5:25*	*18:43*	*5:38*	*18:54*
1º de fevereiro	*6:02*	*18:49*	*5:33*	*18:40*	*5:52*	*18:55*
11 de fevereiro	*6:06*	*18:40*	*5:39*	*18:35*	*5:52*	*18:49*
21 de fevereiro	*6:10*	*18:41*	*5:45*	*18:28*	*5:58*	*18:42*
1º de março	*6:12*	*18:36*	*5:38*	*18:40*	*5:45*	*18:55*
11 de março	*6:14*	*18:29*	*6:04*	*17:40*	*6:06*	*18:26*
21 de março	*6:16*	*18:22*	*5:57*	*18:03*	*6:11*	*18:17*
1º de abril	*6:17*	*18:14*	*6:01*	*17:52*	*6:15*	*18:06*
11 de abril	*6:15*	*18:07*	*6:04*	*17:43*	*6:19*	*17:56*
21 de abril	*6:21*	*18:00*	*6:08*	*17:35*	*6:23*	*17:48*
1º de maio	*6:23*	*17:55*	*6:12*	*17:27*	*6:27*	*17:40*
11 de maio	*6:25*	*17:55*	*6:17*	*17:21*	*6:31*	*17:34*
21 de maio	*6:28*	*17:48*	*6:21*	*17:17*	*6:36*	*17:30*
1º de junho	*6:32*	*17:47*	*6:28*	*17:15*	*6:41*	*17:28*
11 de junho	*6:35*	*17:47*	*6:30*	*17:15*	*6:45*	*17:52*
21 de junho	*6:34*	*17:49*	*6:33*	*17:16*	*6:49*	*17:29*
1º de julho	*6:39*	*17:52*	*6:34*	*17:14*	*6:49*	*17:32*
11 de julho	*6:40*	*17:55*	*6:34*	*17:23*	*6:49*	*17:35*
21 de julho	*6:39*	*17:58*	*6:32*	*17:27*	*6:46*	*17:40*
1º de agosto	*6:35*	*18:01*	*6:27*	*17:32*	*6:42*	*17:44*
11 de agosto	*6:31*	*18:03*	*6:21*	*17:36*	*6:35*	*17:48*
21 de agosto	*6:25*	*18:05*	*6:13*	*17:39*	*6:27*	*17:52*
1º de setembro	*6:18*	*18:06*	*6:00*	*17:48*	*6:17*	*17:56*
11 de setembro	*6:10*	*18:07*	*5:54*	*17:48*	*6:08*	*17:59*
21 de setembro	*6:02*	*18:08*	*5:44*	*17:49*	*5:37*	*18:02*
1º de outubro	*5:54*	*18:09*	*5:34*	*17:52*	*5:47*	*18:08*
11 de outubro	*5:47*	*18:10*	*5:24*	*17:55*	*5:37*	*18:10*
21 de outubro	*5:47*	*18:10*	*5:24*	*17:55*	*5:37*	*18:10*
1º de novembro	*5:35*	*18:10*	*5:08*	*18:05*	*5:21*	*18:44*
11 de novembro	*5:32*	*18:20*	*5:03*	*18:11*	*5:15*	*18:26*
21 de novembro	*5:10*	*18:25*	*5:00*	*18:10*	*5:12*	*18:33*
1º de dezembro	*5:31*	*18:31*	*4:59*	*18:25*	*5:11*	*18:40*
11 de dezembro	*5:34*	*18:37*	*5:01*	*18:25*	*5:13*	*18:47*
21 de dezembro	*5:38*	*18:42*	*5:05*	*18:37*	*5:17*	*18:52*

Como a variação do horário é mínima, apresentamos apenas o nascimento e ocaso do Sol dos dias 1º, 11 e 21 de cada mês.

Dados cedidos pelo Departamento de Astronomia do Instituto Astronômico e Geofísico da Universidade de São Paulo (IAG-USP). Agradecemos ao prof. Roberto Boczko.

Horário da semana

De acordo com a Regência Planetária

Convém lembrar que a hora astrológica de alguns planetas coincide: os assuntos regidos por Urano devem ser tratados na hora de Mercúrio, e o mesmo acontece com Netuno e Plutão, cujos assuntos devem ser tratados nas horas de Vênus e Marte, respectivamente.

Use esta tabela para concluir o cálculo das horas planetárias e saber quais são as horas mais propícias para tratar dos seus empreendimentos.

Horas	**Domingo**	**Segunda**	**Terça**	**Quarta**	**Quinta**	**Sexta**	**Sábado**
1ª do dia	Sol	Lua	Marte	Mercúrio	Júpiter	Vênus	Saturno
2ª do dia	Vênus	Saturno	Sol	Lua	Marte	Mercúrio	Júpiter
3ª do dia	Mercúrio	Júpiter	Vênus	Saturno	Sol	Lua	Marte
4ª do dia	Lua	Marte	Mercúrio	Júpiter	Vênus	Saturno	Sol
5ª do dia	Saturno	Sol	Lua	Marte	Mercúrio	Júpiter	Vênus
6ª do dia	Júpiter	Vênus	Saturno	Sol	Lua	Marte	Mercúrio
7ª do dia	Marte	Mercúrio	Júpiter	Vênus	Saturno	Sol	Lua
8ª do dia	Sol	Lua	Marte	Mercúrio	Júpiter	Vênus	Saturno
9ª do dia	Vênus	Saturno	Sol	Lua	Marte	Mercúrio	Júpiter
10ª do dia	Mercúrio	Júpiter	Vênus	Saturno	Sol	Lua	Marte
11ª do dia	Lua	Marte	Mercúrio	Júpiter	Vênus	Saturno	Sol
12ª do dia	Saturno	Sol	Lua	Marte	Mercúrio	Júpiter	Vênus
1ª da noite	Júpiter	Vênus	Saturno	Sol	Lua	Marte	Mercúrio
2ª da noite	Marte	Mercúrio	Júpiter	Vênus	Saturno	Sol	Lua
3ª da noite	Sol	Lua	Marte	Mercúrio	Júpiter	Vênus	Saturno
4ª da noite	Vênus	Saturno	Sol	Lua	Marte	Mercúrio	Júpiter
5ª da noite	Mercúrio	Júpiter	Vênus	Saturno	Sol	Lua	Marte
6ª da noite	Lua	Marte	Mercúrio	Júpiter	Vênus	Saturno	Sol
7ª da noite	Saturno	Sol	Lua	Marte	Mercúrio	Júpiter	Vênus
8ª da noite	Júpiter	Vênus	Saturno	Sol	Lua	Marte	Mercúrio
9ª da noite	Marte	Mercúrio	Júpiter	Vênus	Saturno	Sol	Lua
10ª da noite	Sol	Lua	Marte	Mercúrio	Júpiter	Vênus	Saturno
11ª da noite	Vênus	Saturno	Sol	Lua	Marte	Mercúrio	Júpiter
12ª da noite	Mercúrio	Júpiter	Vênus	Saturno	Sol	Lua	Marte

Regências planetárias

Aqui, relacionamos os planetas e as áreas e assuntos regidos por cada um deles. Com esses dados em mãos, o leitor poderá escolher as melhores datas para praticar suas atividades do dia-a-dia, de acordo com a *Tábua dos Dias Favoráveis e Desfavoráveis.*

LUA: Rege as viagens; as mudanças temporárias; a água e os líquidos em geral, bem como seu respectivo comércio; o comércio varejista; os artigos de primeira necessidade; a pesca; os assuntos domésticos; a saúde; as comissões e o cotidiano.

MERCÚRIO: Influencia os contratos; os assuntos relacionados com cartas, papéis e escritos; a literatura; os transportes; o correio; o fax; viagens curtas e excursões; mudanças de residência; estudos e o raciocínio com relação a questões práticas.

VÊNUS: Rege as artes em geral, tais como a música, o teatro e o cinema, a moda. Influencia também os amores, as amizades, o casamento, as diversões, as plantações, os tratamentos de beleza, a decoração dos ambientes e os assuntos domésticos e sociais.

SOL: Favorece o trabalho profissional, a publicidade, as honrarias, os favores e as melhorias. Os seus bons aspectos são positivos quando se solicita emprego ou aumento de salário, bem como quando se trata com autoridades ou superiores em geral.

MARTE: Atua sobre operações cirúrgicas, consultas a médicos e dentistas, lutas, negócios arriscados, assuntos militares e tudo o que se refere ao ferro ou às armas, os esportes, a iniciativa em empreendimentos.

JÚPITER: Governa os assuntos financeiros, jurídicos, religiosos e filosóficos, o comércio, os empréstimos, a expansão, a vida cultural, o estrangeiro, as viagens longas, os estudos superiores.

SATURNO: Rege o trabalho em geral, os negócios relativos a terras, casas, minas e construções, a agricultura, os estudos e as coisas antigas. Também favorece os que tratam com pessoas famosas ou idosas.

URANO: Influencia mudanças repentinas, assuntos e negócios relativos à eletricidade e ao magnetismo, drogas medicinais, novos empreendimentos, alta tecnologia, novas idéias e astrologia.

NETUNO: Tem sob sua atuação questões psíquicas, tais como clarividência, clariaudiência, telepatia e intuição, o misticismo, as manifestações coletivas e os assuntos marítimos.

PLUTÃO: Atua sobre tudo aquilo que exige energia e entusiasmo, as idéias originais, o pioneirismo, os assuntos relacionados à energia nuclear e as transformações radicais.

Autoconhecimento – por que é tão difícil?

Se você deseja se conhecer, precisa abandonar suas falsas autoimagens, precisa se perceber como você é – e isso não é muito bonito, e aí está o problema. Isso não é muito bonito, e é por isso que você criou belas imagens – para se esconder. Se você se perceber em sua total nudez, não será uma cena muito bela. Você perceberá raiva, inveja, ódio e milhões de pontos errados à sua volta. Você se considera uma pessoa repleta de amor, e existem ciúme, possessividade, ódio, raiva e todos os tipos de negatividade. Você se considera uma pessoa muito, muito linda, mas, quando entra em si mesmo, depara-se com a feiúra e, imediatamente, dá as costas.

Por isso, por milhares de anos os mestres sempre ensinam: "Conheça a si mesmo", mas ninguém os escuta. Conhecer a si mesmo parece ser algo muito difícil. Por quê? Porque você precisa se deparar com fenômenos feios. Eles estão ali e cada um precisa atravessá-los. Você tem um belo ser dentro de você, mas esse belo ser não está na periferia, ele está no centro. E, para chegar ao centro, você precisa passar pela periferia. E você não pode escapar, não há como escapar; você precisa atravessá-la, passar por todos os pontos feios, todas as negatividades, ódios, invejas, violências, agressões e, se estiver disposto e maduro o suficiente para atravessar a periferia, somente então chegará ao centro. Então, a cena muda.

No centro, você é Deus. Na periferia, você é o mundo – e o mundo é feio. Na periferia, você nada mais é do que uma miniatura da sociedade, e a sociedade é feia. Na periferia, você é um Napoleão, um Hitler, um Gêngis Khan, um Tamerlane e todos os políticos e loucos do mundo. Na periferia, você é uma miniatura de tudo isso, é toda a história da agressão, da violência, da opressão, da escravidão. Lembre-se: na periferia, você é a história que pertence a este mundo. Tudo está envolvido, e precisa ser assim, porque a mente não é sua, ela é um produto social.

Você precisa ser muito corajoso para atravessar a periferia, para ser uma testemunha. E, se você conseguir entrar nessa periferia, nessa sociedade, nessa história, no centro, você será o próprio Deus. Aí, há uma beleza infinita, mas essa beleza infinita não é tocada pela sociedade, ela não é a periferia. Aí, você é inocente como um recém-nascido, fresco como uma gota de orvalho na manhã, não-contaminado. Mas, para alcançar isso, você precisa passar por todo tipo de coisa desagradável. Toda a história do ser humano precisa ser cruzada; você não pode simplesmente evitá-la.

– Extraído de *Harmonia Oculta*, de Osho, Ed. Cultrix.

Guia astral 2005

DIAS FAVORÁVEIS E DESFAVORÁVEIS

As informações contidas na tábua de dias favoráveis e desfavoráveis baseiam-se nos aspectos que o Sol, a Lua e os planetas formam entre si. Para melhor aproveitamento dessa tábua, verifique na seção "Regências planetárias" a relação de planetas e das atividades e assuntos que eles regem.

JANEIRO

Dias favoráveis	Planetas	Dias desfavoráveis
1m, 19t, 30t	SOL	7, 13, 17
3t, 5m, 6t, 8t, 12m, 18m, 19t, 26, 29t, 30t, 31m	LUA	1t, 5t, 7m, 10t, 13t, 20m, 23t, 27t, 29m, 31t
8, 13, 18m, 29t	MERCÚRIO	1t, 4, 22, 25, 28
7, 13, 18m, 29m	VÊNUS	1t, 3, 23t, 24, 27, 30
15, 16m, 21, 26t	MARTE	13t, 28, 29m
12m, 21	JÚPITER	7, 16t, 22, 23t, 24
6t, 14t	SATURNO	4m, 10t, 13, 16t, 25, 27, 31t
5m, 13, 22t	URANO	7m, 20m, 27t
3t, 15, 20t, 30t	NETUNO	5t, 18t
3, 4, 16t, 26t	PLUTÃO	1t, 14t, 28, 29m

m = manhã; **t** = tarde

1 As questões práticas tendem a agitar este primeiro dia do ano. Procure não ser implicante demais durante os afazeres do dia, nem com as pessoas próximas.

2 A disposição para o relacionamento humano e afetivo cresce conforme o dia avança. Mas parece que algo está para mudar, em especial no âmbito afetivo.

3 Um dia de forte tensão para os amores e afetos. Há algo profundo acontecendo, e uma transformação das afeições parece ser mais do que necessária.

4 O modo de enxergar e perceber intelectualmente o mundo e você mesmo está mudando radicalmente a partir de agora. As tensões mais fortes estão presentes no período da manhã.

5 Grandes movimentos ocorrem nos subterrâneos da emoção e da consciência humana. Nem tudo o que ocorre aí é facilmente compreensível – e pode ser bastante perturbador.

6 Um dia positivo para tomar pé nas situações, para se organizar após as últimas aflições e para descansar e relaxar. Procure não se desgastar nas atividades e afazeres deste dia.

7 Motivos nobres nascem espontaneamente no interior das pessoas, levando-as a se aproximarem de uma conduta mais humana e positiva. Por outro lado, um dia propenso a gestos exagerados e pensamentos grandiosos.

8 Outro dia positivo, pelo surgimento de motivações nobres e elevadas nas pessoas. As relações humanas são dignificadas por tais conteúdos.

9 Maior predisposição para o trabalho e para aplicar o esforço em realizar aquilo que nos interessa e nos agrada. As afinidades devem ser levadas a sério, construindo-se algo a partir delas.

10 Momento estimulante para o trabalho profissional e para a ambição e a conquista no plano material. Não obstante a boa motivação para isso, a realidade prática, talvez não esteja muito disposta a colaborar.

11 Os pensamentos inspirados afluem com facilidade à mente das pessoas. As abstrações diáfanas atraem mais do que a rudeza da realidade material. Boa disposição para o convívio social.

12 Anseio por dar novo impulso às relações humanas, sejam sociedades ou amizades. É preciso se manter firme quanto a princípios e valores humanos.

13 As comunicações e o espírito de participação nas tarefas e trabalhos é bastante grande. Os obstáculos encontrados no meio do caminho são talvez ainda maiores.

14 Um reencontro pode trazer a solução, ao menos parcial, para os problemas e obstáculos encontrados no dia de ontem. Procure se aproximar das pessoas.

15 Dia positivo para os assuntos regidos por Marte e Netuno. As atividades médica e terapêutica estão particularmente favorecidas. Intervenções cruciais podem ser feitas em diversos assuntos e atividades.

16 A afirmação dos valores e motivações individuais está fortalecida. Disposição de luta e enfrentamento, chegando por vezes a sair dos limites mais razoáveis.

17 Momento de decisão quanto a um determinado rumo a ser tomado. É preciso manter firme os valores fundamentais, para não serem abalados por ações ou obrigações circunstanciais.

18 O dia se inicia favorável ao relacionamento, ao comércio e às comunicações. Depois, muito de confusão e indefinição vem a perturbar a disposição emocional das pessoas.

19 Momento de colher os frutos das conquistas materiais que possam ter sido alcançadas ao longo deste mês. Avalie se os resultados fazem valer os esforços empreendidos.

20 Tensões no período da manhã tendem a obrigar a pequenas mudanças no ritmo das tarefas e atividades de cotidiano. A instabilidade tende a reinar durante certo tempo.

21 Dia favorável aos assuntos regidos por Marte e Júpiter, assim como para ações vigorosas e de expansão. O sentido de justiça é muito presente.

22 Distúrbios nas atividades sob a regência de Mercúrio e de Júpiter. Falta de organização e perda do sentido de orientação. É melhor não se deixar dispersar completamente.

23 Os jogos emocionais e as mudanças de humor geram tensão nos relacionamentos. Atenção para não fazer drama e exagerar quanto ao valor de certos sentimentos ou sensações.

24 Os assuntos regidos por Vênus e por Júpiter tendem a ser prejudicados por pequenas negligências e pela falta de limites adequados. Tendência ao comodismo e a se apoiar equivocadamente nas facilidades.

25 Possíveis entraves nos deveres do dia, arrastando ou mesmo impedindo a realização de encontros, translados e comunicações. Os assuntos regidos por Mercúrio e Saturno estão dificultados, e podem chegar a um impasse.

26 Um dia de boa dinâmica, inclusive redimindo algo do que ficou bloqueado ontem. É tempo de comandar as situações e fazer valer a vontade individual.

27 Os assuntos sob a regência de Vênus, principalmente, mas de Saturno também, encontram-se sob condições bastante adversas. Uma certa melancolia ou desencanto está presente – não se entregue demasiado a ela.

28 Momento de grande concentração de energia física, emocional e mental. Explosões de todos os tipos podem acontecer. Há muita tensão, e as reações podem ser descontroladas.

29 O dia começa difícil para concatenar as atividades obrigatórias com certas propensões fortes à libertação e à rebeldia. Os sentimentos parecem não colaborar com o desejo de construir.

30 Aquilo com que temos afinidade pode nos levar ao melhor e ao pior de nós mesmos. Atenção para não se deixar subjugar em nome de pequenos prazeres, a coisas que, no fundo, fazem mal.

31 Grande desejo de se unir a outras pessoas. Mas o aspecto prático concreto coloca restrições a isso. Talvez tenha que abrir mão de algo para não gerar grande conflito.

FEVEREIRO

Dias favoráveis	**Planetas**	**Dias desfavoráveis**
3, 7, 12, 14, 18t	SOL	2m
1t, 2t, 4, 8t, 10t, 17, 18, 28	LUA	1m, 2m, 3t, 6t, 11, 12t, 14t, 25t
10, 13, 14, 18t, 20, 22, 27	MERCÚRIO	1m, 16t
14, 17, 21, 22, 26t, 28t	VÊNUS	
1, 6, 15, 22, 24t	MARTE	11t, 19t, 27m
7, 8t, 10, 17	JÚPITER	1, 2, 6t, 12t
2t, 10t, 27	SATURNO	6t, 13m
1t, 15, 19m, 20, 25, 28t	URANO	3t
8, 14, 17m, 27m	NETUNO	2m, 22m
3, 12, 13, 21, 23m	PLUTÃO	11m, 25t

m = manhã; **t** = tarde

1 O dia certo para ações empreendedoras e enérgicas que apontem para uma direção definida. Todo esforço, nesse sentido, valerá a pena.

2 Os assuntos regidos por Júpiter ficam dificultados, passando por revisões e diversos obstáculos que os retardam.

3 Dia de grande inspiração e elevação para os pensamentos. A sensibilidade humana se volta para os valores da espiritualidade e do amor mais incondicional e abrangente.

4 O descanso e o relaxamento estão favorecidos agora. Procure as atividades que completem o que estava fazendo no trabalho, sem muita agitação ou novidade.

5 Disposição para fazer mudanças e tomar atitudes radicais. Cuidado para não se inflamar demais na afirmação de suas convicções e pontos de vista.

6 Os ímpetos e desejos, ao invés de inflamarem as palavras e o pensamento, passam a exigir ações concretas e bastante objetivas. É tempo de investir nos empreendimentos de trabalho.

7 Os assuntos regidos pelo Sol e por Júpiter estão bastante favorecidos. É tempo das relações humanas e afetivas ganharem em brilho e se expandirem.

8 Momento de pensamentos inspirados, voltados para a compreensão ampla do mundo, mais do que para as consecuções práticas.

9 Início de um período em que as relações de amizade e a participação social ganham importância. É preciso estar ao lado das pessoas, contribuindo para a harmonia entre todos.

10 Os assuntos regidos por Mercúrio e Júpiter estão beneficiados. A circulação entre pessoas e produtos, assim como a comunicação e as atividades intelectuais e culturais estão favorecidas.

11 Um dia de fortes tensões ao lidar com assuntos de rotina. Você pode ser forçado a mudanças, a contragosto. É preciso se adaptar, tanto quanto não deixar que um rumo qualquer predomine em suas atividades.

12 Hoje, um certo ponto de vista ou perspectiva pode mudar, de modo harmonioso e gradual, mas também bastante radicalmente. Procure novas maneiras de enxergar as coisas.

13 Outro dia bastante centrado nas modificações das idéias, convicções e pontos de vista. Em certas situações, vale a pena mudar também o modo de comunicar o que pensa e sente.

14 Os sentimentos amorosos se ampliam até uma escala muito abrangente, como se quiséssemos abraçar a todos ao mesmo tempo. Imagens e idealizações fortes marcam a sensibilidade.

15 Ações bruscas e inesperadas podem acontecer, dentro de uma certa ordem, com um sentido razoavelmente coerente. Mas, mesmo assim, o excesso de energia nos gestos pode ser um tanto prejudicial.

16 Um dia de muita movimentação e agitação. Os ventos sopram de modo brusco, às vezes, e os afazeres de rotina precisam se adaptar a condições extravagantes e inesperadas.

17 As afeições e a boa disposição entre as pessoas favorecem a aproximação, tanto social quanto amorosa. É preciso saber usar as boas condições para construir um bom relacionamento.

18 Momento de exaltação dos sentimentos e do romantismo. A disposição é para sonhar, muito mais do que para agir ou tomar responsabilidades limitadoras e cansativas.

19 Do impulso urgente para alguma providência, pode-se passar do ponto e cometer um ato que interfira ou se imponha à força. É melhor moderar as paixões e os arroubos.

20 Ao cuidar de sua casa e seu ambiente pessoal encontrará deveres e tarefas que lhe custarão bastante. Mas estes não podem ser deixados de lado.

21 As pessoas se afeiçoam a partir das afinidades intelectuais. Mas estas vêm também com forte carga emotiva e, bem provavelmente, romântica e amorosa.

22 Um dia oportuno para ser bastante objetivo na comunicação e articular as ações no trabalho com eficiência e mobilidade. As afinidades pessoais podem ser a base para atividades bem satisfatórias.

23 Após os impulsos afetivos e passionais, neste momento, a disposição é mais prática e utilitária: mesmo o que antes era sentimento ou intenção deverá se tornar gesto concreto.

24 Outro dia para ser prático e atuar com sentido objetivo e utilitário. Só que nem sempre as condições permitirão seguir o caminho pretendido. Alterne pulso firme com adaptabilidade em seus gestos.

25 Dia favorável para mudanças bruscas que revelem aquilo que está oculto sob a aparência superficial das coisas e situações. É preciso estar aberto a uma nova compreensão.

26 A disposição afetiva das pessoas torna-se agora mais fluente e, contudo, mais flutuante e abrangente. Os grandes sonhos são abraçados de maneira calorosa e espontânea.

27 Situações emocionais e de forte subjetividade podem, com êxito, ser tratadas de maneira prática e direcionada. É possível organizar um pouco os estados de sentimento.

28 Um mergulho profundo nos aspectos mais internos da psique humana, assim como nos mistérios do mundo, é o que este dia parece propor. Algum encanto ou fascínio está presente.

MARÇO

Dias favoráveis	Planetas	Dias desfavoráveis
1m, 10, 19, 20, 29, 30t, 31	SOL	14
1m, 2m, 8t, 10m, 15m, 16t, 18t, 20, 21m, 22m, 30t	LUA	3t, 4t, 6m, 10t, 12, 17, 19, 21t, 23t, 24t
2m, 21m, 29, 30m, 31	MERCÚRIO	1, 4t, 19
4, 14, 20m, 25, 29, 30t, 31	VÊNUS	3t, 17m, 18, 22t
19, 25, 31	MARTE	3, 7, 12t, 13, 28m
8t, 14, 15m, 16t	JÚPITER	3, 19m
1t, 10, 14, 21, 29m	SATURNO	6m, 7, 12m, 26t
4, 18t, 28m	URANO	3t, 15t, 23t, 30m
14, 16t, 26t	NETUNO	1t, 24t, 28t
12t, 14, 22m	PLUTÃO	1, 10t, 17m, 18, 24t, 26

m = manhã; **t** = tarde

1 Dificuldades e perdas nos assuntos regidos por Mercúrio, assim como instabilidade naqueles regidos por Plutão. Algo se revela a nossos olhos, e muito pode mudar a partir disso.

2 Emoções intensas no período inicial do dia, mas possibilidade de lidar de modo razoavelmente organizado com elas.

3 Momento de satisfação íntima, talvez motivado por pequenas realizações concretas que lhe sejam particularmente significativas.

4 Um dia estimulante para o convívio amoroso, assim como para os pequenos encontros que enchem um dia de alegria.

5 Um dia positivo para a atividade intelectual, para os estudos e tudo o que requeira criatividade mental. Aproveite para agir com discernimento e visão ampla.

6 Você tende a passar o dia envolvido com remoeções e cavilações. Há muito de interessante para ver e apreciar no mundo lá fora.

7 Você se mostra descontente com algumas coisas e é mesmo tempo de pôr mãos a obra para mudá-las e melhorá-las.

8 As novas soluções diante dos impasses no trabalho estão favorecidas. Procure não seguir os caminhos habituais e as coisas andarão melhor.

9 Você pode mostrar muita habilidade nas negociações, seja com dinheiro seja nas questões familiares. Procure resolver as coisas até o fim.

10 Você pode encontrar algo que venha de encontro a seus desejos, em especial quanto a objetos e condições materiais.

11 Você tende a fazer muitas considerações sobre diversos assuntos, mas nem sempre se resolve a agir. Procure não ficar no meio do caminho.

12 Outro dia favorável para trabalhar e para concluir suas tarefas. Seja mais criativo em seus procedimentos.

13 Momento fecundo para a prática da meditação e da oração. A disposição religiosa está favorecida. Cuide dos sentimentos, para que estes se mantenham elevados e puros.

14 Sua disposição está mais cheia de humores e caprichos. No trabalho ocorrem tanto situações mágicas e reveladoras, quanto tensões no modo de conduzir as ações.

15 Os afazeres cotidianos se impõem sobre sua vontade e talvez não possa seguir o dia como gostaria, mas sim correndo atrás de compromissos.

16 As atividades de comunicação e de contato humano estão particularmente favorecidas. Renovar é altamente recomendável.

17 Você pode mostrar aspectos menos conhecidos de sua personalidade, surpreendendo até a si próprio.

18 Você vive um dia de conflito com seus familiares. É melhor evitar os confrontos e a obstinação em manter hábitos e convicções.

19 Momento de experiências pessoais intensas e reveladoras. Por outro lado, há a tendência a se desentender no trabalho e com autoridades.

20 Algo pode se desligar, até como que por magia, de sua vida. Novas portas se abrem e você vislumbra possibilidades renovadas. No amor, as contrariedades tendem a predominar.

21 Você se mostra especialmente encantador, causando fascínio e desejando envolver-se com pessoas que lhe fascinem.

22 Ao invés de seguir impondo os planos como estavam colocados, é dia para mudar os procedimentos nas questões financeiras.

23 Um dia em que a prudência é a melhor atitude. Procure a estabilidade e a segurança antes de tudo o mais.

24 As aspirações e sonhos pessoais tendem a se desenvolver até um limite, quando você talvez desejasse bem mais.

25 Suas esperanças pedem por muito mais no trabalho, e as luzes do momento parecem indicar que pode conseguir. Mas veja se isso é mesmo assim, antes de considerar definitivo.

26 As atividades intelectuais e culturais estão positivamente estimuladas. É tempo de ser criativo nestes assuntos.

27 As relações pessoais e afetivas estão em momento positivo. As novidades que ingressaram em sua vida devem permanecer.

28 Um dia para estar voltado aos cuidados consigo mesmo e para considerar os limites com que precisa conviver no momento.

29 Você pode se indispor com seus chefes e com as autoridades. As pessoas o sensibilizam de modo especial neste dia. Procure ter bastante paciência.

30 Momento de fascínio no relacionamento amoroso, podendo vir à tona sentimentos que antes não estavam revelados.

31 Um dia em que podem ocorrer encontros importantes com amigos, conselheiros ou padrinhos. Você se mostra um tanto nervoso e agitado.

ABRIL

Dias favoráveis	Planetas	Dias desfavoráveis
6, 14, 19m, 28t, 30	SOL	3, 10
4, 9m, 12t, 13m, 14t, 19, 22t, 23m, 24t, 28t	LUA	1, 2m, 8t, 10t, 12m, 13t, 18m, 20m, 22m, 23t, 25t, 29m
12, 16t, 26t	MERCÚRIO	1m, 14m, 22m, 28, 29m
5, 10, 11, 15, 19t, 23	VÊNUS	1t, 2, 8, 16t, 24t, 29
8, 20, 23	MARTE	10t, 13, 18m, 25t
4m, 8, 12t, 22t	JÚPITER	2, 3, 15m, 28
6t, 25m	SATURNO	2m, 8, 10, 23t, 29t
14t, 23, 24t, 30	URANO	12m, 20m, 26t
5, 6, 22t	NETUNO	10t, 13, 18m, 25m, 29
9m, 11, 14, 18t, 23	PLUTÃO	6t, 13t, 21m

m = manhã; **t** = tarde

1 Suas aspirações chegam agora a se mostrar até o limite das possibilidades do momento. Apesar disso, você ainda pensa em ir mais além.

2 Um dia em que uma série de conflitos tendem a pairar no ar. As relações afetivas podem sofrer mais que as outras situações.

3 Os sentimentos são agora intensos e inflamados. Você pode se colocar radicalmente contra ou a favor, sem nem mesmo precisar ou saber por quê.

4 As mudanças, viagens e deslocamentos podem se realizar até certo ponto. Convém não forçar as situações além desse ponto.

5 Você pode se encontrar com uma pessoa muito especial, ou viver um momento especial de fascínio em suas relações pessoais. Imperam a magia e o inesperado.

6 Não se perca em labirintos dos quais não possa encontrar o caminho de volta. Mantenha alguns pontos de segurança.

7 Um dia estimulante para as parcerias e relações pessoais. Mesmo que estas não cheguem aos resultados pretendidos, de imediato. Trabalhe também pelo futuro que possa estar gerando.

8 Um dia de tensão na relação com as pessoas. As obrigações e os obstáculos se impõem por sobre a sua vontade de momento.

9 Um dia para usufruir de condições benéficas e agradáveis que, no entanto, não foram construídas por você.

10 Você firma suas convicções e com isso tende a criar tensões à sua volta. Veja se não é possível tentar uma outra forma de se colocar. Por vezes, não percebemos o quanto nossa atitude interfere além do necessário nas situações.

11 Um dia em que você tende a se encantar com alguém de seu ambiente social. Pode mesmo viver alguns momentos bem agradáveis.

12 Não force demais as condições de saúde ou de estabilidade na vida pessoal. No momento, você tende a desejar dar passos maiores que suas pernas.

13 Você se mostra por um lado confiante em seu trabalho, mas por outro pode recear algo relativo ao futuro. Tendência a oscilar entre estes dois extremos.

14 Ainda um dia de disposições oscilantes e caprichosas. Você comunica bem seus sentimentos e pretensões, mas nem isso tende a livrá-lo de divergir de seus parceiros.

15 Momento estimulante para a atividade intelectual e de grande imaginação. No entanto, isso tende a distanciá-lo de condições difíceis na vida pessoal, gerando conflito interno.

16 Soluções inventivas favorecem livrar-se de pequenos problemas. A disposição para o convívio humano é boa, mas talvez se mostre um pouco crítico demais com as pessoas. Você tende a se encantar com algo que pode se mostrar ilusório. Não conte vantagens nem vitória antes do tempo.

17 O espírito jovial e a rebeldia em nome de uma liberdade irrestrita tomam conta de nossa atitude de vida. É tempo de apostar nos grandes ideais.

18 Momento delicado para a saúde, em especial do sistema nervoso e circulatório. Procure cuidar do bem-estar orgânico e do equilíbrio pessoal.

19 Um dia muito bom para conviver com aqueles com quem pode cultivar valores e conhecimentos que lhe sejam afins.

20 O entusiasmo afetivo e amoroso é hoje algo especial. Seus sentimentos se inflamam com toda a facilidade. Atenção para não se machucar, seja no nível físico ou emocional. Quem vai com muita sede ao pote costuma trombar com ele.

21 As boas idéias no trabalho podem não prosseguir por insegurança pessoal ou alguma obstinação de sua parte. Mas também, talvez estejam exigindo mesmo demais de você.

22 Momento em que os desejos, em especial na vida material, se tornam mais incandescentes. Você busca realizar o impossível junto aos familiares, e talvez até consiga.

23 As melhores idéias de pouco servem se não podem ser colocadas em prática. É preciso ser realista no modo de pensar e fazer escolhas.

24 Seus sentimentos podem não bater muito bem com os de seus amigos e pessoas queridas. Vale a pena conversar a respeito e esclarecer, mais do que se desentender.

25 O entusiasmo favorece as ações na atividade profissional, mas só até certo ponto. Alguma descoberta reveladora a seu respeito pode estar acontecendo.

26 As condições não permitem que seu trabalho vá além de um certo ponto. Em parte, você mesmo pode ter segurado a situação.

27 A relação conjugal, as parcerias e as associações passam por momento de acertos fundamentais. Há que se ter uma base em comum.

28 As expectativas pessoais tendem a não estar bem alinhadas com as condições que o trabalho apresenta. Procure um bom ajuste entre ambas.

29 Os planos esbarram nas condições financeiras que tendem a restringi-los. Procure uma adequação para não perder o embalo nos bons projetos.

30 Momento de reconhecer as vitórias e os impedimentos ao lidar com as condições financeiras e materiais.

MAIO

Dias favoráveis	Planetas	Dias desfavoráveis
13, 18t, 28m, 30	SOL	7, 31
1m, 10m, 11t, 12m, 14t, 19t, 20m, 25m, 28m, 29m	LUA	1t, 8m, 11m, 14m, 15t, 20t, 24, 29t
3, 8, 17m, 18, 20, 25, 27m, 28	MERCÚRIO	7, 14m, 22, 29t
3, 17, 19t, 24, 26	VÊNUS	1t, 18, 22, 29, 31t
12m, 20	MARTE	9t, 15, 17t, 22, 24t
1m, 9t, 17, 28m, 30	JÚPITER	5m, 12m, 26m
3, 4m, 13, 23m, 25, 31	SATURNO	2, 6m, 7, 20t, 27m
12m, 18m, 22m	URANO	9t, 15, 17m, 18t, 24m, 31
3, 10m, 20m, 24	NETUNO	7, 8m, 15t, 19, 22
6m, 8, 16m	PLUTÃO	4m, 11m, 18t, 29, 31

m = manhã; **t** = tarde

1 Tendência a se mostrar mais incisivo e agressivo em suas colocações no campo do trabalho. Mas o receio e a vacilação tendem a tomar conta de sua atitude nos relacionamentos.

2 Não adianta discutir contra condições que parecem não querer obedecer à nossa vontade. É preciso saber adaptar-se a este dia.

3 Mais uma vez seus desejos no trabalho tendem a ser negados. Desta vez, por serem contrários aos planos e à ordem estabelecida e vigente.

4 Alguma mudança está ocorrendo em seus pensamentos e no modo de encarar a vida. Esclarecer a direção em que se anda é sempre bom.

5 Você tende a estar mais sentimental, ainda mais em questões materiais. O apego tende a ser grande neste dia.

6 Sua imaginação está particularmente inspirada para altos vôos. No entanto, algum sentimento negativo pode se infiltrar em meio às imagens.

7 As situações no trabalho estão em mutação. Não se assuste e procure acompanhá-las para obter o melhor resultado.

8 As condições emocionais hoje não colaboram muito para fazer grandes realizações.

Conseguir um pouco de harmonia já está muito bom.

9 Os relacionamentos afetivos e de trabalho mostram as muitas complexidades do convívio e da cooperação entre as pessoas.

10 Mais do que teimosias, é tempo de fazer valerem suas reais convicções e princípios. Pode estar teimando contra si mesmo.

11 O engajamento e o entusiasmo com o trabalho tende a ser algo muito especial neste dia. É hora de mostrar todo o seu apetite!

12 Os desejos mais fortes deste dia podem ser impedidos de se realizar devido a condições materiais mesquinhas ou insuficientes.

13 Você começa a se mostrar mais aguerrido no âmbito profissional e disposto a lutar por suas conquistas materiais.

14 Muita agitação no cotidiano, seja pelo trabalho ou pelas muitas idéias que tendem a confundi-lo. Procure manter o discernimento e a praticidade, em meio a tudo isso.

15 É melhor estar numa situação financeira segura, ou pode viver alguns sobressaltos. Momento para ter desapego, acima de tudo.

16 Cuidado para não começar a gerar muita tensão em seu próprio interior. Perceba como é importante ter um bom ambiente emocional como condição para se aproximar da pessoa amada.

17 Os sentimentos se inflamam e seu coração anda em chamas neste dia. Você anseia por uma relação ideal que, ao menos em parte, pode hoje se realizar.

18 Momento para colher alguns frutos na vida material e financeira. Claro, desde que tenha cumprido direito o ciclo que está se encerrando.

19 Mais seguro de suas motivações, agora é tempo de começar a colocá-las em prática. Suas companhias podem negar o que mais o diverte.

20 As obrigações familiares se contrapõem a pequenas diversões que o cotidiano lhe traz. Você tende a oscilar entre ambas.

21 Você se desentende com a pessoa amada, talvez até por estar sendo contraditório: sentindo uma coisa e pensando outra.

22 Um dia estimulante para a atividade mental e para ampliar sua capacidade de conhecimento e percepção. Novas visões podem lhe ser reveladas, como que por mágica.

23 O que prometia ser um bom negócio, hoje pode se mostrar diferente. Esclareça bem a situação antes de se decidir.

24 Você se organiza de um jeito e vêm aquelas pessoas tentar seduzi-lo com outras condições e possibilidades. Como conciliar as coisas – ou será melhor uma decisão firme?

25 O espírito jovial e a rebeldia em nome de uma liberdade irrestrita tomam conta de sua atitude de vida. É tempo de pensar em como tudo poderia ser melhor no futuro.

26 Um dia de agradáveis desordens pessoais de vida. Nada parece muito negativo, mas às vezes são os pequenos prejuízos que somam.

27 Um dia para mostrar seus talentos especiais e para fazer coisas que lhe pareceriam impossíveis em outros momentos.

28 Você tende a não se afinar com seus próprios planos e pensamentos. Os conflitos internos tendem a transparecer nas relações pessoais e de amizades.

29 Seu humor se mostra oscilante e há algo de caprichoso e manhoso em seu comportamento. Os afazeres cotidianos podem ser afetados negativamente.

30 Aquilo que você aprecia pode não ser o que a pessoa amada lhe propõe. Nada muito exigente, mas não convém cultivar ressentimentos por isso.

31 Os possíveis desencontros nas relações de trabalho lhe deixam em situação delicada. Mas veja que, parte disso, você próprio deixa acontecer.

JUNHO

Dias favoráveis	Planetas	Dias desfavoráveis
8, 10, 17m, 26m	SOL	14
2m, 3, 10m, 12m, 18, 19t, 20m, 24m, 26m, 27t, 28m, 29t	LUA	2t, 4m, 7, 11t, 13t, 14t, 15t, 20t, 22, 23, 30
1, 5, 6, 16, 18t, 26, 27, 28m	MERCÚRIO	2, 8, 10, 15, 21, 23m, 30t
12, 25, 27, 28m	VÊNUS	10, 16t, 19, 23t, 30t
4, 12, 20m	MARTE	2, 7t, 10, 15t, 22m, 25
1, 5, 6m, 24m	JÚPITER	8t, 10, 15, 22t, 25, 28t
4, 19t, 25, 26, 27t	SATURNO	2t, 17m, 23t, 30m
8t, 12, 16, 18m	URANO	2, 6m, 13t, 14, 20t
5, 6t, 8, 16t	NETUNO	4m, 11t, 19m
12m, 29t	PLUTÃO	2, 7m, 8, 14

m = manhã; **t** = tarde

1 Você se encanta e se envolve, talvez de modo inadequado ou nas condições erradas. Assim, não há relação que perdure muito.

2 Um dia estimulante para o convívio agradável com aqueles com quem nutre profundas afinidades, sejam pessoais e afetivas, sejam culturais.

3 É tempo de inovar no trabalho, sair das linhas aborrecidas da rotina e ousar ser radicalmente criativo.

4 Momento em que os desejos afetivos podem quedar insatisfeitos. Os compromissos de rotina formam uma barreira para se aventurar livremente.

5 Um dia para respeitar as exigências e rigores dos afazeres práticos e no trabalho. As amizades podem trazer uma surpresa.

6 Um dia de encontros e desencontros agradáveis, no mais das vezes. Mas procure não deixar as relações se complicarem demais.

7 O ambiente de trabalho precisa receber bem novas pessoas e condições. Não se pode manter tudo igual por muito tempo.

8 As relações pessoais podem ser fonte de revelações surpreendentes. Sentimentos afloram e modificam a relação.

9 Mais do que seguir as paixões, é dia para manter a dignidade pessoal e fazer valer o valor natural de sua pessoa. Não há porque valorizar mais o que lhe falta do que aquilo que possui.

10 Situações e objetos podem sumir ou reaparecer em sua vida, de modo até espantoso. É preciso cuidar da boa comunicação no trabalho.

11 Pequenas mudanças podem melhorar bastante as condições domésticas. É preciso apostar na renovação, em especial se há algo incomodando.

12 A agenda que havia programado pode ter que ser modificada. É dia para se adaptar ao imponderável e valer-se dos imprevistos para ganhar impulso.

13 As cobranças com relação à vida material podem fazer você criar novas soluções. Um dia para atividades culturais junto aos amigos e companheiros.

14 Momento para ficar mais consigo mesmo. No entanto, um incômodo emocional exige reformar sua atitude.

15 Mais do que atingir as metas, é preciso não se desorganizar em nome do que pretende realizar. Procure ir fazendo as tarefas do dia com ponderação e sem forçar as situações.

16 O convívio com os amigos tende a ser altamente estimulante, inclusive para aprender coisas novas. Um bom ambiente pode fazer você relaxar e descansar.

17 Sentimentos intensos e até explosivos animam a relação amorosa. É tempo de sinceridade, independentemente de agradar ou desagradar.

18 Novas soluções podem resolver pequenos impasses que o dia apresente. Procure ser criativo, usando de sua fértil imaginação.

19 As pequenas viagens e os programas variados com a pessoa amada podem ser muito agradáveis hoje.

20 O convívio despreocupado e divertido com os amigos é fonte, hoje, de grande satisfação pessoal. Conviver em harmonia é uma arte.

21 Um dia agradável para estar com a pessoa amada, especialmente em atividades relaxantes e prazenteiras. Não é hora de se exigir muito.

22 É hora de arrematar seus projetos, finalizando o que ainda falta. Um dia para dedicar boa parte do tempo à carreira profissional.

23 Você se mostra oscilante em seu humor e cheio de caprichos, nem sempre com muito sentido. No amor, a harmonia e o encanto devem ser vividos com plenitude.

24 Os sentimentos afetivos estão ardentes e intensos. Pode até ser difícil permanecer perto das pessoas queridas, tal o calor com que impõe seus desejos.

25 Um dia em que as ações estão fora do alcance de sua vontade. Isto é, muitas coisas podem acontecer à sua revelia. Tenha boa vontade e paciência, acima de tudo.

26 Você tende a se defender ou atacar com animosidade aqueles que tentarem mexer no que julga lhe pertencer, material ou emocionalmente.

27 Momento para seguir as ondulações de seus sentimentos, voltando-se para aquilo que chama seu coração.

28 Os assuntos domésticos e os do trabalho tendem a se digladiar em importância. De algum modo, é preciso atender aos dois, mas sem exageros.

29 Um dia para compartilhar seus bens com os seus, tornando o convívio leve e divertido. As atividades culturais estão positivamente estimuladas.

30 Você está ainda mais voltado para dentro. Esta condição, bem vivida, pode lhe dar um sentido todo especial de segurança.

Para ser realista, é preciso crer em milagres.

– *David Ben Gurion*

JULHO

Dias favoráveis	Planetas	Dias desfavoráveis
2, 16t, 22, 25t	SOL	1, 10, 12
3m, 5, 8t, 9, 13t, 17m, 18, 19m, 22m, 25, 26t, 28m	LUA	1t, 3t, 4t, 11m, 15m, 16m, 21m, 24t, 27t, 28t, 30t, 31t
6, 9, 15, 18t, 26t	MERCÚRIO	13, 16m, 22t, 28t
6, 9, 13, 16, 17, 19m, 28m	VÊNUS	12, 22t, 23m, 30t, 31
7, 9, 15, 17, 19m	MARTE	6t, 12, 14m, 21m, 28, 31
3m, 6, 22m, 30t	JÚPITER	1, 20m
17m, 23, 25m	SATURNO	15m, 21m, 27t, 31
2, 6m, 15t	URANO	3t, 11m, 18m, 30t, 31
4m, 7, 14m, 31m	NETUNO	1t, 12, 13, 16m, 28t
9t, 15, 16, 26t	PLUTÃO	4t, 24t, 31t

m = manhã; **t** = tarde

1 As esperanças se renovam quanto ao trabalho e ao futuro na vida material. As adversidades, no fim das contas, podem contribuir para estimular positivamente o convívio amoroso.

2 O dia tende a ser bastante movimentado, e as aventuras tendem a predominar. Procure não forçar situações só porque acha que merece certas conquistas.

3 Você está disposto a enfrentar grandes desafios, mas pode passar do ponto ao tentar alcançar o que está muito longe.

4 O entusiasmo toma conta das relações pessoais e você deseja conquistar muito mais. Lembre-se que o exagero é o lado negativo das indicações deste dia.

5 Você tende a se exceder nos gastos, assim como alguma sorte pode favorecê-lo em alguns negócios. Não se deixe dominar pelas fantasias imaginativas; ao menos, não por aquelas mais negativas e pesarosas.

6 Antes que tudo é preciso respeitar as pessoas queridas, evitando se impor e fazer prevalecer somente a sua vontade.

7 Não é hora de arriscar seu dinheiro ou os seus recursos. As oportunidades podem lhe parecer boas, mas tendem a causar prejuízo.

8 Um dia de muita atividade, mas que pela dispersão pode acabar não sendo muito produtivo. No entanto, novas portas podem ser abertas.

9 Você tende a se agitar bastante neste dia, buscando multiplicar o tempo, mas no fim pode se desgastar à toa. Não seja preguiçoso no amor.

10 Um dia em que os exageros dramáticos e os excessos da vaidade podem tomar conta das relações afetivas. Um pouco de moderação ajudará muito a estabelecer o equilíbrio.

11 Você tende a estar voluntarioso, querendo impor seu ritmo sobre os outros. Tudo parece ser motivo de disputa e polêmica, mesmo que sejam coisas sem importância.

12 Os sentimentos amorosos são ainda intensos e dramáticos. Tudo é urgente e caloroso, a começar por seus desejos que parecem querer ocupar toda a cena.

13 É tempo de se aproximar dos amigos e ao lado deles relaxar e descansar. Não é hora de se achar capaz de conquistar o que está muito distante.

14 Ainda está presente a tendência a exceder-se nos gastos. Procure dirigir positivamente essa prodigalidade para que, mesmo gastando, isso traga benefícios.

15 Os excessos continuam podendo afetar sua saúde. O equilíbrio orgânico deve ser mantido, sempre evitando os exageros.

16 Os arroubos em defesa de seu patrimônio tendem a persistir ainda hoje. As conquistas podem até ocorrer, mas veja a que preço.

17 A tendência é que hoje seja também um dia movimentado. Os estudos e viagens estão favorecidos na medida em que saiba moderar os impulsos.

18 Continuam presentes as afeições ardentes e intensas. A expressão dos sentimentos não deveria se sobrepor ao respeito às pessoas.

19 Seu gosto pessoal tende a entrar em conflito com a disposição e os desejos de sua família. A desorganização pode tomar conta dos afazeres cotidianos.

20 Tende a permanecer o conflito nas relações pessoais. Ainda as vaidades afastando as pessoas. É preciso ceder do seu ritmo, para entrar em ritmo com o outro.

21 Este é um dia em que os acontecimentos tendem a ocorrer à sua revelia. Mesmo assim, procure adaptar-se a eles. É hora de ter boa vontade e humildade.

22 Começa um período de maior vitalidade física e disposição emocional. Você está mais confiante e motivado. Há grandes desejos de conquista e espírito empreendedor.

23 As relações pessoais entram em conflito na medida em que as vaidades e o individualismo se sobrepõem ao entendimento.

24 A preguiça e a indolência são seus inimigos ao longo do cotidiano. A agenda programada deveria ser seu guia, dominando as indisposições de momento.

25 Atenção, pois poderá não respeitar os limites do organismo e do corpo. Os esforços podem ser excessivos, e talvez pouco proveitosos por falta de foco.

26 Sua exuberância e liberdade vão de encontro às ordens e ao comando sob o qual está em seu trabalho. O uso que faz de seus recursos pode ser um tanto displicente.

27 Você mergulha profundamente nas relações pessoais e pode se perder um pouco de si mesmo. Por outro lado, é tempo de se deixar dissolver, abrindo-se assim a um processo de renovação.

28 As vontades individuais tendem a dificultar os acordos no trabalho e nas atividades que exigem cooperação. É preciso ceder sem perder o rumo.

29 Preferência por estar com as pessoas queridas do que cuidar das responsabilidades materiais. A desorganização tende a piorar seu desempenho.

30 O envolvimento passional com o trabalho tende a tirá-lo do melhor equilíbrio. A desordem é um problema neste momento.

31 Os estudos e viagens são hoje estimulados. Mas o excesso de entusiasmo pode fazer parecer possíveis, empreendimentos que, na verdade, estão distantes e difíceis.

O homem inteligente acha quase tudo ridículo; o homem sensato, quase nada.

– *Goethe*

AGOSTO

Dias favoráveis	Planetas	Dias desfavoráveis
6, 9, 14, 15m, 23t	SOL	8
6m, 10m, 13, 16t, 18t, 20m, 22t, 23t, 26m	LUA	4m, 7m, 8m, 11, 12t, 14m, 24m, 15t, 21m, 24t, 25m, 26t, 27t
1, 5, 14m, 16, 22t, 28, 30	MERCÚRIO	2, 12m, 13, 18m, 24t, 25, 26
17, 20, 27m, 30	VÊNUS	10, 15t, 22m, 29t
6t, 14, 16t	MARTE	4m, 12m, 13, 18t, 25, 28
5, 6, 17, 27t, 28	JÚPITER	2t, 16t, 18, 30m
13t, 20, 22m	SATURNO	11t, 18m, 24m
2m, 12m, 14, 29m	URANO	7m, 26t
10m, 17, 27m, 30	NETUNO	2, 8, 12t, 25m, 26, 28
5t, 14, 23m, 30	PLUTÃO	8m, 10, 21m, 27t

m = manhã; **t** = tarde

1 Uma certa ansiedade perturba as relações íntimas. Você precisaria estar mais calmo para se entender melhor com a pessoa amada.

2 Um dia de atrito com os superiores, em especial no trabalho. Você quer ver sua vontade prevalecer, o que talvez não seja possível. Use a inteligência e a criatividade para contornar o pior desse confronto.

3 Um dia para agir criativamente nas relações pessoais, ao invés de se deixar subjugar por problemas e climas de desarmonia.

4 Possível conflito em negócios com amigos. Procure deixar os dois assuntos bem distantes. Neste dia a vontade dos outros parece ser mais forte que a sua.

5 As pessoas não querem que ninguém se intrometa em seus assuntos pessoais. Com isso, elas tendem a afastar-se umas das outras, como se só seu mundo particular tivesse valor.

6 O mau planejamento, ou a falta dele, complicam as ações no trabalho. É preciso colocar ordem antes de começar a agir, ou pode desperdiçar muita energia para nada.

7 As pressões exigem que você se desdobre nas rotinas, mas procure manter-se equilibrado. As ações forçadas tendem a causar prejuízos.

8 Momento de exaltação dos sentimentos amorosos, em que toda paixão lhe parece urgente, e os desejos não podem ser contrariados.

9 Um dia para resolver com agilidade as questões mais difíceis em sua casa e nas relações próximas. Não fique esperando os problemas estourarem.

10 A ordem dos acontecimentos parece ir contra seus desejos e sua vontade pessoal. Você tende a reagir instintiva e agressivamente.

11 Seus desejos mais íntimos podem ser contrariados pela pessoa amada. Não é dia para lutar, ou um afastamento pode ser inevitável.

12 Muitas idéias, muitas disposições de humor, hoje é um dia em que as pessoas revelam muitas faces diferentes. A imaginação criativa está positivamente estimulada.

13 Contratempos se impõem sobre sua ordem de vida. Se houver falta de planejamento, o prejuízo às ações de rotina tende a ser maior.

14 A instabilidade dos pensamentos tende a aumentar. Algumas idéias precisam ser retomadas, outras redimensionadas.

15 O momento pede cuidar de pendências e antigas questões ligadas ao trabalho profissional. Há soluções que devem ser repensadas. Não se atire na primeira escolha.

16 A troca emocional com os familiares está positivamente estimulada. Em especial para completar o que foi deixado a meio caminho.

17 É aconselhável manter os amigos apartados dos negócios e das lidas financeiras neste dia. O momento favorece somente a relação pessoal com eles.

18 Sua imaginação está agora mais fértil, e você pode confundir realidade e fantasia. A comunicação é mais colorida e romanceada.

19 Um dia de muitas variáveis e possibilidades no mundo dos afetos e dos amores. Mas a superficialidade pode marcar as relações, e estas tendem a não caminhar muito.

20 As pendências nas associações, acordos e no casamento devem ser resolvidas hoje. Para isso, terá que mudar algo na conduta antes adotada.

21 Continue atendendo ao trabalho e às solicitações domésticas, melhorando os dois campos de experiência. Mesmo que para isso o esforço seja especial.

22 É tempo de resolver pendências na vida financeira e modificar algumas condutas que não vão bem. A insegurança causa agitação ao lidar com este assunto.

23 Você tende a racionalizar seus sentimentos, talvez pela pressão de ter que explicá-los às pessoas próximas.

24 Momento de recolhimento, mas no qual tende a remoer questões do passado que não lhe deixam ter paz. Procure resolvê-las na prática, ao invés de se acumular de preocupação.

25 Momento de instabilidade na maneira de ser e de agir, em especial no trabalho. Tendência a se desgastar, sem se decidir por agir racional ou emocionalmente.

26 Perceba o que não está bem ajustado em sua vida. O momento pede, antes de tudo, que as pessoas se apercebam da situação em que estão.

27 As dúvidas e o anseio por conhecer mais amplamente o sentido das coisas, inclusive o sentido da vida, deveriam ser o elemento motivador de seu aperfeiçoamento.

28 Sua sensibilidade aponta na direção de se aproximar de algumas pessoas. Não perca tempo. É hora de cultivar as amizades.

29 Você percebe bastante bem o que deveria fazer em seu trabalho. Pois, então, não se disperse tanto e comece a executar o que tem em mente.

30 Há coisas que não cabem mais em sua vida e você deve providenciar para que sejam descartadas. Outras, no entanto, podem ser eliminadas mesmo que você não perceba, a princípio, a razão disso.

31 É dia para retomar antigos assuntos com amigos ou grupos de pessoas, colocando em dia questões atrasadas ou que já deveriam estar encaminhadas.

Amor perfeito significa amar quem nos faz infelizes.

– *Soren Kierkegaard*

SETEMBRO

Dias favoráveis	Planetas	Dias desfavoráveis
13, 22t	SOL	1, 14
6m, 10m, 13, 16t, 18t, 20m, 22t, 23t, 24t, 26m	LUA	1, 3m, 4, 8t, 9m, 10t, 14t, 17t, 20t, 21m, 23m, 28t, 30t
4, 5, 13m, 16, 22t, 25, 29	MERCÚRIO	9, 10t, 28
1, 4, 16, 26m,	VÊNUS	11t, 14m, 18, 21m, 24, 29m
4m, 13, 16	MARTE	1t, 9m, 15t, 29m
1, 15t, 18, 24m	JÚPITER	13t, 19t, 26t
10m, 25	SATURNO	8m, 14t, 18, 20t
8m, 25t	URANO	1, 3m, 9, 10t, 23m, 30t
6m, 23t, 29	NETUNO	1m, 8t, 21m, 24, 28t
1, 4t, 18, 19t, 29m	PLUTÃO	4m, 14, 16, 17, 24m

m = manhã; **t** = tarde

1 Maior sensibilidade nas relações pessoais e íntimas. A harmonia nessas relações passa a ser fundamental. Alguns aspectos de sua vida pedem por uma transformação.

2 As motivações estão se renovando. A afinidade emocional é o meio mais eficiente para você se ligar aos novos interesses. Procure aquilo com o que tem afinidade e facilidade de lidar.

3 É tempo de procurar ter mais segurança na vida financeira. Comece fazendo um bom planejamento do que pretende neste âmbito.

4 Tem início uma fase propícia para abrir os horizontes, planejando rumos futuros, e aperfeiçoando a mente através dos estudos e da cultura.

5 Está começando um momento de atividade social e de participação em assuntos coletivos e sociais. A confiança e a estabilidade regem estas atividades.

6 Seu senso prático pode estar apontando para uma boa oportunidade para efetivar mudanças. Não adie aquilo que pode cuidar e melhorar hoje.

7 Momento de trabalhar seriamente para desenvolver a carreira profissional. Não fique apenas nas considerações, procure tomar providências concretas.

8 Um ambiente harmonioso em casa é tudo o que você precisa para poder sentir-se bem neste dia. É preciso saber a hora de parar e descansar.

9 As relações associativas estão em alta. É tempo de cuidar das parcerias e das alianças em que recebe e dá apoio. Relacione-se com a melhor das boas vontades.

10 Um dia de maior interiorização e sensibilidade. É momento para buscar a compreensão, mais do que para agir e decidir.

11 Tendência a sermos movidos pela paixão e pela emoção. Este é o momento de sintonizar as melhores, dentre elas, para investir nossa energia. Não se deixe levar por qualquer estado de ânimo.

12 O período agora é propício para você trabalhar, valendo-se da sensibilidade, seja nas relações humanas ou na qualidade do que faz.

13 O amor envolve seus sentimentos e disposições, fazendo com que demonstre mais suas afeições e desejos.

14 Este é um dia estimulante para introduzir mudanças em seu ritmo cotidiano, modificando situações na rotina. Boa hora para novos aprendizados.

15 Momento de disposição positiva, em que as agruras e temores são deixados para trás. Aposte nas novas motivações e em uma nova visão a respeito de si mesmo.

16 Momento oportuno para introduzir melhorias em seu lar e na vida doméstica. Você está mais sensível ao convívio familiar. Mesmo assim, continue com os afazeres que vem desempenhando nestes dias.

17 Não se deixe ficar no comodismo ou na preguiça. É tempo de construir a vida que julga certa para atender à sua individualidade.

18 É importante agora lidar com as finanças e a materialidade. É tempo de cuidar de seus bens e recursos. Seja produtivo, evitando perder-se em detalhes inúteis.

19 Um dia propício para aumentar as condições de conforto em seu ambiente pessoal. Também favorável para aprender novas coisas e começar cursos de todos os tipos. Suas habilidades precisam se afirmar.

20 Para desenvolver seu patrimônio é preciso começar daquilo que já tem. Pode parecer óbvio, mas para você isso é fundamental neste momento.

21 É preciso comunicar seus sentimentos às pessoas, ou estas não podem participar de suas paixões. Momento para trocar afeição e se dispor ao convívio íntimo.

22 Sua sensibilidade pode ser atendida de forma especial neste dia. O convívio social é positivo, apesar de você se mostrar um pouco retraído.

23 A atração sentimental está ainda mais forte. Você se encanta e deseja mais intimidade. É hora de introduzir modificações nas tarefas do dia-a-dia.

24 A renovação interior está agora positivamente estimulada. Dificuldades íntimas podem ser sanadas, caso você trabalhe para que as tensões diminuam.

25 Reforçando as relações de amizade, este é um momento propício para desenvolver interesses culturais e conhecimentos que possa repartir com as pessoas.

26 Sua sensibilidade continua sendo atendida com especial apreço, seja pelos ecos de ontem, ou por novos eventos que os reforcem.

27 Você está bastante criativo, em especial nas atividades intelectuais e artísticas. O senso estético e o espírito humanista estão em alta.

28 Momento de profunda renovação interior. Pode até não entender bem o que se passa, mas será muito positivo para todo tipo de transformação emocional e mental.

29 As possíveis tensões que permeiam o ambiente doméstico tendem a ser amenizadas. A harmonia se faz presente com mais evidência.

30 Um dia para cultivar os valores e o conhecimento que possa repartir com outras pessoas. As afeições se fortalecem.

Embora eu não acredite que uma planta possa brotar onde não haja semente, tenho muita fé na semente. Convença-me de que você tem uma semente, e estou preparado para esperar maravilhas.

– Henry David Thoreau

OUTUBRO

Dias favoráveis	Planetas	Dias desfavoráveis
1, 7, 12t, 15, 22, 30	SOL	6
8m, 10t, 12t, 16m, 17m, 21m, 22, 24m, 28t, 30t	LUA	5t, 6t, 11t, 15m, 18, 19m, 24t, 26m, 27t
3, 5, 13, 14m, 24m	MERCÚRIO	11t, 15, 18, 22, 26t, 29m
16m, 17, 19, 21, 26m	VÊNUS	1, 14, 28, 29m
10t, 28t	MARTE	1, 6t, 13m, 22, 26m
5, 13m, 22	JÚPITER	10m, 17t, 24t
1, 7t, 16m, 17	SATURNO	5t, 12m, 15, 18m
5m, 13, 22t, 30	URANO	7t, 14, 19m, 27t
3t, 7, 21, 26t, 30t	NETUNO	5t, 18, 25t
3, 15, 17, 26, 28	PLUTÃO	1t, 21t, 29m

m = manhã; **t** = tarde

1 É tempo de novos sonhos para a sua vida. Não fique apenas no feijão com arroz do viver. Veja o quanto mais sua vida pode conter.

2 O idealismo está em alta nestes dias. Você se encontra em condições de se aperfeiçoar como pessoa humana.

3 Momento para se dedicar à atividade profissional, que indica que algumas mudanças precisam ser engendradas.

4 O trabalho continua exigindo superar os contratempos e as condições adversas. É preciso moldar a realidade aos seus sonhos.

5 É tempo de aceitar pagar certos preços, inclusive financeiros, para se livrar do que ficou mal resolvido em seu passado. Lembre-se que o melhor é libertar-se dos pesos e amarras.

6 Maior clareza ao compartilhar interesses com as pessoas próximas. É dia para entrar em acordo com sócios e parceiros.

7 Um dia para encaminhar seus interesses de trabalho por desfiladeiros estreitos e meio complicados, mas que levem aonde pretende chegar.

8 Um bom plano pode ajudar a desenvolver seus negócios e empreendimentos financeiros. Seja um bom estrategista.

9 Dia certo para colocar as boas idéias em prática no trabalho, mesmo que estas venham a reformular os passos que estão sendo dados.

10 Momento para se aproximar daquilo que gosta e aprecia. Não se acanhe, aproxime-se devagar até ganhar confiança.

11 O encontro com pessoas agradáveis e encantadoras tende a marcar os eventos principais deste dia. Tudo de bom pode acontecer ao estar ao lado das pessoas certas num momento como este.

12 Momento feliz para conviver com os seus e para cuidar de aspectos agradáveis e embelezadores de seu lar.

13 O romantismo e as sentimentalidades continuam positivamente estimulados. Você se dispõe a investir em seus desejos.

14 Um dia produtivo para o trabalho, podendo alcançar alguns dos resultados concretos que pretendia.

15 Momento positivo para o trabalho profissional e para cuidar da produtividade e dos bens materiais. Resultados satisfatórios tendem a acontecer.

16 Você está mais sentimental e cheio de caprichos. O humor oscila e as sensibilidades se põem à mostra.

17 É tempo de começar a aceitar que certos objetos, situações ou pessoas não podem mais fazer parte de sua vida. Vá se preparando.

18 Você tende a se recolher, como que indisposto diante de pequenas adversidades. Não é tempo de temê-las, e sim de superá-las.

19 Momento para ganhar confiança em superar os pequenos obstáculos da realidade imediata. Hora errada para acreditar na preguiça.

20 As dificuldades são abrandadas e o apoio familiar é muito oportuno. As negociações retomam uma direção mais firme.

21 O amor surpreende seus sentimentos, causando fascínio e levando você a se aproximar de pessoas que lhe encantem.

22 Algumas pessoas de seu círculo social exercem especial fascínio hoje. A comunicação flui mais fácil.

23 Algumas dúvidas íntimas começam a ser resolvidas. As condições de conforto material podem ser especialmente agradáveis.

24 Um dia estimulante para os encontros afetivos e a troca de carinho e amabilidades. Você e a pessoa amada voltam a se entender.

25 Tudo volta a andar com mais desenvoltura na vida das pessoas; em especial, o trabalho e as relações pessoais. Um dia em que as situações se liberam de embaraços.

26 Você se envolve com o trabalho que, aliás, está num dia muito afortunado. Tudo corre mais fácil nas atividades produtivas.

27 A concordância de idéias é um fator que estimula os vínculos associativos e afetivos. Você está sensível às necessidades dos outros.

28 A sede por conquistas materiais é aplacada por alguma condição positiva que encontre pelo caminho. Bom momento para apostar nas ambições.

29 Hoje, para realizar algo no trabalho é preciso aceitar as limitações materiais e justamente utilizá-las para dar forma à sua criação.

30 Diante do imponderável, atue com desembaraço, ousadia e criatividade. Nada deveria assustá-lo, mas sim estimular a inventividade.

31 Você pode ser muito criativo ao fazer planos com sua família. O momento pede envolver os seus nos projetos para o futuro.

Compatibilidade

Quando a mesma visão interior existe em ti e também em outra pessoa, estais vós ambos destinados a ser companheiros. Quando sente em si próprio a natureza íntima da mulher, o homem é atraído à sexualidade dela. Quando sente a natureza masculina do homem dentro de si própria, a mulher o deseja fisicamente dentro de seu corpo.

– *Rumi*

NOVEMBRO

Dias favoráveis	Planetas	Dias desfavoráveis
11m	SOL	3, 7, 28
4m, 6t, 10m, 12t, 13t, 17m, 19m, 25m, 27m	LUA	2m, 3t, 8, 16t, 22m, 24m, 25t, 29
12t	MERCÚRIO	5, 10t, 14, 17m, 21, 23t, 26
8, 12, 14t, 17, 25m	VÊNUS	19, 27t
6t, 17, 24m	MARTE	2m, 7, 8t, 18, 21t, 29m
8, 10m, 19m, 27	JÚPITER	7t, 14m, 21t
4m, 12t, 18	SATURNO	2m, 3, 8t, 14t, 19, 22, 29m
1t, 12, 15, 19m, 27, 29m	URANO	3t, 5, 16t, 21, 24m, 28
17m, 27m	NETUNO	2m, 7, 15m, 22m, 29t
13t, 23m	PLUTÃO	11m, 19m, 25t

m = manhã; **t** = tarde

1 Use sua imaginação para fazer coisas criativas e ousadas em seu trabalho. Ficar apenas na rotina seria desperdiçar seu talento.

2 Bom momento para a vida financeira. Além de encaminhar empreendimentos, possivelmente a sorte coloca-se ao seu lado.

3 As relações de trabalho podem agora renová-lo de modo especial. Um dia para se decidir quanto ao que deve ser eliminado.

4 Você começa a se orientar melhor diante das relações que se renovam. Procure agir de modo amistoso e companheiro com sua família.

5 Viagens importantes podem ocorrer ou ser definidas no dia de hoje. É tempo de dispor-se a renovar o modo de viver.

6 Momento auspicioso para o relacionamento a dois e para o envolvimento amoroso. Um futuro promissor está despontando. Aproveite!

7 A pessoa amada tende a ser receptiva a seus sentimentos e desejos. O momento é de encontro, harmonia e satisfação.

8 É tempo de mostrar suas novas faces. Seu encanto e força despontam no contato com as pessoas, facilitando boas relações.

9 Momento decisivo e favorável para seu trabalho. A melhoria das condições materiais e de conforto é um elemento de destaque.

10 As decisões do trabalho estão em suas mãos. É hora de assumir responsabilidades. A ausência de dificuldades práticas permite ao trabalho desenvolver-se mais.

11 Você tende a viver situações que impulsionam sua vida para um futuro melhor. É preciso confiar nos sinais, em especial naqueles trazidos por pessoas com quem compartilha seus assuntos.

12 Momento oportuno para tomar boas decisões em relação ao lar. Suas condições de conforto tendem a estar melhores.

13 Hoje, as parcerias e as relações tendem a não chegar nos resultados esperados. Não se precipite nem force o impossível. Saiba esperar o momento certo.

14 Ao lidar com dinheiro e bens materiais, você tanto pode vacilar e confundir-se quanto fazer bons acertos. É tempo de se movimentar mais, já que premido pela necessidade.

15 O trabalho encontra seus limites nos colegas e parceiros. Mais do que forçar, é preciso uma boa negociação.

16 Você pode interpretar mal seus próprios sentimentos e pensamentos. A confusão tende a se instalar. As negociações tendem à paralisação.

17 Momento afortunado para resgatar coisas boas de seu passado. O dia promete boas realizações, tanto no âmbito material quanto na vida íntima.

18 Mesmo as melhores relações têm seu ponto frágil ou sensível. Caso ele surja hoje, trate-o com atenção e cuidado.

19 Você tende a desconfiar de suas escolhas ou mesmo de sua força. Momento de tensão com as pessoas que lhe são importantes, nas afeições ou no trabalho.

20 Momento de felicidade e graça com os amigos e o convívio afetivo. Você tende a encontrar resposta para as questões voltadas ao futuro.

21 Aprenda a respeitar os limites materiais – e financeiros – para ter um dia produtivo. Sua imaginação nem sempre lhe conduz para o lado certo.

22 Situações difíceis tendem a desafiar sua paciência e podem provocar ataques de ira ou de teimosia. Convém seguir um caminho construtivo, mesmo quando esporeado por maus sentimentos.

23 Sua ação profissional confronta-se com a de outras pessoas ou com o conjunto onde atua. Nem sempre o individualismo vence. Não obstante, é preciso ceder para aliar-se às forças contrárias e continuar seu caminho.

24 Um dia de tendências melancólicas, meio saudosistas ou mesmo pessimistas. Os resultados materiais oscilam e causam insegurança.

25 Pensamentos lúcidos misturam-se a imagens confusas e sem consistência. Pode ser difícil conduzir-se com objetividade ou integridade num dia assim.

26 Possível instabilidade financeira. Idéias inventivas favorecem o trabalho. Hoje, o cotidiano pode ser mais leve. É tempo também de se decidir por melhorar as condições no lar.

27 Um dia para recolher-se e refletir sobre a vida. Mesmo pensar no futuro pode ser difícil. Procure avaliar as condições presentes, na medida em que consiga alguma clareza.

28 Uma boa fase para as relações familiares. Momentos divertidos e criativos tornam mais fácil o convívio próximo.

29 Você se aproxima ou se afasta das pessoas com base em impressões imprecisas e até equivocadas. Dia favorável para a atividade intelectual, os estudos e o aprimoramento de sua comunicação.

30 É tempo de encaminhar os negócios financeiros com decisão e soberania. Nada de negacear ou claudicar na hora H.

A energia da relação sexual

Não vês então que tu e eu somos galhos de uma mesma árvore?
Em tua alegria nasce meu sorriso; em tua tristeza, brotam minhas lágrimas.
Amor, poderia a vida ser diferente para nós dois?

– Dinastia Tsu Yeh Tsin (265-316 d.C.)

DEZEMBRO

Dias favoráveis	Planetas	Dias desfavoráveis
2, 3, 7, 10t, 16, 20t, 29	SOL	30
1t, 3m, 4t, 7t, 9, 10t, 13t, 16t, 20, 23t, 24, 31m	LUA	1m, 5t, 6t, 8t, 12, 14m, 15t, 19, 21t, 22t, 26t, 27m, 28t
3, 4, 9m, 10, 19m, 20, 21m, 25, 31	MERCÚRIO	6t, 12t, 13t, 18, 21t
4, 10, 13t, 23t	VÊNUS	11m, 18m, 24, 26m
3m, 10, 31m	MARTE	4, 5t, 19m, 26t, 27
7t, 16	JÚPITER	4, 5t, 12m, 17, 19m
1t, 3, 9t, 21, 28	SATURNO	15t, 12m, 17, 26t, 27
16t, 26t, 29	URANO	1m, 14m, 18, 21t, 28
7, 14t, 24t, 25	NETUNO	12t, 19t, 27m
10t, 16, 20m, 31	PLUTÃO	8t, 15t, 22t

m = manhã; **t** = tarde

1 A velocidade aumenta nas novas proposições e empreitadas. É tempo de desenvolver o melhor em você.

2 Aspectos delicados do convívio amoroso são bem resolvidos por meio da criatividade. Seja habilidoso em colaborar com os outros, para que eles também colaborem com você.

3 A disposição para bem relacionar-se tende a levá-lo a maior harmonia com as pessoas. Alguns resultados tendem a ser evidentes.

4 Por um lado, sentimentos afetivos instáveis e confusos mas, por outro, é a hora certa para definir seu relacionamento com as pessoas.

5 É tempo de incorporar os valores morais aos quais está sensível nestes dias. Não basta pensar a respeito, é preciso comportar-se de acordo.

6 Momento em que pode superar algumas pendências do passado. Os problemas são revelados e gestos certeiros e firmes podem dar cabo deles.

7 Dia favorável à expansão no trabalho. As boas idéias e as boas negociações podem se dar a partir de gestos criativos.

8 É preciso harmonizar sua conduta com os princípios éticos que definiu para si mesmo. A displicência e a preguiça prejudicam essa harmonia. Momento oportuno para ações decididas no trabalho.

9 As tentativas de explicar o inexplicável e de organizar o caos podem dar lugar a uma atitude mais construtiva e prática. O tempo agora favorece organizar a vida material.

10 Você começa a enxergar tudo aquilo que não quer e que não interessa mais. Às vezes as coisas se esclarecem por contraste e por oposição.

11 Um misto de sensibilidade emocional e mental torna hoje as relações humanas particularmente ricas e interessantes. As relações de amizade estão favorecidas.

12 Momento para usar os recursos mentais e intelectuais no trabalho. Muito do que tem pensado pode agora ser colocado em prática.

13 Começo de nova fase, de menos oscilações causadas por circunstâncias ocasionais, e de maior arrojo no sentido de renovação.

14 Mesmo o amor precisa, às vezes, de condução racional e organizada. Não para ditar a quem amar, mas para tornar fluente o amor e o entendimento.

15 Seus pensamentos estão voltados para organizar seu interior e dar melhor direção às motivações que agora lhe movem a todo vapor.

16 É tempo de viver plenamente seus princípios éticos no seu comportamento. A visão de sua mente pode ser trabalhada para estar mais clara e lúcida.

17 Bom estímulo para o aprimoramento das capacidades intelectuais e comunicativas. Os estudos e as viagens começam a estar favorecidos. A assinatura de papéis e contratos também.

18 Os assuntos cotidianos e o modo de pensar tendem a viver uma fase melhor a partir de agora, onde tudo se organiza e ganha direção.

19 Um dia estimulante para as relações humanas, sociais e afetivas. É tempo de condução racional para as associações e o casamento.

20 Seu interesse se volta para as questões da profissão e do cotidiano de trabalho. Agora, tudo conduz ao aprimoramento das capacidades produtivas.

21 Uma nova motivação individual tende a ganhar espaço em sua subjetividade. É preciso dar atenção aos apelos interiores que apontem para a renovação da existência.

22 Você está especialmente sensível e emotivo, o que não é seu habitual. Bom momento para abordar questões de heranças, legados e compromissos financeiros.

23 É tempo de abrir-se a novas formas de se comunicar com as pessoas, em especial quanto a certos conteúdos que até então se mantinham fechados.

24 É tempo de certas amizades tornarem-se mais próximas. O companheirismo está positivamente estimulado.

25 Um dia favorável ao bom convívio familiar, especialmente nas atividades práticas em conjunto. Pode ser divertido e encantador.

26 Ao executar as tarefas diárias pode estar tocando aspectos profundos de sua identidade. É tempo de conhecer melhor como atua no trabalho.

27 Participações em grupos e agremiações, agora ganham nova dimensão e mostram seus melhores frutos. Procure estar próximo das pessoas mais queridas e dos amigos diletos.

28 Bom estímulo à imaginação fértil, criativa e brilhante. A expressão literária e a comunicação, em geral, estão favorecidas.

29 Momento para se apaixonar por novas idéias e linhas de pensamento. As pessoas tendem a provocar sentimentos vívidos e interessantes.

30 Momento de purificação interior, com o qual deve colaborar de todas as formas. Seus desejos podem ser exagerados, apesar de benéficos e viáveis em certa medida.

31 Momento de boa comunicação com a pessoa amada, com os filhos e favorável para expressar seus sentimentos. Isto é algo bastante especial.

Se você se desfizer de um pouco, terá um pouco de felicidade. Se você se desfizer de muito, terá muita felicidade. Se você se desfizer de tudo, será livre.

– *Ajahn Chah*

O templo do perdão

Em Babemba, tribo da África do Sul, quando uma pessoa age de forma irresponsável ou injusta, é colocada no centro da vila, sozinha e sem nada que a prenda. Todo trabalho cessa, e todo homem, mulher e criança da vila se reúnem num grande círculo ao redor da pessoa acusada. A seguir, cada pessoa da tribo fala com a acusada, uma de cada vez, relembrando as boas coisas que a pessoa do centro do círculo tenha feito na vida.

Todo incidente, toda experiência que possa ser lembrada com algum detalhe e precisão é relatado. Todos os seus atributos positivos, boas ações, força de vontade e generosidade são declarados cuidadosamente e em detalhes. Muitas vezes, essa cerimônia tribal dura vários dias. Ao final, o círculo tribal é quebrado, e dá lugar a uma celebração de júbilo, e a pessoa, simbolicamente e literalmente, é recebida, com boas-vindas, de volta à tribo.

No templo do perdão, nós somos lembrados de nossas próprias virtudes. Se nós pudéssemos ajudar uns aos outros a construir templos de perdão ao invés de prisões! Nós podemos. Em nossos próprios corações.

– Extraído de *A Arte do Perdão, da Ternura e da Paz,*
J. Kornfield, Ed. Cultrix.

❁ ❁ ❁

No século passado, um turista americano
fez uma visita ao respeitado rabino polonês,
Hofetz Chaim.
Ele ficou atônito ao ver que a casa do rabino era
somente um quarto simples cheio de livros, com uma mesa
e um banco.
"Rabino", perguntou o turista, "onde está sua mobília?"
"Onde está a sua?", replicou Hofetz Chaim.
"A minha?", perguntou, confuso, o americano.
"Mas eu só estou de passagem."
"Eu também", respondeu o rabino, "eu também."

– *Contos de Hasidim*

Descubra o seu ascendente

O signo solar representa o potencial da nossa vida. Saber isso, no entanto, não basta. Para termos uma visão completa das possibilidades com que os astros nos acenam, precisamos levar em conta todo o sistema solar, assim como ele se apresenta em nosso mapa astral. Talvez o Sol seja o corpo celeste mais importante na astrologia, pois ele mostra a nossa personalidade mais profunda, no entanto, é imprescindível conhecer o signo que, na hora e no local do nosso nascimento, despontava no horizonte leste. Esse é o signo ascendente, que determinará o nosso "horizonte" pessoal, ou seja, o nosso ponto de vista particular com relação à vida.

A seguir serão apresentadas duas tabelas práticas e fáceis com as quais você poderá descobrir, *com precisão relativa*, qual é o seu Ascendente. Caso o Ascendente indicado na tabela não corresponda muito bem à sua personalidade, verifique também os signos imediatamente anterior e posterior.

COMO USAR AS TABELAS

1. Descubra na Tabela 1 se você nasceu no horário de verão. Nesse caso, subtraia 1 hora do horário do seu nascimento.
2. De acordo com o Estado em que você nasceu, some ou subtraia no horário do seu nascimento o número indicado na coluna de correção de horário constante da Tabela 2.
3. Consulte a Tabela 3, caso você tenha nascido no período diurno, ou Tabela 4, caso seu nascimento tenha ocorrido no período noturno.
4. Encontre seu signo solar na primeira coluna.
5. Siga pela linha do seu signo solar até a coluna que apresenta a hora aproximada do seu nascimento.

TABELA 1	TABELA 2	
Períodos em que o horário de verão foi adotado	Estados	Correção
03 out. 31, às 11h00 a 31 mar. 32, às 24h00	Acre	+ 29 min
03 out. 32, às 23h00 a 31 mar. 33, às 24h00	Alagoas	+ 37 min
01 dez. 49, à 00h00 a 16 abr. 50, às 24h00	Amapá	– 24 min
01 dez. 50, à 00h00 a 28 fev. 51, às 24h00	Amazonas	–
01 dez. 51, à 00h00 a 28 fev. 52, às 24h00	Bahia	+ 26 min
01 dez. 52, à 00h00 a 28 fev. 53, às 24h00	Ceará	+ 26 min
23 out. 63, à 00h00 a 01 mar. 64, às 24h00 (1)	Distrito Federal	– 12 min
09 dez. 63, à 00h00 a 01 mar. 64, às 24h00 (2)	Espírito Santo	+ 19 min
31 jan. 65, à 00h00 a 31 mar. 65, às 24h00	Goiás	– 17 min
30 nov. 65, à 00h00 a 31 mar. 66, às 24h00	Maranhão	+ 3 min
01 nov. 66, à 00h00 a 01 mar. 67, às 24h00	Mato Grosso	+ 16 min
01 nov. 67, à 00h00 a 01 mar. 68, às 24h00	Mato Grosso do Sul	+ 16 min
02 nov. 85, à 00h00 a 15 mar. 86, às 24h00	Minas Gerais	+ 4 min
24 out. 86, à 00h00 a 14 fev. 87, às 24h00	Pará	– 14 min
25 out. 87, à 00h00 a 07 fev. 88, às 24h00	Paraíba	+ 40 min
16 out. 88, à 00h00 a 29 jan. 89, às 24h00	Paraná	– 17 min
15 out. 89, à 00h00 a 11 fev. 90, às 24h00	Pernambuco	+ 40 min
21 out. 90, à 00h00 a 17 fev. 91, às 24h00	Piauí	+ 9 min
20 out. 91, à 00h00 a 19 fev. 92, às 24h00	Rio Gde. do Norte	+ 39 min
25 out. 92, à 00h00 a 31 jan. 93, às 24h00	Rio Grande do Sul	– 25 min
17 out. 93, à 00h00 a 20 fev. 94, às 24h00	Rio de Janeiro	+ 7 min
16 out. 94, à 00h00 a 19 fev. 95, às 24h00	Rondônia	– 3 min
15 out. 95, à 00h00 a 11 fev. 96, às 24h00	Roraima	– 16 min
06 out. 96, à 00h00 a 16 fev. 97, às 24h00	Santa Catarina	– 14 min
06 out. 97, à 00h00 a 01 mar. 98, às 24h00	São Paulo	– 6 min
11 out. 98, à 00h00 a 21 fev. 99, às 24h00	Sergipe	+ 32 min
03 out. 99, à 00h00 a 27 fev. 00, às 24h00	Tocantins	– 17 min
08 out. 00, à 00h00 a 18 fev. 01, às 24h00		
14 out. 01, à 00h00 a 17 fev. 02, às 24h00		
03 nov. 02, à 00h00 a 16 fev. 03, às 24h00		
18 out. 03, à 00h00 a 14 fe. 04, às 24h00		
(1) Só SP, MG, RJ e ES		
(2) Todos os demais Estados		

* * *

Segurança é, na maioria das vezes, uma superstição.
Não existe na natureza, nem as crianças como um todo a sentem.
No final das contas, evitar o perigo não é mais seguro do que uma exposição direta ao mesmo.
A vida é uma aventura ousada ou não é nada.

– *Helen Keller*

TABELA 3 – HORÁRIO DIURNO

Seu signo solar	*6h31/8h30*	*8h31/10h30*	*10h31/12h30*	*12h31/14h30*	*14h31/16h30*	*16h31/18h30*
Áries	Touro	Gêmeos	Câncer	Leão	Virgem	Libra
Touro	Gêmeos	Câncer	Leão	Virgem	Libra	Escorpião
Gêmeos	Câncer	Leão	Virgem	Libra	Escorpião	Sagitário
Câncer	Leão	Virgem	Libra	Escorpião	Sagitário	Capricórnio
Leão	Virgem	Libra	Escorpião	Sagitário	Capricórnio	Aquário
Virgem	Libra	Escorpião	Sagitário	Capricórnio	Aquário	Peixes
Libra	Escorpião	Sagitário	Capricórnio	Aquário	Peixes	Áries
Escorpião	Sagitário	Capricórnio	Aquário	Peixes	Áries	Touro
Sagitário	Capricórnio	Aquário	Peixes	Áries	Touro	Gêmeos
Capricórnio	Aquário	Peixes	Áries	Touro	Gêmeos	Câncer
Aquário	Peixes	Áries	Touro	Gêmeos	Câncer	Leão
Peixes	Áries	Touro	Gêmeos	Câncer	Leão	Virgem

TABELA 4 – HORÁRIO NOTURNO

Seu signo solar	*18h31/20h30*	*20h31/22h30*	*22h31/24h30*	*24h31/2h30*	*2h31/4h30*	*4h31/6h30*
Áries	Escorpião	Sagitário	Capricórnio	Aquário	Peixes	Áries
Touro	Sagitário	Capricórnio	Aquário	Peixes	Áries	Touro
Gêmeos	Capricórnio	Aquário	Peixes	Áries	Touro	Gêmeos
Câncer	Aquário	Peixes	Áries	Touro	Gêmeos	Câncer
Leão	Peixes	Áries	Touro	Gêmeos	Câncer	Leão
Virgem	Áries	Touro	Gêmeos	Câncer	Leão	Virgem
Libra	Touro	Gêmeos	Câncer	Leão	Virgem	Libra
Escorpião	Gêmeos	Câncer	Leão	Virgem	Libra	Escorpião
Sagitário	Câncer	Leão	Virgem	Libra	Escorpião	Sagitário
Capricórnio	Leão	Virgem	Libra	Escorpião	Sagitário	Capricórnio
Aquário	Virgem	Libra	Escorpião	Sagitário	Capricórnio	Aquário
Peixes	Libra	Escorpião	Sagitário	Capricórnio	Aquário	Peixes

Receitas chinesas para melhorar a saúde

Chá chinês de raiz de alcaçuz

Na farmacopéia chinesa, a raiz de alcaçuz é quase tão importante quanto o ginseng. É conhecida como o Grande Desintoxicante porque remove as toxinas do sistema e elimina todos os efeitos colaterais das outras ervas. Além disso, atua como tônico do sangue, devido a seus efeitos nos rins e baço – ou seja, ele fornece chi ao sangue. Servido quente ou frio, esse chá tem um ótimo sabor. O alcaçuz chinês apresenta propriedades desintoxicantes que não estão presentes em outras variedades da planta. Rende 2 xícaras.

4 pedaços de 3 cm x 0,5 cm de raiz de alcaçuz chinês (encontrado em lojas especializadas em ervas chinesas); mel a gosto

Ferva 4 copos de água. Adicione a raiz de alcaçuz, abaixe o fogo e ferva em fogo lento por 20 minutos, até que o líquido se reduza à metade. Coe e adoce com mel, se desejar.

Sopa de batata-doce

A batata-doce e o mel são emolientes naturais, que hidratam o aparelho gastrintestinal. Esta receita é um laxante natural e eficaz, de gosto suficientemente agradável para ser servido também como sobremesa! Rende 2 porções.

2 batatas-doces de tamanho médio, descascadas e cortadas em cubinhos
2 colheres de sopa de mel

Cubra as batatas com 2 copos de água e leve à fervura. Reduza o fogo e deixe cozinhar em fogo lento por aproximadamente 30 minutos ou até que as batatas fiquem macias. Não jogue fora o caldo, que também é bom para você. Espalhe o mel sobre as batatas e agite-as até ficarem bem cobertas. Coloque as batatas e o caldo em pratos. Coma antes de dormir durante 1 ou 2 semanas, para aliviar a constipação.

– Extraído de *O Tao da Beleza*, de Helen Lee, Ed. Cultrix.

CALENDÁRIO PERPÉTUO DAS LUNAÇÕES

Por meio do Calendário Perpétuo das Lunações você pode calcular quando ocorreu a Lua Nova em qualquer data que lhe interessar.

TABELA I - Séculos

Calendário juliano	Calendário gregoriano
0	0
4,5	1
8,5	2
13	3
17,5	4
21,5	5
26	6
1	7
5	8
9,5	9
14	10
18	11
22,5	12
27	13
1,5	14
6	15-14,5
	16-19
	17-24
	18-0
	19-5,5
	20-9,5
	21-15

TABELA II - Anos

Anos						Número a somar
00	19	38	57	76	95	0
01	20	39	58	77	96	18,5
02	21	40	59	78	97	7,5
03	22	41	60	79	98	26,5
04	23	42	61	80	99	15,5
05	24	43	62	81		4,5
06	25	44	63	82		23
07	26	45	64	83		12,5
08	27	46	65	84		1,5
09	28	47	66	85		20
10	29	48	67	86		9
11	30	49	68	87		28
12	31	50	69	88		17
13	32	51	70	89		6
14	33	52	71	90		24,5
15	34	53	72	91		14
16	35	54	73	92		3
17	36	55	74	93		21,5
18	37	56	75	94		11

TABELA III - Meses

Calendário juliano	(Número a subtrair)	Calendário gregoriano
5,5	janeiro	4
7	fevereiro	5,5
5,5	março	5
7	abril	5,5
7,5	maio	6
9	junho	7,5
9,5	julho	8
11	agosto	9,5
12,5	setembro	11
13	outubro	11,5
14,5	novembro	13
15	dezembro	13,5

Para os anos bissextos, usar os números seguintes:

Calendário juliano		Calendário gregoriano
4,5	janeiro	3
6	fevereiro	4,5

Por exemplo, se quiser saber quando ocorreu a Lua Nova em dezembro de 1936, siga as instruções a seguir:

1. Encontre na Tabela I, na coluna referente ao calendário gregoriano, os dois primeiros dígitos do ano de 1936, ou seja, 19. (Caso se tratasse de uma data anterior a 14/10/1582, seria preciso consultar a coluna do calendário juliano.) Como você verá, a tabela indica que a 19 corresponde 5,5.
2. Encontre agora na primeira coluna da Tabela II o ano 36 e verifique quanto se deve somar a 5,5. No caso do ano 36, deve-se somar 21,5. O resultado é, portanto, 27.
3. Para finalizar, encontre na Tabela III o mês que lhe interessa, nesse caso o mês de dezembro. Você constatará que deve subtrair 13,5 (calendário gregoriano) do resultado encontrado na etapa anterior. Você chegará, então, ao número 13 (despreza-se a fração 5). Isso quer dizer que, no mês de dezembro de 1936, a Lua Nova ocorreu no dia 13. (Para saber quando ocorreu a Lua Cheia, basta acrescentar mais 15 dias ao resultado do cálculo.)

Caso o resultado da soma das Tabelas I e II fosse menor que o da Tabela III, seria preciso acrescentar mais 29,5. Quando o resultado encontrado é zero, significa que a Lua Nova se deu no último dia do mês anterior. Finalmente, veja se o ano em questão é bissexto. Nesse caso, se a data que lhe interessa for anterior a 29 de fevereiro, observe a parte inferior da Tabela III.

As lunações e os trânsitos planetários de 2005

O movimento dos cinco planetas lentos (Júpiter, Saturno, Urano, Netuno e Plutão) através do Zodíaco mostra como se desenvolverão os ciclos principais e as tendências das manifestações coletivas e sociais da humanidade. A interpretação astrológica dos trânsitos e dos aspectos dos planetas lentos, junto com a interpretação das lunações, revela as tendências da sociedade e da mentalidade das pessoas durante o ano.

Em primeiro lugar, serão descritos o percurso e a aspectação dos planetas lentos no decorrer de 2005.

Júpiter inicia o ano a 17°17' de Libra, e em fevereiro inicia movimento retrógrado. Retoma o movimento direto em junho. Ingressa no signo de Escorpião no dia 25 de outubro. Ao final do ano está a 13°8' de Escorpião. Júpiter forma trígono com Netuno em março e agosto, quincunce com Urano em maio e julho, sesquiquadratura em setembro, e sextil com Plutão também em setembro. Em novembro forma trígono com Urano e, em dezembro, semiquadratura com Plutão. Também em dezembro, está em quadratura com Saturno, talvez o aspecto mais importante do ano.

Saturno inicia o ano retrógrado a 24°56' de Câncer e começa movimento direto em março. Ingressa no signo de Leão no dia 16 de julho. Volta ao movimento retrógrado em novembro e termina o ano retrógrado a 9°59' de Leão. Saturno forma quincunce com Plutão em janeiro e maio, e com este mesmo planeta, sesquiquadratura em setembro. Forma sesquiquadratura com Urano em fevereiro e junho, e com este mesmo planeta, quincunce em setembro.

Urano inicia o ano a 3°55' de Peixes. Inicia movimento retrógrado em junho e retoma o movimento direto em novembro. Termina o ano a 7°41' de Peixes. Urano forma sesquiquadratura com Saturno em fevereiro e junho, e quincunce com este mesmo planeta em setembro. Com Júpiter, Urano forma quincunce em maio e julho, sesquiquadratura em setembro e trígono em novembro.

Netuno inicia o ano a 13°51' de Aquário. Inicia movimento retrógrado em maio, e retoma o movimento direto em outubro, terminando o ano a 15°57' de Aquário. Netuno forma trígono com Júpiter em março e agosto. Estes são os únicos aspectos de Netuno com os demais planetas lentos.

Plutão inicia o ano a 22°43' de Sagitário. Inicia movimento retrógrado em março e retoma o movimento direto em setembro. Termina o ano a 24°51' de Sagitário. Plutão forma quincunce com Saturno em janeiro e maio, e sesquiquadratura com este mesmo planeta em setembro. Forma ainda sextil com Júpiter em setembro.

Embora os muitos aspectos que Júpiter e Saturno formam com os planetas transaturninos, é o aspecto formado entre estes dois a configuração astrológica mais significativa do ano. Por se formar somente em dezembro – e ter ainda outras duas passagens ao longo de 2006 – este aspecto marcará 2005 mais por sua preparação do que por sua efetivação. A quadratura crescente entre Júpiter e Saturno indica a fase crítica e decisiva do ciclo destes dois planetas, ciclo este definidor do desenvolvimento da sociedade e, em particular, de suas condições materiais e de organização. Uma nova ordem começou a ser construída desde 2003, quando dos sextis entre estes planetas e, após ter avançado suavemente ao longo de 2004, agora em 2005 chega a um ponto em que uma decisão sem volta se faz necessária.

O trígono minguante formado entre Júpiter e Netuno, provavelmente o segundo aspecto mais importante do ano, indica ser tempo de colhermos os resultados de projetos e atividades que têm estado em seu auge desde 2002 ou 2003, época da oposição entre estes planetas. O trígono minguante entre eles aponta para uma fase de prosperidade, em especial nas atividades que envolvam colaboração e participação de grupos de pessoas, mesmo entre aqueles que tenham grandes diferenças.

Os demais aspectos do ano são indicadores dos muitos pequenos reajustes, negociações e adaptações necessários em todo período no qual estão se formando novas estruturas e formas a dar condições à sociedade de atingir uma nova etapa de desenvolvimento e maturação.

O ingresso de Saturno em Leão, signo de seu exílio, em julho, e o de Júpiter em Escorpião, em outubro, modificam a atualidade dos gestos humanos. O trabalho de construção e formação terá caráter leonino: requerendo o uso da vontade, da força afirmativa e criativa, e do peso da autoridade; não obstante estas características sofrerem uma tendência ao retraimento, deverão ser devidamente fortalecidas e utilizadas. As forças expansivas e criadoras, simbolizadas por Júpiter, passarão a ter, a partir de outubro, um caráter profundamente regenerador e capaz de fazer as coisas crescerem a partir de seu movimento interno, contrastando com a tendência a crescer e se expandir por meio da criação de relações e alianças, como estará acontecendo até outubro.

1ª LUNAÇÃO

A primeira lunação de 2005 ocorrerá às 9h4min do dia 10 de janeiro – Lua Nova a 20°21' de Capricórnio – e termina no dia 7 de fevereiro. A Lua Nova está em oposição a Saturno e quadratura com Júpiter. Mercúrio e Vênus estão em conjunção em Capricórnio. Júpiter e Netuno estão em trígono. Marte forma sextil com Netuno, assim como Mercúrio e Vênus formam com Urano. O natural impulso à ambição e à realização material, presente na lunação capricorniana, está obstruído e tem seu caminho mais pedregoso e árduo que de costume – é isto que a oposição da Lua Nova a Saturno simboliza. A quadratura com Júpiter concede maior ímpeto expansivo, uma espécie de obrigação para que nos movamos. Não obstante tal reforço, nem sempre se conseguirá ordenar os movimentos para que estes sejam realmente produtivos. Por outro lado, há um lado sonhador bastante presente neste período.

2ª LUNAÇÃO

A segunda lunação do ano se inicia às 19h28min do dia 8 de fevereiro – com a Lua Nova ocorrendo a 20°16' de Aquário – e termina no dia 9 de março. A Lua Nova está em conjunção com Mercúrio e Netuno, estes em conjunção com Vênus; está ainda em trígono com Júpiter, quincunce com Saturno e sextil com Plutão. Uma Lua Nova de muitos aspectos. Júpiter está em quadratura com Saturno e em sextil com Plutão. Urano está em sextil com Marte. Esta é uma configuração celeste de grande concentração de força. A mente das pessoas transborda de pensamentos e imagens, e talvez seja difícil conectar e ordenar tudo o que se passa no imaginário humano. As relações de amizade e o convívio social estão bastante estimulados. Mas aqui também temos uma forte pressão subjetiva presente nos relacionamentos. Os sonhos e projetos futuros ganham força e densidade, mas pode lhes faltar caráter prático.

3ª LUNAÇÃO

A terceira lunação ocorre no dia 10 de março, às 6h11min – com a Lua Nova ocorrendo a 19°54' de Peixes – e termina no dia 7 de abril. A Lua Nova está em conjunção com Vênus, que por sua vez está em conjunção com Urano. Está em trígono com Saturno, quadratura com Plutão e sextil com Marte. Marte e Saturno formam poderosa oposição. Júpiter e Netuno estão em trígono exato. Este período de lunação estimula a imaginação sonhadora e as fantasias de cunho inspirado e o enlevo com tudo o que, de algum modo, gere encantamento. É um período positivo para o término de situações e condições, dando lugar a um novo campo de experiências. As questões de trabalho e produção material estão sob momento adverso. A reflexão e a meditação, assim como a oração e o desenvolvimento do espírito religioso, estão amplamente estimulados.

4ª LUNAÇÃO

A quarta lunação do ano tem início às 17h32min do dia 8 de abril – com a Lua Nova ocorrendo a 19°6' de Áries – e termina no dia 7 de maio. A Lua Nova está em conjunção com Mercúrio e ambos em trígono com Plutão. Lua Nova está ainda em conjunção com Vênus e a Cabeça do Dragão, oposição a Júpiter, quadratura com Saturno, sextil com Netuno e com Marte, e em trígono com Plutão. Marte está em conjunção com Netuno; estes dois estão em trígono com Júpiter. Esta lunação tem uma grande força renovadora. É o período de todos os inícios, momento para semear o futuro, vencendo as resistências e inércias inerentes às situações estabelecidas. É período de afirmação de valores pessoais. Mas é também necessário saber se adaptar às condições de modo a diminuir o atrito com elas, valendo-se da diplomacia e do esforço em prol da harmonia do conjunto.

5ª LUNAÇÃO

A quinta lunação do ano ocorrerá às 5h45min do dia 8 de maio – a Lua Nova será a 17°52' de Touro – e terminará no dia 5 de junho. A Lua Nova está em quadratura bastante exata com Netuno e num distante sextil com Saturno. Marte e Urano estão em conjunção. Mercúrio está em trígono com Plutão e quadratura com Saturno. Urano e Júpiter estão em quincunce. Momento de estabilização dos processos e das condições de vida. É necessário agora saber cultivar o que há de melhor, empenhar-se em cuidar e manter as coisas boas presentes em sua vida. Um período para se trabalhar com a materialidade e o sentido construtivo, lidando pacientemente com as limitações naturais da matéria. Um forte espírito de aquisitividade está presente, devendo ser bem orientado.

6ª LUNAÇÃO

A sexta lunação será às 18h56min do dia 6 de junho – ocorrendo a Lua Nova a 16°16' de Gêmeos – e terminará no dia 5 de julho. A Lua Nova está em conjunção a Mercúrio, e ambos em oposição a Plutão e em trígono a Netuno. Marte está em quadratura com Plutão e em trígono com Saturno. Vênus e Urano estão em trígono distante. Esta configuração indica um período de mudanças e adaptações, algumas até ocorrendo sob fortes tensões. As relações humanas ganham caráter bastante dinâmico. A mente humana está bastante agitada e os pensamentos custam a aceitar qualquer padrão estável. A organização de vida está mudando e é preciso saber se adequar a novas condições para, com isso, causar uma renovação regeneradora. Um novo alento pode nascer a cada situação em que souber modificar o que lhe abra as portas para uma nova maneira de ser.

7ª LUNAÇÃO

A sétima lunação do ano se inicia no dia 6 de julho, às 9h3min – com a Lua Nova ocorrendo a 14°31' de Câncer – e termina no dia 4 de agosto. A Lua Nova está em quadratura com Marte e com Júpiter, e em trígono com Urano. Vênus e Mercúrio estão em conjunção, e ambos em oposição a Netuno, quincunce com Urano, trígono com Marte e sextil com Júpiter. Marte e Plutão estão em trígono. Marte e Netuno em sextil. Uma fase para se dedicar a cuidar da moradia, do ambiente familiar e de tudo o que represente o seu lugar neste mundo. Momento para dedicar-se também a realizar os anseios de sua alma, aqueles sonhos que de algum modo legitimam sua estada nesta Terra. A imaginação está bastante estimulada, fazendo com que se mesclem, em nossa visão, as interpretações pessoais e a realidade exterior.

8ª LUNAÇÃO

A oitava lunação do ano de 2005 tem início à 0h4min do dia 5 de agosto – Lua Nova a 12°48' de Leão – e termina no dia 2 de setembro. A Lua Nova está em conjunção com Mercúrio, oposição a Netuno e sextil com Júpiter. Saturno e Marte estão em quadratura. Vênus e Urano em oposição. Júpiter e Netuno em trígono. Esta lunação simboliza o surgimento de um caráter forte e impositivo nas pessoas, assim como uma grande disposição para a afirmação da vontade pessoal. Por outro lado, a disposição lúdica, as atividades criativas, e a busca do brilho pessoal estão bastante estimuladas. A disposição afetiva e emocional tende à inconstância. Incerteza quanto ao que realmente se quer.

9ª LUNAÇÃO

A nona lunação anual se inicia no dia 3 de setembro, às 15h46min – com a Lua Nova ocorrendo a 11°21' de Virgem – e termina no dia 2 de outubro. A Lua Nova está em oposição a Urano e trígono com Marte. Marte está em quadratura com Netuno. Vênus e Júpiter estão em conjunção, e ambos em sextil com Plutão e trígono com Netuno. Fase de ênfase no espírito prático e de agitação quanto aos sentimentos, assim como de dificuldade para nos relacionarmos com nosso íntimo. Pode haver exagero quanto à franqueza e à intolerância, até pela menor sensibilidade com o que está se sentindo no momento. Tendência a atitudes radicais e ríspidas em determinados momentos. Um período positivo para o trabalho e as ações de cunho prático e produtivo.

10ª LUNAÇÃO

A décima lunação será às 7h29min do dia 3 de outubro – com a Lua Nova ocorrendo a 10°19' de Libra – e termina em 31 de outubro. A Lua Nova está em conjunção com Mercúrio e Júpiter, sextil com Saturno e trígono com Netuno. Vênus e Marte estão em oposição e em mútua recepção em seus signos de exílio, respectivamente Escorpião e Touro. Saturno e Netuno estão em oposição. Plutão está em sextil com Mercúrio e Júpiter. A lunação junto com a oposição entre Vênus e Marte são indicadores da importância das relações afetivas e da dificuldade para encontrar o ponto de equilíbrio. Momentos de arroubo, outros de impasse e espera, mas o que realmente decidirá as situações de modo positivo será encontrar o ponto exato de equilíbrio com a outra pessoa. A busca de harmonia, no campo dos valores e nas relações humanas, como sempre em Libra, é de grande valor. Momento para encontrar novos caminhos, seja através da reflexão intelectual ou do ingresso nas propostas, alianças e parcerias que forem feitas.

11ª LUNAÇÃO

A décima primeira lunação deste ano começa às 22h24min do dia 1º de novembro – com a Lua Nova ocorrendo a 9°43' de Escorpião – e termina no dia 30 de novembro. A Lua Nova está em conjunção com Júpiter, oposição a Marte, trígono com Urano, quadratura com Netuno e com Saturno. Uma Lua Nova em dinâmica com quase todos os planetas lentos – à exceção de Plutão, regente da própria Lunação em Escorpião. Marte está em quadratura com Saturno e Netuno, estes dois aproximando-se de uma oposição. Vênus e Plutão estão em conjunção. Mercúrio e Urano em quadratura. Uma lunação de grande poder de expansão emocional. Sentimentos e imagens presentes na interioridade humana tendem a ganhar o centro da cena, comandando as ações e os interesses. Possivelmente estaremos vivendo emoções demasiadamente intensas. É preciso usar de forças e poderes incomuns num período como este. Os processos de transformação são estimulados neste ano de modo muito mais profundamente regenerador.

12ª LUNAÇÃO

A décima segunda lunação será às 12h1min do dia 1º de dezembro – Lua Nova a 9°31' de Sagitário – e terminará no dia 30 de dezembro. A Lua Nova está em trígono com Saturno e quadratura com Urano. Marte e Júpiter estão em oposição. Urano forma trígono com Júpiter e sextil com Marte. Mercúrio e Vênus em sextil. Os ideais e o espírito visionário estão bem coadunados com a capacidade construtiva e com uma correta orientação de vida, no sentido mais espiritual do termo. É hora de concentrarmos forças naquilo que é certo realizar em prol de nosso crescimento como pessoa humana. Tendência à inquietação, agitando pensamentos e sentimentos de modo a parecer que tudo poderia ser diferente. Cuidado para não desperdiçar energia desse modo, e assim passar um mês improdutivo e cansativo.

13ª LUNAÇÃO

A décima terceira lunação será à 0h12min do dia 31 de dezembro – Lua Nova a 9°32' de Capricórnio – e terminará no dia 28 de janeiro de 2006. A Lua Nova está em quincunce com Saturno, regente da lunação, em trígono com Marte e em sextil com Júpiter e Urano. Júpiter e Netuno estão em quadratura. Marte está em quadratura com Saturno e em oposição com Júpiter. Saturno está em oposição a Vênus e Netuno. Júpiter está em trígono com Urano. Esta configuração astrológica indica um momento estimulante para a atividade produtiva e para ir-se em busca da realização das ambições e das conquistas materiais e profissionais. Da tensão e agitação presentes no período anterior, agora é possível dar uma direção objetiva aos desejos antes instáveis e confusos. Maior segurança e boa chance de se alcançar ao menos parte dos resultados pretendidos.

Abra espaço para o amor

Quando meu cãozinho Munchie se cansa no decorrer das nossas longas caminhadas, pego-o no colo e carrego-o por algum tempo. Quando se vê em meus braços, ele se deita de costas e solta todo o seu peso.

Não se sente culpado nem inferiorizado e não se vê obrigado a me dizer: "Você não precisa fazer isso" ou "Amanhã é minha vez de carregar você". Simplesmente relaxa e aproveita.

Munchie sabe que é digno do amor que recebe, e aceita esse amor de coração aberto.

– Extraído de *Quem é mais Feliz: Você ou o seu Cachorro?*,
de Alan Cohen, Ed. Pensamento.

Tábua lunar

Indispensável para os astrólogos, esta tabela com a posição da Lua nos signos durante o ano de 2005 pode ser usada por todos os leitores que quiserem ter sucesso (p. 96) ou verificar os efeitos dos signos da Lua em 2005, a saúde e a beleza (p. 92). Todos os horários desta tabela têm como base o fuso horário da cidade de São Paulo. Para ajustá-los para outros fusos, consulte a seção "Hora legal"

Janeiro

Libra	13h20min do dia 2
Escorpião	21h0 min do dia 4
Sagitário	0h45min do dia 7
Capricórnio	1h11min do dia 9
Aquário	0h7 min do dia 11
Peixes	23h51min do dia 12
Áries	2h27min do dia 15
Touro	9h7 min do dia 17
Gêmeos	19h25min do dia 19
Câncer	7h43min do dia 22
Leão	20h22min do dia 24
Virgem	8h25min do dia 27
Libra	19h13min do dia 29

Fevereiro

Escorpião	3h51min do dia 1
Sagitário	9h22min do dia 3
Capricórnio	11h32min do dia 5
Aquário	11h27min do dia 7
Peixes	11h0 min do dia 9
Áries	12h22min do dia 11
Touro	17h19min do dia 13
Gêmeos	2h19min do dia 16
Câncer	14h13min do dia 18
Leão	2h55min do dia 21
Virgem	14h44min do dia 23
Libra	0h59min do dia 26
Escorpião	9h21min do dia 28

Março

Sagitário	15h30min do dia 2
Capricórnio	19h12min do dia 4
Aquário	20h50min do dia 6
Peixes	21h34min do dia 8
Áries	23h4 min do dia 10
Touro	3h6 min do dia 13
Gêmeos	10h45min do dia 15
Câncer	21h44min do dia 17
Leão	10h17min do dia 20
Virgem	22h10min do dia 22
Libra	8h0 min do dia 25
Escorpião	15h30min do dia 27
Sagitário	20h57min do dia 29

Abril

Capricórnio	0h49min do dia 1
Aquário	3h32min do dia3
Peixes	5h46min do dia 5
Áries	8h29min do dia 7
Touro	12h50min do dia 9
Gêmeos	19h55min do dia 11
Câncer	6h3 min do dia 14
Leão	18h18min do dia 16
Virgem	6h28min do dia 19
Libra	16h28min do dia 21
Escorpião	23h26min do dia 23
Sagitário	3h47min do dia 26
Capricórnio	6h33min do dia 28
Aquário	8h54min do dia 30

Maio

Peixes	11h43min do dia 2
Áries	15h36min do dia 4
Touro	21h1 min do dia 6
Gêmeos	4h29min do dia 9
Câncer	14h21min do dia 11
Leão	2h18min do dia 14
Virgem	14h48min do dia 16
Libra	1h31min do dia 19
Escorpião	8h49min do dia 21

Sagitário 12h39min do dia 23
Capricórnio 14h11min do dia 25
Aquário 15h10min do dia 27
Peixes 17h9 min do dia 29
Áries 21h8 min do dia 31

Junho

Touro 3h20min do dia 3
Gêmeos 11h36min do dia 5
Câncer 21h47min do dia 7
Leão 9h40min do dia 10
Virgem 22h23min do dia 12
Libra 9h59min do dia 15
Escorpião 18h24min do dia 17
Sagitário 22h45min do dia 19
Capricórnio 23h52min do dia 21
Aquário 23h37min do dia 23
Peixes 0h4 min do dia 26
Áries 2h52min do dia 28
Touro 8h46min do dia 30

Julho

Gêmeos 17h27min do dia 2
Câncer 4h8 min do dia 5
Leão 16h11min do dia 7
Virgem 4h57min do dia 10
Libra 17h9 min do dia 12
Escorpião 2h51min do dia 15
Sagitário 8h35min do dia 17
Capricórnio 10h27min do dia 19
Aquário 9h56min do dia 21
Peixes 9h13min do dia 23
Áries 10h24min do dia 25
Touro 14h55min do dia 27
Gêmeos 23h3 min do dia 29

Agosto

Câncer 9h53min do dia 1
Leão 22h10min do dia 3
Virgem 10h54min do dia 6
Libra 23h9 min do dia 8
Escorpião 9h35min do dia 11
Sagitário 16h48min do dia 13
Capricórnio 20h14min do dia 15
Aquário 20h39min do dia 17
Peixes 19h53min do dia 19
Áries 20h2 min do dia 21
Touro 22h58min do dia 23
Gêmeos 5h43min do dia 26
Câncer 15h57min do dia 28
Leão 4h15min do dia 31

Setembro

Virgem 16h57min do dia 2
Libra 4h53min do dia 5
Escorpião 15h11min do dia 7
Sagitário 23h4 min do dia 9
Capricórnio 3h57min do dia 12
Aquário 6h3 min do dia 14
Peixes 6h25min do dia 16
Áries 6h43min do dia 18
Touro 8h48min do dia 20
Gêmeos 14h7 min do dia 22
Câncer 23h11min do dia 24
Leão 11h3 min do dia 27
Virgem 23h45min do dia 29

Outubro

Libra 11h25min do dia 2
Escorpião 21h4 min do dia 4
Sagitário 4h28min do dia 7
Capricórnio 9h44min do dia 9
Aquário 13h5 min do dia 11
Peixes 15h6 min do dia 13
Áries 16h40min do dia 15
Touro 19h5 min do dia 17
Gêmeos 23h45min do dia 19
Câncer 7h42min do dia 22
Leão 18h49min do dia 24
Virgem 7h29min do dia 27
Libra 19h15min do dia 29

Novembro

Escorpião 4h29min do dia 1
Sagitário 10h55min do dia 3
Capricórnio 15h17min do dia 5
Aquário 18h31min do dia 7
Peixes 21h23min do dia 9
Áries 0h23min do dia 12
Touro 4h4 min do dia 14
Gêmeos 9h11min do dia 16
Câncer 16h43min do dia 18

Leão	3h10min do dia 21	Áries	6h3 min do dia 9
Virgem	15h42min do dia 23	Touro	10h47min do dia 11
Libra	3h58min do dia 26	Gêmeos	17h0 min do dia 13
Escorpião	13h33min do dia 28	Câncer	1h1 min do dia 16
Sagitário	19h33min do dia 30	Leão	11h18min do dia 18
		Virgem	23h39min do dia 20
Dezembro		Libra	12h27min do dia 23
Capricórnio	22h43min do dia 2	Escorpião	23h4 min do dia 25
Aquário	0h37min do dia 5	Sagitário	5h45min do dia 28
Peixes	2h45min do dia 7	Capricórnio	8h36min do dia 30

Construa a confiança em si mesmo

A autoconfiança é a mãe da coragem – é ela que nos possibilita entrar em ação para fazer o que deve ser feito. O motivo pelo qual entramos em ação não se restringe ao impulso fundado em valores pessoais, mas também no treinamento que nos impomos para ganharmos confiança em nós mesmos e sermos bem-sucedidos; em outras palavras, para ficarmos internamente satisfeitos por "termos feito o melhor possível".

A autoconfiança é de grande valor na medida em que é construída sobre sólidos alicerces. Nos extremos da escala da confiança estão a sua falta e o seu excesso, sendo que este é mortal. O excesso de autoconfiança motiva o fracasso por razões inesperadas, pois são nos momentos em que tudo parece ir bem que corremos o maior perigo de ser derrotados pela adversidade. Stevie Wonder assim resumiu a situação: *Quando você começa realmente a se achar o número um, é neste momento que perdeu o rumo.*

Assim como a autoconfiança corporal nasce da compleição física, a autoconfiança mental vem do cérebro. Em muitos casos, ambas se reforçam mutuamente. Um jogador que sabe passar a bola acredita em sua habilidade. Por acreditar nela, mantém a calma ao entrar em campo e joga bem.

O general Wavell enunciou: *Um general arrojado pode vir a ter sorte, mas nenhum general vai ter sorte sem ser arrojado.*

Ou seja, devemos ser corajosos e enfrentar os riscos, pois sem assumir os riscos calculados não conseguiremos vencer.

– Extraído de *Sun Tzu para o Sucesso*, de G. Michaelson e S. Michaelson, Ed. Cultrix.

A influência da Lua sobre a geração humana

Os antigos já atribuíam à Lua influências decisivas na produção de certos fenômenos que ocorrem em nosso planeta, notadamente o ritmo das marés, o movimento da seiva nos vegetais etc. A respeito desta última influência, é tradicional o cuidado que os exploradores do corte de madeira têm de não fazer o corte no período da Lua Minguante para evitar o apodrecimento. E, ao que parece, a prática tem justificado essa prevenção.

Estendendo o campo de suas observações, os antigos passaram a examinar a influência da Lua na geração humana e na animal. Apresentamos a seguir os resultados dessas observações, ressaltando, porém, que não foram apresentadas até o momento pesquisas científicas que comprovem essa teoria.

Para saber o sexo do primeiro filho

Examina-se a data do nascimento da mãe.

a) Se a Lua Nova apareceu antes de transcorridos nove dias após o nascimento da mãe, a criança será do sexo feminino.

b) Se a Lua Nova apareceu depois de passados nove dias a contar do nascimento da mãe, a criança será do sexo masculino.

Para saber o sexo dos outros filhos

Examina-se a data de nascimento do filho anterior, sendo necessário contar também os eventuais abortos.

a) Se a Lua Nova surgiu a menos de nove dias após o seu nascimento, o novo bebê terá sexo diferente do desse irmão.

b) Se a Lua Nova apareceu mais de nove dias após seu nascimento, o novo bebê será do mesmo sexo que o irmão precedente.

☆ ☆ ☆

Um besouro arrasta-se sobre o papel.
Deixe-o ficar.
Nós precisamos de todos os leitores que possamos conseguir.

– Lloyd Reynolds

Os efeitos dos signos da Lua em 2005

A viagem interminável da Lua através do céu nos traz uma fonte de energia e influência. Por um lado, a influência da Lua é constante, digna de confiança e previsível; por outro, está sempre mudando. A Lua Cheia sempre está associada a um determinado signo astrológico e ocorre no mesmo mês solar todos os anos, tal como ocorre com a Lua Nova.

A influência energética da Lua sobre nosso corpo, mente e alma exibe a mesma dicotomia que a sua presença física exerce sobre a nossa vida: é constante e está sempre mudando. A constância se deve ao fato de a Lua estar sempre lá, em movimento, circulando-nos a toda hora, e sempre exercendo sua mesma força primordial. As diferenças devem-se ao signo, à mudança de fase para fase: sua influência sobre nós muda tanto em substância como em intensidade. A Lua exerce seu efeito sobre as nossas emoções de acordo com o signo em que estiver. As afirmações a respeito são generalizadas e podem não se adequar a todas as pessoas, visto que existem outros fatores em funcionamento, tais como a fase da Lua e outros planetas no horóscopo natal. Use o que iremos dizer como uma referência que, relacionada com as suas experiências, pode ajudá-lo a entender a si mesmo e serve de base para entender as mudanças pelas quais passa à medida que a Lua se move pelo céu.

Influência da Lua em Áries. Ela deve ser usada para realizar coisas das quais você possa extrair satisfação e plenitude. Esta Lua por certo empurrará você para a frente e algum senso de orgulho ou reconhecimento será a recompensa. O melhor a fazer é tentar uma atividade gratificante ou um projeto divertido.
"Sempre haverá mais oportunidades do que realizações." (Anônimo)

Influência da Lua em Touro. Esta Lua lhe dará suporte e uma natureza carinhosa, visto que você pode ser descrito como uma pessoa sensível. A conexão entre esta Lua e a sua oposta, Lua em Escorpião, e a conexão entre a Lua e o signo de Câncer, fará brotar o romântico que existe em você. Começar um relacionamento nesta Lua não deve ser a sua primeira opção, mas investir no que já existe funciona bem.
"Divida cada dificuldade em quantas partes forem possíveis e necessárias para revolvê-la." (René Descartes)

Influência da Lua em Gêmeos. A influência desta Lua é confusa. Por um lado, você quer se abrir e comunicar-se mais, por outro, gostaria de esconderse num armário. A polaridade diferente desta Lua é difícil de integrar e isso a torna menos confortável do que as outras Luas.

"*A suprema capacidade do homem não é a razão, mas a imaginação.*" (Edmund O'Gorman)

Influência da Lua em Câncer. Esta Lua usará e controlará você, e o único modo de lidar com ela é ser totalmente honesto, não só durante esta Lua, mas sempre. Prepare-se para ouvir sua voz interior, pois ser um bom ouvinte será essencial para superar todos os problemas, de uma ou de outra maneira.

"*Entenda uma coisa, antes de falar sobre ela.*" (Ditado mexicano)

Influência da Lua em Leão. A Lua em Leão tem um tipo de energia fogosa, mas sua influência é exercida mais sobre a personalidade do que sobre as ações. Limite a sua atividade a contar uma boa história, dar bons conselhos, sem planejar usar essa energia para alguma outra coisa construtiva. Use sua intuição e você não se dará mal.

"*O desespero é o amante do impossível.*" (Ditado francês)

Influência da Lua em Virgem. Ela enviará um influxo de solidariedade que fará você tornar-se obstinadamente determinado. Use o aumento de intuição associado às energias românticas desta Lua para melhorar um relacionamento amoroso. Evite usar demais o lado crítico da sua personalidade.

"*A ternura abrangente torna tudo possível.*" (Anônimo)

Influência da Lua em Libra. Esta Lua oferece um bom momento na vida amorosa. Você sentirá atração por todas as coisas belas da vida, seu charme e diplomacia tornarão mais fácil lidar com as outras pessoas. Neste ínterim, a sua capacidade de tomar uma decisão será quase inexistente e convém evitar situações que exijam decisões rápidas.

"*Procure pela verdade, ela quer ser encontrada.*" (Blaise Pascal)

Influência da Lua em Escorpião. O principal efeito desta Lua é aumentar o desejo sexual. Sua personalidade se tornará mais irresistível do que nunca e você se sentirá muito sensual. Você se tornará exageradamente desinibido. Tente evitar encontros emocionalmente muito intensos.

"*A distância é o grande promotor da admiração.*" (Denis Diderot)

Influência da Lua em Sagitário. Esta é a hora de tornar-se idealista e de trabalhar visando realizar seus objetivos mais elevados, especialmente os que tenham um apelo emocional. Agora convém viajar, mas seja cauteloso: a energia fogosa pode levá-lo a aumentar a velocidade e provocar discussões com alguma autoridade.

"*O realismo é uma corrupção da realidade.*" (Wallace Stevens)

Influência da Lua em Capricórnio. A hora não é adequada para lidar com assuntos esotéricos, espirituais ou amorosos. Existe uma inclinação para a divisão dos seus sentimentos e você dará aos outros a impressão de ser frio e calculista. Suas emoções, no entanto, são muito profundas. Tão profundas que você não deseja mexer com elas. Concentre-se no trabalho e termine as tarefas inacabadas.

"Posso prometer ser sincero, mas não posso prometer ser imparcial." (Goethe)

Influência da Lua em Aquário. É problemático ser carismático e, ao mesmo tempo, desejar ficar sozinho. A necessidade de privacidade torna a vida confusa. Fique longe de situações que requeiram ajuda e orientação dos outros. Se alguém tiver de dizer-lhe o que fazer, isso tornará difícil conviver com esta Lua. Tente trabalhar em projetos pessoais e, quanto mais você estiver no controle da sua vida, mais feliz você será.

"Não acredite em tudo o que lhe contam, nem conte a ninguém tudo o que sabe." (Provérbio italiano)

Influência da Lua em Peixes. Seja mais cuidadoso do que nunca no que se refere a assuntos amorosos. Você está usando lentes cor-de-rosa durante esta Lua e seus sentimentos são influenciados pelo seu estado emocional. Também poderá captar os sentimentos dos outros e achar que são os seus. Faça algum trabalho artístico e use sua grande imaginação para extravasar o excesso de energia lunar.

"Todo o globo se centraliza numa gota de orvalho." (Ralph Waldo Emerson)

– Zilda Hutchinson Schild Silva

Lua nova, Lua cheia

A influência da Lua tanto sobre o planeta quanto sobre seus habitantes é considerável. Na Lua nova, o campo da Terra pode expandir-se totalmente no espaço. Na Lua cheia, existe uma quantidade máxima de irradiação solar refletida em nossa direção e essa encontra os limites externos do planeta em algum ponto do espaço. Esse encontro de campos energéticos comprime os campos magnéticos da Terra e altera a situação energética do planeta.

Um estudo realizado durante um período de doze meses sobre as fases da Lua demonstrou uma elevação na pressão barométrica durante a Lua crescente e uma rápida diminuição na Lua cheia, freqüentemente acompanhada de perturbações climáticas, as quais, por sua vez, podem estar relacionadas com as atitudes cada vez mais violentas ou desequilibradas das pessoas. Internações em clínicas psiquiátricas revelam um padrão de comportamento psicótico no dia em que a Lua fica cheia, daí o termo "lunático" "ou de lua". Os índices de suicídio aumentam na Lua crescente, declinam rapidamente três dias antes da Lua cheia, alcançam o nível máximo dois dias após a entrada da Lua cheia e voltam a cair seis dias após o início da Lua cheia. A experiência no mercado financeiro demonstra que é recomendável comprar ações uma semana antes da Lua cheia e vendê-las durante a Lua cheia.

– Extraído de *O Poder de Cura da Luz*, de P. Cooper, Ed. Pensamento.

Como tirar proveito das fases da Lua

LUA CRESCENTE

Os sete dias após a Lua Crescente são favoráveis ao início de novos empreendimentos, ao esclarecimento de mal-entendidos, às atividades que exijam o desapego de situações e de relacionamentos obsoletos, às tentativas de aprimoramento em todas as áreas da vida.

LUA CHEIA

Os sete dias após a Lua Cheia são favoráveis aos relacionamentos sociais; à conscientização dos bloqueios, dos obstáculos e dos problemas; às mudanças de residência; ao abandono de hábitos antigos; à comunicação de novas idéias e planos; às atividades que exijam força de vontade e determinação.

LUA MINGUANTE

Os sete dias após a Lua Minguante são favoráveis ao planejamento de atividades e empreendimentos; ao término de trabalhos inacabados; à solução criativa de problemas ligados ao passado; ao relacionamento com jovens, adolescentes e crianças; ao início de tratamentos de saúde.

LUA NOVA

Os sete dias após a Lua Nova são favoráveis à organização de atividades cotidianas, às atividades intelectuais e às pesquisas, aos trabalhos que exijam espírito de cooperação, às decisões relacionadas com compromissos sociais e amorosos, aos assuntos voltados para o bem comum.

Nós obtemos muito mais sabedoria com o fracasso do que com o sucesso. Geralmente descobrimos o que fazer sabendo o que não fazer; e é provável que aquele que nunca cometeu um erro, nunca tenha feito uma descoberta.

– *Samuel Smiles*

Leve em conta a influência da Lua e tenha sucesso em 2005

Durante seu trânsito pelos signos, a Lua beneficia com sua presença as atividades por eles governadas. Essas atividades são descritas abaixo. Consultando a "Tábua lunar", acompanhe o movimento desse astro pelos signos e escolha os momentos mais favoráveis para aquilo que você se propõe realizar.

ATIVIDADES GOVERNADAS PELOS SIGNOS

♈ **Áries**: Atividades que exijam uma postura independente, decidida, movida pelo impulso. Empreendimentos que requeiram esforço, físico ou mental; trabalhos com máquinas, com fogo e com ferro.

♉ **Touro**: Atividades que requeiram paciência, confiabilidade, persistência. Comércio de jóias, o ramo do entretenimento, da moda, das artes, da jardinagem e da construção.

♊ **Gêmeos**: Atividades que exijam dedicação, esforço e que sirvam de higiene mental. Qualquer tipo de intermediação. Compra e venda de imóveis, assuntos relativos à propaganda, à educação, à comunicação e à redação de textos.

♋ **Câncer**: Atividades que envolvam riscos, préstimo de serviços, compaixão e solidariedade. Viagens marítimas, pescarias, convenções e empréstimos financeiros.

♌ **Leão**: Atividades que requeiram tomada de decisões, que envolvam riscos e dêem margem a improvisações. Festas, reuniões entre amigos. Atividades relacionadas com a ciência e a literatura.

♍ **Virgem**: Atividades ligadas à tecnologia, à economia, à pedagogia. Comércio, troca de correspondência, pequenas viagens, comunicação em geral.

♎ **Libra**: Atividades diplomáticas, conciliadoras, relacionadas com a beleza e a harmonia. Casamentos, diversões, artes, publicidade, sedução.

♏ **Escorpião**: Atividades que exijam o uso de energia, que não levem em conta as perdas; atitudes ousadas que requeiram certa visão dos fatos. Pescarias, trabalhos que exijam persistência e coragem.

♐ **Sagitário**: Atividades ligadas à justiça e ao comércio exterior; atividades educacionais e também ligadas à filosofia e à religião. Trabalhos que exijam prudência e honestidade. Assuntos ligados às finanças.

♑ **Capricórnio**: Atividades objetivas, bem pensadas, que requeiram imparcialidade. Assuntos relacionados com propriedades, com política, estudos e economia.

♒ **Aquário**: Atividades que proporcionem prazer momentâneo. Atividades que exijam ousadia, coragem para confrontar sistemas estabelecidos. Trabalhos ligados à agricultura, à eletricidade, a invenções, a experiências psíquicas e à aviação.

♓ **Peixes**: Atividades de atendimento ao público, sacerdotais, relacionadas com o bem-estar da comunidade. Assinatura de contratos, viagens marítimas, pescarias e filantropia.

Previsões astrológicas 2005

Apresentamos, neste estudo anual, as previsões relativas a 2005 para os doze tipos humanos, de acordo com a passagem do Sol pelos doze signos do Zodíaco e com os aspectos formados entre os planetas. Salientamos que essas previsões são de caráter geral, uma vez que as influências de âmbito particular e pessoal requerem a elaboração de um horóscopo individualizado, calculado com base na hora e no local de nascimento da pessoa.

TIPO HUMANO
AQUÁRIO

DE 21 DE JANEIRO A 19 DE FEVEREIRO
Signo do Ar, regido por Urano e Saturno

CARÁTER: O aquariano, embora cortês e tranqüilo, gosta de desafiar o senso comum e secretamente se delicia em chocar as pessoas mais convencionais. É um rebelde sem causa. Acha, instintivamente, todos os hábitos antigos errados. Com um senso de justiça muito apurado, seus ideais são a igualdade e a fraternidade. Gosta de analisar as situações e as pessoas, mas não se concentra por muito tempo na mesma coisa. **Personalidades deste signo:** Carolina Ferraz, Djavan, Regina Duarte, Martinho da Vila.

PROFISSÃO: Extremamente humanitário e idealista, sente-se atraído pela ciência, pelo conhecimento e pelas invenções que vão melhorar a condição humana. Áreas como ciências sociais, educação e política são naturais ao aquariano. Como tem o dom de analisar o temperamento humano, pode se destacar no campo da psicologia. **Profissões mais indicadas:** Fotógrafo, fisioterapeuta, sociólogo, cientista, astrônomo.

AMOR: Individualista e amante da liberdade, não suporta relacionamentos sufocantes. É mais fácil para o aquariano gostar de muitas pessoas do que de uma só, o que o faz parecer frio e distante. Pode ficar desconcertado ao lidar com emoções, pois as considera um sinal de fraqueza. O aquariano fica sem graça quando o assunto é romance, mas é um companheiro leal, amigo e tolerante. **Melhores parceiros:** Sagitário, Gêmeos, Libra.

SAÚDE: As doenças do nativo de Aquário em geral se relacionam com o sistema circulatório, como varizes e esclerose arterial. Também é propenso a ter problemas nas canelas e tornozelos. **Receita ideal:** Sono, exercício e passeios ao ar livre.

PRESSÁGIOS PARA OS AQUARIANOS EM 2005

De 1º a 10 de janeiro: O ano se inicia com um forte estímulo para você sonhar alto e idealizar possibilidades muito interessantes. Ao mesmo tempo, as dificuldades indicam que os planos avançarão lentamente neste começo de ano.

De 11 a 20 de janeiro: Momento delicado para a saúde e para os problemas emocionais e pessoais. Nada fica assim por muito tempo; o melhor é cuidar com presteza de tudo, para logo ficar livre novamente.

De 21 a 31 de janeiro: Mais uma vez você enfrenta pressão para que os projetos futuros ganhem forma, e com isso muito em sua vida poderá se modificar. Conflito com as pessoas e situações de trabalho. Fase ainda delicada para a saúde e para o equilíbrio pessoal. Cuide-se da melhor maneira possível.

De 1º a 10 de fevereiro: Ciclo de renascimento para os aquarianos. Aumento da disposição física e mental. Experiências renovadas passam a fazer parte de sua vida, e a partir daí é possível colocar em prática os planos idealizados nos períodos anteriores.

De 11 a 20 de fevereiro: Um período pleno de facilidades e com boa possibilidade de êxito na vida financeira e material. Seus pensamentos entram em ordem e lhe conferem boa estabilidade interior. É tempo de definir uma nova identidade e firmar comportamentos que deseje desenvolver de agora em diante.

De 21 a 28 de fevereiro: Disposição afetiva bastante estimulada, em especial com os amigos. As questões financeiras podem causar pequenos sustos, avisando que nem tudo está tão sob controle quanto imaginava.

De 1º a 10 de março: Momento de possíveis exorbitâncias financeiras. Poderá expandir seus negócios e ganhar dinheiro, mas é importante ficar atento para o quanto isto pode custar. Você se envolve com as pessoas e tende a se esquecer de você. A insatisfação nos relacionamentos nasce de sua pouca participação atuante.

De 11 a 20 de março: Você percebe melhor o que se passa em suas relações familiares. Por outro lado, há indício de tensão entre trabalho e família. Os excessos e a imposição de seus desejos marcam o período.

De 21 a 31 de março: As afeições estão em momento de exaltação, e isto pode vir a confundir os sentimentos. A boa afeição vive de algo mais do que apenas promessas. Procure se comunicar mais positiva e adequadamente com as pessoas com quem você convive.

De 1º a 10 de abril: Momento de possível dúvida entre dar razão àqueles que lhe acompanham ou fazer prevalecer sua vontade. Seja menos egoísta com seus recursos, compartilhando-os com os outros. O ritmo das atividades físicas tende a se perder em meio a uma dinâmica intensa, mas de tendência dispersiva.

De 11 a 20 de abril: É possível agora dedicar mais tempo ao setor cultural. Não desperdice as suas energias com futilidades. Mantenha o seu orçamento equilibrado pois há tendência a gastar mais do que é conveniente. Muita agitação pode significar desperdício e não aumento de dinâmica.

De 21 a 30 de abril: As viagens e o contato com novos ambientes estão amplamente favorecidos, assim como a atividade intelectual e comunicativa. A pompa e a grandiosidade nas relações pessoais tendem a se mostrar meio vazias. A grandiloqüência produz um certo efeito e logo se perde. Mantenha a objetividade nas relações e nas atividades.

De 1º a 10 de maio: No amor, você está um tanto impositivo, talvez julgando que sua força está sendo apreciada. É bom ampliar seu senso de limite e não abusar da paciência alheia. Mantenha o sentido prático e aproveite as oportunidades que realmente têm chance de trazer melhorias para sua vida.

De 11 a 20 de maio: Período positivo para as atividades voltadas à família e aos cuidados e melhorias no seu ambiente pessoal. A harmonia doméstica é um fator importante nestes dias e deve ser cultivada acima das pequenas rusgas que sempre se fazem presentes.

De 21 a 31 de maio: Momento em que predomina atitude mais racional diante das relações afetivas e amorosas. As sensações, sempre tão envolventes, agora podem ficar mais ordenadas. Período estimulante para os trabalhos que unam sensibilidade e habilidade técnica.

De 1º a 10 de junho: As relações de trabalho levam a encontros produtivos. As afeições começam a se tornar mais intensas. Você se mostra criativo e sua mente se interessa por muitas coisas ao mesmo tempo. Procure manter o foco na direção para onde pretende chegar com tudo isso.

De 11 a 20 de junho: Uma fase estimulante para boas relações de amizade e o convívio afetivo e amoroso. Você encontra pontos de especial afinidade com as pessoas. Bons indícios para encontros importantes com as pessoas, o que pode se dar no campo amoroso ou dos negócios.

De 21 a 30 de junho: Momento de especial inspiração no trabalho, ainda mais se ligado a atividades de comunicação, cultura ou artes. É tempo de pensar em profundidade, descobrir novos conteúdos e explorar o potencial criativo de sua mente.

De 1º a 10 de julho: Um dia favorável para melhorar as condições físicas e o clima emocional em seu lar. O embelezamento da casa pode ser feito de muitas maneiras. Cuide, além da beleza, também da funcionalidade da casa e do ambiente de trabalho. Afinal, beleza é também cumprir uma função correta e adequadamente.

De 11 a 20 de julho: Os sentimentos mais fortes e apaixonados podem ser, neste período, os mais perigosos. Você tende a cultivar sentimentos ilusórios com relação à pessoa amada e os familiares. As imagens mais nítidas podem se revelar miragens enganadoras. Evite decisões precipitadas no relacionamento a dois.

De 21 a 31 de julho: Seus esforços se voltam para o amor e o casamento, agora com mais equilíbrio e discernimento. Um relacionamento estável pode ganhar o colorido de uma paixão renovada ou a vida a dois volta a uma estabilidade saudável.

De 1º a 10 de agosto: Momento de encontrar um ponto de convergência com os parceiros. É tempo de exprimir os sentimentos amorosos e comunicar as emoções. Plena troca com a pessoa amada.

De 11 a 20 de agosto: A comunicação e a atividade intelectual estão especialmente favorecidas. Os escritos, a literatura e a expressão de idéias e da imaginação têm tudo para dar certo. Estímulo à amorosidade que, para você, se reveste de um caráter de proteção e cuidado com a pessoa amada. Boas possibilidades nos negócios e aquisições.

De 21 a 31 de agosto: Momento oportuno para imprimir energia ao lidar com bens e patrimônio, seja material ou mesmo imaterial. Comece a usar as boas energias disponíveis para superar obstáculos e afirmar suas vontades mais pessoais e imediatas.

De 1º a 10 de setembro: Você tende a se envolver – até apaixonadamente – com projetos de trabalho, mas estes podem se mostrar ilusórios. Sua saúde pode ficar afetada por disfunções difíceis de diagnosticar. Você está particularmente susceptível a problemas e estados negativos presentes a sua volta.

De 11 a 20 de setembro: Momento em que as crises se acentuam, indicando a hora de terminar com o que não cabe mais em sua vida. Para outras pessoas o momento é de uma profunda regeneração. Nos dois casos a situação de crise é uma necessidade.

De 21 a 30 de setembro: Você está saindo de um período mais obscuro e confuso, encontrando o alvorecer de novos horizontes e possibilidades. É tempo oportuno para colocar em ação seus conceitos e idéias que podem exercer um certo impacto ou importância sobre o ambiente social.

De 1º a 10 de outubro: Toda a energia deste momento volta-se para os planos e projetos futuros e a urgência em tentar empreendê-los. Pense bem e elabore mais os projetos antes de sair fazendo. Mas, quando tiver certeza, não adie o que sabe que é certo fazer.

De 11 a 20 de outubro: Uma fase em que a tendência é dissipar suas forças em projetos sem sentido. Não confunda sonhos visionários com ilusões sem consistência. Os pensamentos devem guiar as ações e gestos para metas exeqüíveis e concretizáveis.

De 21 a 31 de outubro: Participação ativa em muitas tarefas: ou cuidando de seus assuntos ou ajudando nas atividades de outras pessoas. O entusiasmo e a disposição generosa dão colorido positivo a este período. Começam a surgir novas oportunidades relacionadas com a sua carreira.

De 1º a 10 de novembro: É tempo de decisão na vida profissional. Como em todo ano, é preciso regenerar e transformar as situações antigas para que ganhem nova dimensão e continuem seguindo avante. Sua carreira costuma ser feita de ciclos que têm começo e fim bem definidos.

De 11 a 20 de novembro: É preciso ter boa disposição para com os colegas de trabalho, mas seu ânimo talvez esteja mais voltado para as novidades do que para sustentar compromissos. As tarefas realizadas em cooperação com as pessoas podem ser responsáveis pelos momentos mais felizes deste período.

De 21 a 30 de novembro: Você tende a impor seus valores e querer tudo rigorosamente certo e justo. Início de boa fase para o comércio e as negociações, e mais agilidade nos pensamentos. O poder de projeção das idéias torna-se bastante forte. Lutas e atritos em nome do que lhe parece ser a justiça.

De 1º a 10 de dezembro: Momento de arroubos emocionais e tendência a lutar – ou brigar – por tudo o que lhe parece injusto. Tendência a julgar os outros, condenando muito mais do que perdoando. Início de boa fase para as atividades intelectuais, culturais e para os estudos universitários e filosóficos. Sua mente está se aperfeiçoando.

De 11 a 20 de dezembro: Os temas filosóficos e religiosos podem lhe atrair de modo especial. Você está sensível aos temas humanistas. Momento de boas relações de amizade e favorável ao casamento. Talvez você possa ajudar pessoas em situação de necessidade.

De 21 a 31 de dezembro: Momento favorável para encontrar prazer e bem-estar físico. Você tende ao sensualismo e está sob estímulo para vivê-lo plenamente. Tendência a mostrar-se mais comunicativo, refinado e disposto ao relacionamento, em especial com as pessoas mais queridas.

TIPO HUMANO

PEIXES

DE 20 DE FEVEREIRO A 20 DE MARÇO
Signo da Água, regido por Netuno e Júpiter

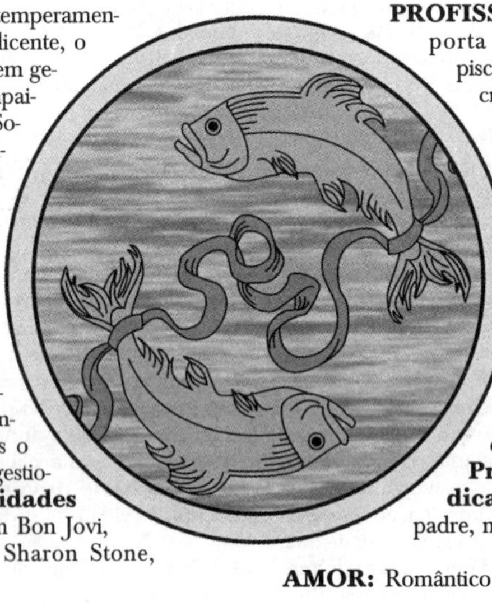

CARÁTER: De temperamento maleável e displicente, o nativo deste signo em geral demonstra compaixão e sabedoria. Sofre de uma passividade que às vezes o torna subserviente. Sente-se atraído pelo misticismo, pelo transcendental e pelo mágico. É emotivo, sensível e profundamente intuitivo, embora sua insegurança às vezes o torne indeciso e sugestionável. **Personalidades deste signo:** Jon Bon Jovi, Hebe Camargo, Sharon Stone, Bruce Willis.

PROFISSÃO: Como não suporta ficar confinado, o pisciano prefere atividades criativas e artísticas que lhe dêem mais liberdade de ação. Adora viver como um marajá, mas não tem nenhuma disposição para acumular dinheiro. Tem de ocupar uma posição que lhe dê a chance de canalizar sua incrível imaginação ou desejo de servir. **Profissões mais indicadas:** Ator, terapeuta, padre, médico, advogado.

AMOR: Romântico incurável, o pisciano

está sempre amando. Se não for uma pessoa, é uma causa ou simplesmente a vida. Como é o signo do sentimento, não pode viver na solidão. No entanto, ele se aborrece com as situações e com as pessoas mais rápido do que ninguém. É impossível aprisionar um housepisciano, pois uma parte dele sempre pertencerá ao cosmo, a ele mesmo, e nunca ao parceiro. **Melhores parceiros:** Touro, Leão, Escorpião.

SAÚDE: Por ter uma tendência a cometer excessos e a se evadir da realidade, o housepisciano deve ter cautela para não sucumbir a vícios. Muito sensível, ele absorve tudo a sua volta como uma esponja, o que pode fazer com que se sinta mal em ambientes carregados. **Receita ideal:** Repouso, momentos de solidão, passeios à beira-mar.

PRESSÁGIOS PARA OS PISCIANOS EM 2005

De 1º a 10 de janeiro: As relações de trabalho estão positivamente estimuladas. Algumas situações ocorrem de modo inesperado, ou ainda se dirigem para soluções que podem trazer desacomodação. Talvez precise correr algum risco nestes dias; contudo, procure manter o senso de medida.
De 11 a 20 de janeiro: Período de intensificação das relações sociais e de aproximação dos amigos. Alguns sentimentos são difíceis de serem aceitos ou mesmo manifestados. Agora, os projetos futuros devem ser mais bem delineados, pois precisam de consistência para passar a existir.
De 21 a 31 de janeiro: Momento delicado para os assuntos profissionais. Risco de prejuízos, atritos e rupturas. De algum modo, uma situação que estava contida poderá surgir como que explodindo. O relacionamento amoroso tende a situações de melancolia e a alguma restrição.
De 1º a 10 de fevereiro: Período altamente estimulante e positivo para os piscianos. Muitas de suas expectativas podem ser realizadas, em especial na vida material e profissional. O convívio com os amigos e pessoas queridas continua beneficiado.
De 11 a 20 de fevereiro: Sua disposição está mais amorosa e romântica. Os amores são idealizados e podem não se encaixar completamente na realidade do momento. Os impulsos de renovação estão favorecidos, mas você precisará primeiro se livrar daquilo que lhe prende os movimentos.
De 21 a 28 de fevereiro: Forte impulso de independência. Você mostra um lado de comando e liderança. O Sol em seu signo indica aumento da vitalidade física e da autoconfiança. Melhor solução para as questões amorosas, mas talvez precise pensar bem sobre o assunto.
De 1º a 10 de março: Momento em que você está na sintonia de pensamentos elevados e positivos, capazes de lançar luz em sua perspectiva de vida. O impulso para realizar certos caprichos pode ser mais forte que a razão. A diversão e os afazeres práticos podem muito bem caminhar juntos nestes dias.
De 11 a 20 de março: Início de um novo ciclo anual no qual os ânimos e motivações se renovam. Os sentimentos estão exaltados no relacionamento a dois e nas relações associativas. Contudo, tendência a tomar tudo de modo excessivamente pessoal.
De 21 a 31 de março: O ambiente familiar é o mais propício para se relacionar bem com as pessoas. Traga os amigos e as demais pessoas queridas para sua casa. O desenrolar natural do cotidiano tende a ser agradável. As amizades tendem a provocar sentimentos mais fortes.
De 1º a 10 de abril: A vida material começa a ficar bem mais favorecida. Aproveite para trabalhar e produzir bastante. Uma fase em que pode viver situações de risco e, se não tomar cuidado, pode até envolver-se demasiadamente em algumas delas.
De 11 a 20 de abril: Uma fase para cuidar da vida material, apesar de certas tendências ao radicalismo. Seja radical só quando for necessário; não seja apenas temperamental. Há grande disposição para lutar pelo que julga certo e verdadeiro em sua profissão. A empolgação é grande, mas evite impor seus ideais para os demais.
De 21 a 30 de abril: Momento favorável para as relações com amigos e parentes, assim como a disposição para as conversas e a troca de idéias. Atenção às pequenas encrencas que podem surgir ao longo dos afazeres cotidianos. As explosões emocionais, além de não resolverem nada, tendem a piorar as situações difíceis.

De 1º a 10 de maio: Está acentuada a curiosidade por outras culturas e por adquirir novos conhecimentos. Você tende a impor seus ideais a ferro e fogo. As pequenas viagens estão favorecidas, assim como as atividades intelectuais e de estudo.

De 11 a 20 de maio: Momento estimulante para o contato humano, as atividades de comunicação e a troca de idéias. O convívio intelectual pode revelar muitos elementos e gerar um estreitamento nos laços e alianças. É tempo de organizar os problemas pendentes, o que é um passo para resolvêlos. Agora você pode avançar na direção de alguma solução.

De 21 a 31 de maio: Momento positivo para modificar sua maneira de trabalhar, mudar as relações de trabalho e a forma como organiza seus negócios e atividades. O convívio familiar está favorecido. Contudo, é preciso estar com o espírito disposto para renovar e arejar as relações em família.

De 1º a 10 de junho: As fortes exigências no trabalho – feitas por outros ou por si próprio – tendem a levar ao desgaste, e não necessariamente a melhores resultados. É tempo de aprimorar a atitude diante do trabalho. Os gastos e investimentos materiais voltados à casa ou à família, mesmo que fora de seu padrão, são oportunos e trazem melhorias.

De 11 a 20 de junho: Você pode descobrir algo a respeito de si mesmo. Mantenhase aberto quanto a renovar a visão de sua individualidade. É preciso estar próximo das pessoas queridas e permanecer o máximo de tempo nos ambientes nos quais você se sente realmente bem.

De 21 a 30 de junho: O contato com novas pessoas é muito estimulante e pode acontecer de modo inesperado, abrindo possibilidades não imaginadas. Os sentimentos, em especial os amorosos, começam a se fazer mais presentes.

De 1º a 10 de julho: Momento positivo para o entendimento com a pessoa amada. Há a presença de um forte fascínio, e um dos envolvidos pode querer predominar. Você está mais criativo e disposto a assumir a responsabilidade por sua imaginação e sentimentos.

De 11 a 20 de julho: Os sentimentos amorosos estarão muito exaltados. Não é simples ter um temperamento tão caloroso! Não se deixe levar por qualquer sentimento, nem bloqueie esse fluxo que é tão natural para você. Procure seguir principalmente os sentimentos e motivações positivas que afluem a sua interioridade.

De 21 a 31 de julho: Boa disposição para trabalhar em seu favor. Os processos de cura e regeneração são ajudados principalmente pela correta compreensão dos desequilíbrios. Procure manter uma rotina saudável, tanto no trabalho quanto na vida pessoal.

De 1º a 10 de agosto: A rotina de trabalho está em tempo de se modificar e ser melhorada. Procure dedicar-se com gosto, ou até mesmo paixão, às atividades que estão sob sua responsabilidade. Uma fase para cuidar da casa e do conforto pessoal. Pode introduzir inovações nas condições de moradia e trabalho.

De 11 a 20 de agosto: Mais um período positivo para lidar com os afazeres de rotina, o trabalho e a ordem geral no cotidiano. Não fique esperando o mundo resolver as coisas por você. Coloque em campo a ordem que você almeja viver no momento.

De 21 a 31 de agosto: Este momento favorece a organização das finanças e do ambiente de trabalho. O modo dispersivo e excessivamente confiante com que lida com este assunto pode fazê-lo achar que não precisa organizar nada.

De 1º a 10 de setembro: O entendimento com a pessoa amada está muito favorecido. Planos conjuntos reforçam a vossa união. É bom sair da rotina no relacionamento a dois e nos assuntos que envolvam partilha e convívio com outras pessoas. Abrase à renovação.

De 11 a 20 de setembro: O período traz estímulo positivo para as afeições e para a conquista amorosa. Há um certo magnetismo no ar, entre você e as pessoas queridas. Os gestos concretos são os mais eficientes para demonstrar seus sentimentos neste momento.

De 21 a 30 de setembro: Começa um período de transformação, regeneração e crise para os piscianos. Pode ser difícil manter a estabilidade emocional ou mental. Muita coisa está deixando de fazer sentido. Coisas novas virão no seu lugar, mas só daqui a algum tempo. Por enquanto, aceite que se vá o que está saindo de sua vida.

De 1º a 10 de outubro: Uma fase de mudanças na vida material e de transformações em seu jeito de ser. É oportuno livrar-se do que não lhe serve mais. Uma sensação de deslocamento ou estranheza pode estar presente.

De 11 a 20 de outubro: Procure racionalizar as finanças para ter uma visão mais clara de como está e do que realmente necessita. Momento para aplicar recursos, seus ou dos outros, em seu trabalho. Nas relações afetivas, é preciso ser firme e, ao mesmo tempo, dar espaço para o outro estar ao seu lado.

De 21 a 31 de outubro: Pensamentos e emoções estão em harmonia. Você pode se orientar com segurança e certeza, inclusive diante de situações desafiadoras. Novos horizontes começam a se abrir, clareando o que antes era confuso ou obscuro.

De 1º a 10 de novembro: As atividades intelectuais e de comunicação estão favorecidas. A profundidade de seu pensamento faz você enxergar algo novo e pioneiro.

De 11 a 20 de novembro: Bom momento para pensar com clareza sobre o futuro. Os planos que iam numa direção, agora podem ser modificados com grande vantagem. Um momento positivo para romper com algum hábito ou limitação e avançar decididamente rumo a novas conquistas profissionais.

De 21 a 30 de novembro: Facilidade para se comunicar, mesmo as idéias mais complexas. Você está magnético e brilhante em sua comunicação. Um dia para movimentar o cotidiano e ir além do ponto onde está acostumado a parar.

De 1º a 10 de dezembro: O seu magnetismo pessoal tende a atrair a atenção das pessoas no ambiente social. De algum modo você estará se destacando. As afeições tendem a estar mais fortes. Apesar de não ser seu jeito habitual, ações contundentes e decididas podem favorecer agora o desenvolvimento profissional.

De 11 a 20 de dezembro: Período de importantes decisões profissionais. Você não tem todo o tempo do mundo para cumprir suas responsabilidades. Procure não adiar os trabalhos. Há muito a ser feito nestes dias finais do ano e as condições favorecem obtenção de êxito no trabalho.

De 21 a 31 de dezembro: Você se encontra num período de abertura e expansão – nem que seja para os projetos futuros, mas provavelmente também para as realizações concretas no trabalho. Talvez possa colher algum fruto de trabalhos realizados anteriormente.

O toque do amor

Qual é a razão pela qual as flores murcham quando são tocadas por algumas pessoas? É a mesma razão pela qual uma coisa semelhante nos acontece. A presença de uma pessoa nos entedia, não conseguimos suportá-la; a presença de outra pessoa nos atrai. Ocorre o mesmo com as flores. Porém, o fenômeno por trás disso tudo é o amor. Tudo o que é tocado por uma pessoa que carece desse elemento morre; se ela toca uma flor ou se toca um assunto pessoal ou profissional ou se toca uma criança, tudo o que ela toca é destruído. Pois o amor é, em si mesmo, uma essência, a essência; é o sinal do espírito. Tudo o que uma pessoa toca com amor recebe luz e vida; e a falta de amor causa toda a morte e decadência.

– Extraído de *O Coração do Sufismo*,
de H. I. Khan, Ed. Cultrix.

TIPO HUMANO

ÁRIES

DE 21 DE MARÇO A 20 DE ABRIL
Signo do Fogo, regido por Marte

CARÁTER: O ariano é direto e competitivo; não usa subterfúgios nem faz rodeios. É cheio de entusiasmo porque gosta de estar vivo. Ele precisa de um desafio. Por isso, está sempre à procura de novas metas. No entanto, a impaciência é a sua característica predominante. Odeia esperar. Tem temperamento forte, mas não guarda ressentimentos. **Personalidades deste signo:** Elton John, Xuxa, Ana Maria Braga, Roberto Carlos.

PROFISSÃO: O ariano é incapaz de se prender a um horário rígido e a uma tarefa entediante. Tudo o que ele quer é liberdade para agir, tomar decisões, enfrentar desafios ou participar de projetos excitantes. Ele nunca se contentará em entregar um trabalho malfeito; por isso busca a máxima eficiência. Embora queira como ninguém ser bem-sucedido, o dinheiro nunca é o seu principal objetivo. **Profissões mais indicadas:** Administrador, comerciante, político, alpinista.

AMOR: A conquista é para o ariano a melhor parte de um relacionamento amoroso. Ele tem loucura por aquilo que não pode ter; por isso, tende a se apaixonar por pessoas inacessíveis. Áries sofrerá muito se viver um amor que ele domina completamente. Como em todas as áreas da vida, o nativo deste signo precisa de desafios para manter um relacionamento constante. **Melhores parceiros:** Leão, Gêmeos, Aquário.

SAÚDE: Devido ao seu temperamento explosivo, que em geral faz com que sinta muita raiva, impaciência e frustração, o ariano deve se cuidar para não sofrer pequenos acidentes, ter enxaquecas, gastrite ou hipertensão. Seu perfeccionismo e o ímpeto com que se atira ao trabalho também podem acabar causando-lhe um esgotamento nervoso. **Receita ideal:** Longas caminhadas, prática de artes marciais e natação.

PRESSÁGIOS PARA OS ARIANOS EM 2005

De 1º a 10 de janeiro: O ano começa favorável para as atividades culturais e para todo tipo de diversão – ainda mais aquelas que contenham algo de ousado ou de pioneiro. O planejamento de sua carreira é algo imprescindível nestes dias. Defina uma direção para suas ações.
De 11 a 20 de janeiro: A ambição material e o empenho para a realização profissional são os dois motores que propulsionam sua vida neste período. Fase para empreender e colocar em campo seus projetos de trabalho. Cuide em especial para que eles tenham uma base sólida e confiável.
De 21 a 31 de janeiro: O trabalho profissional continua se desenvolvendo por estes dias, mas obstáculos tendem a surgir no meio do caminho. É aconselhável contorná-los, mais do que enfrentá-los diretamente. Em torno do dia 28, você pode viver alguma crise quanto a sentimentos e valores. Acima de tudo, mantenha a calma e não perca o rumo.
De 1º a 10 de fevereiro: Período excelente para as relações de amizade, a consoli-

dação de parcerias e a participação em atividades em grupo. O melhor agora é unir-se às pessoas do que ficar só. É favorável agir segundo seus melhores princípios e a verdade mais pura, mesmo se custar um esforço grandioso.

De 11 a 20 de fevereiro: Agora as amizades fluem com imensa facilidade. A disposição é de participar e se agregar a outras pessoas. As atividades em grupo trazem um sentido especial de realização. Mesmo no trabalho, é preciso atuar em cooperação e, de preferência, com um senso de desprendimento e de benefício para muitos.

De 21 a 28 de fevereiro: Começa uma fase de interiorização e de aumento da sensibilidade emocional. O organismo apresenta oscilações em seu equilíbrio, estando sujeito a pequenas enfermidades. Bom período para se organizar tanto no trabalho quanto em seu lar.

De 1º a 10 de março: As condições de conforto neste período devem ser bem cultivadas para se tornarem minimamente satisfatórias. Há situações que, embora difíceis a princípio, podem servir-lhe muito bem. Momento de diálogo envolvendo sentimentos e aspectos de sua interioridade aos quais raramente tem acesso.

De 11 a 20 de março: Você começa a se mostrar mais acabrunhado, recolhido e volta-se para as reflexões consigo mesmo. É tempo de cuidar mais da saúde e do equilíbrio pessoal. É favorável negociar com os obstáculos, atenuando o efeito destes sobre sua vida.

De 21 a 31 de março: Uma fase delicada para as questões de saúde, mas logo tudo passa. Em casa, não tente fazer mais do que o tempo permite. O desentendimento com amigos pode ser perturbador. Procure organizar sua agenda guiando-se pelo que é realmente prioritário.

De 1º a 10 de abril: Renascimento da vontade de viver e aumento franco da vitalidade física, psíquica e moral. Disposição para lutar por aquilo que realmente vale a pena. A verdade é um atributo fundamental na reorganização dos elementos de sua identidade.

De 11 a 20 de abril: Agora, tudo retoma um caminho melhor, cresce a autoconfiança e você pode partir para construir novas situações. Por estes dias, alguns de seus sonhos estão se delineando mais nitidamente. Poderá encontrar um papel adequado para você dentro da sociedade.

De 21 a 30 de abril: Estes dias são positivos para consolidar parcerias, mas, por outro lado, podem trazer também agitação. Dê atenção ao que se passa entre você e as demais pessoas. Cuidado ao lidar com dinheiro para que possa agir da melhor maneira. Espere até que as situações materiais se tornem mais claras e visíveis.

De 1º a 10 de maio: Está se definindo uma nova condição material e financeira para os arianos. Procure trabalhar no sentido da prosperidade material. Não fique esperando que as oportunidades venham até você. Movimente-se para criar as oportunidades. No amor, você volta a se entender com a pessoa amada.

De 11 a 20 de maio: Trabalhos agradáveis junto a pessoas igualmente agradáveis é o que de melhor este período lhe reserva. Aproveite bem. Boas aquisições podem ser feitas nestes dias. O supérfluo pode ser adquirido com bom tino, trazendo satisfação.

De 21 a 31 de maio: Outro período favorável às aquisições, ainda mais aquelas que propiciam bem-estar, conforto ou simplesmente satisfaçam seu desejo de um pouco de luxo. O contato com novos ambientes, inclusive por conta de pequenas viagens, são assuntos favorecidos. Procure acercar-se de lugares e pessoas queridas.

De 1º a 10 de junho: Você está mais envolvente e sedutor com as pessoas queridas e pode conseguir, além de boa harmonia, que os outros recebam bem seus desejos. As tarefas de rotina são mais satisfatórias se cumpridas junto com as pessoas queridas. Aliás, elas deverão servir, mais do que tudo, para aproximá-los.

De 11 a 20 de junho: Você está mais disposto à conversação e ao convívio humano. Início de boa fase para estudos e atividades de comunicação. Contrariar um pouco certos hábitos há muito arraigados não vai lhe fazer tanto mal assim.

De 21 a 30 de junho: Não basta agora estabelecer relações e estar em meio a muita atividade. É preciso encontrar um sentido em tudo isso. As motivações profundas deveriam ser buscadas, guiando suas ações e evidenciando os sentimentos que fundamentem uma ordem positiva em sua vida.

De 1º a 10 de julho: Agora, estão por se consolidar as decisões quanto à moradia. Início de período dedicado à criação e à criatividade. Mais do que apenas cuidar do aspecto prático da moradia, é preciso considerar a harmonia em termos emocionais e da sensibilidade das pessoas que participam do seu ambiente íntimo.

De 11 a 20 de julho: Os afazeres de rotina deveriam aproximá-lo das pessoas queridas. Um dia para situações comuns, mas satisfatórias, dentro do convívio doméstico e afetivo. Estar próximo às pessoas queridas pode ser algo bom e tranqüilo nestes dias.

De 21 a 31 de julho: Momento para aflorar idéias boas e criativas com relação às atividades de trabalho. O convívio com a pessoa amada e aqueles que lhe são queridos pode ser muito agradável. Mas algo em seu íntimo produz incômodo e pode fazer você vacilar.

De 1º a 10 de agosto: Uma fase para viver bons momentos ao lado das pessoas queridas. No amor, os sentimentos são fortes e provavelmente serão correspondidos. É bom estar confiante e encontrar alguma satisfação íntima, mesmo em situações circunscritas.

De 11 a 20 de agosto: Você começa uma fase em que as questões afetivas o preocupam e devem receber atenção especial. Neste momento, provavelmente precisará consolidar alguma forma de confiança e certeza no amor.

De 21 a 31 de agosto: É tempo de começar a colocar suas idéias em prática, especialmente no trabalho. As ações decididas e vigorosas estão favorecidas. As indisposições nos relacionamentos cessam e você começa a viver melhor ao lado das pessoas queridas e dos companheiros.

De 1º a 10 de setembro: Boa energia para colocar suas idéias em prática. No trabalho, inicia-se um ciclo para se consolidar situações. Momento de ações vigorosas e bem-sucedidas no trabalho. Agora, são muito necessárias as mudanças no seu cotidiano.

De 11 a 20 de setembro: Momento favorável para encontrar prazer e bem-estar físico. Você tende ao sensualismo, e está sob estímulo para vivê-lo plenamente. Momento de especial inspiração no trabalho, ainda mais se ligado a atividades de comunicação, cultura ou artes.

De 21 a 30 de setembro: É tempo de acreditar no melhor que seu trabalho pode proporcionar, para si e para os outros. Trabalhe em nome de alguma boa causa. Mantenha a esperança, mesmo quando diante de experiências para as quais não se julga preparado.

De 1º a 10 de outubro: Você anseia o convívio em que a sintonia afetiva seja especial e única. O desejo de ampliar suas relações torna-se, agora, mais natural. As relações já existentes devem ser reavaliadas, procurando trazê-las para a realidade do momento.

De 11 a 20 de outubro: Antes mesmo de pensar em você e em seus desejos, procure facilitar para os outros o convívio com você. Afinal, sozinho ou apartado das pessoas queridas, não conseguirá realizar desejo algum.

De 21 a 31 de outubro: Continuidade para a reavaliação das relações e da vida a dois. A harmonia é seu foco principal nestes assuntos. Acima de tudo, esteja atento para que os conflitos não quedem escondidos, mas que sejam trazidos à tona, possibilitando sustentar uma convivência em clima de suficiente harmonia.

De 1º a 10 de novembro: Tem início uma fase de cobranças exigentes e de certas restrições. Esta fase pode ser considerada como uma etapa de aprendizado. Momento de finalizar certas atividades profissionais. Talvez precise se desfazer, em definitivo, de elementos que não devem mais ocupar espaço em sua vida.

De 11 a 20 de novembro: Momento de regeneração ou transformação de diversas situações em sua existência. Nada ficará como antes – e, em especial, aqueles aspectos que estão incomodando. Um novo significado precisa ser captado por você, pois a simples continuidade das situações não será suficiente.

De 21 a 30 de novembro: Novos horizontes estão se abrindo – em parte, devido às transformações dos períodos anteriores, mas, em parte também porque o futuro traz perspectivas que antes não estavam presentes. Deixe o passado se tornar progressivamente longínquo, e o futuro cada vez mais próximo.

De 1º a 10 de dezembro: As condições de vida alcançadas tendem a reverter em bem-estar e em respeitabilidade social. Atividades culturais são favorecidas. Você tende a se mostrar confiante, mesmo diante de problemas recentes. É como se sentisse o futuro puxando você para condições melhores.

De 11 a 20 de dezembro: Pode estar presente neste período uma visão mais positiva a respeito do futuro e do trabalho. As pessoas lhe atribuem importância e valorizam o seu melhor. Pode vir a ter boas idéias com relação ao trabalho. As amizades estão mais calorosas.

De 21 a 31 de dezembro: Este período final do ano é favorável para pensar a respeito do trabalho, talvez até fazendo um inventário de tudo o que conquistou e o que pretende ainda realizar. A cada dia você é capaz de enxergar melhor as perspectivas que o futuro lhe aponta.

TIPO HUMANO
TOURO

DE 21 DE ABRIL A 20 DE MAIO
Signo da Terra, regido por Vênus

CARÁTER: O taurino gosta de preservar tudo o que é valioso, quer se trate de dinheiro, de arte, de natureza ou de relacionamentos. Ele busca a segurança e a estabilidade material, e tem um ponto de vista realista por excelência. Sólido e firme, só perde a calma quando abusam da paciência dele. Caseiro, seu lar é um oásis de tranqüilidade e de muito conforto. **Personalidades deste signo:** Jorge Ben Jor, Lulu Santos, Chitãozinho, Padre Marcelo Rossi.

PROFISSÃO: Como o taurino precisa de segurança como do ar que respira, tende a se envolver com atividades que lhe dão a sensação de estabilidade. Ele não está interessado em fortunas rápidas. Tudo o que quer é estar rodeado de conforto e de coisas belas. Trabalha com afinco e não se intimida diante de um desafio. Devagar, ele chega aonde quer. **Profissões mais indicadas:** Fazendeiro, músico, banqueiro, engenheiro.

AMOR: O taurino tem uma natureza voluptuosa e apaixonada. É sensual, ama a beleza e o romance. Procura relacionamentos estáveis e seguros, mas não deixa de apreciar um rápido caso amoroso. É um parceiro gentil e afetuoso que precisa da expressão tátil do amor. Pode ser ciumento e possessivo, embora sua calma e paciência sejam um refúgio seguro para quem está procurando paz e fidelidade. **Melhores parceiros:** Virgem, Câncer, Peixes.

SAÚDE: O taurino raramente adoece, mas quando isso acontece demora para se recuperar. Tem propensão para ter problemas na garganta, nos órgãos de reprodução e na coluna. Como gosta de refeições fartas, tem tendência a engordar. **Receita ideal:** Passeios no campo, jardinagem e dança.

PRESSÁGIOS PARA OS TAURINOS EM 2005

De 1º a 10 de janeiro: O ano de 2005 começa com transformações importantes em sua pessoa e nas condições gerais. Nem sempre poderá controlar o rumo das situações. As mudanças ocorrem por necessidade imperiosa, mais do que por desejo seu. É preciso ser compreensivo e receber as mudanças do melhor jeito possível.
De 11 a 20 de janeiro: Uma fase mais luminosa e de orientação estável que, conseqüentemente, favorecerá o sossego e aumentará a confiança. O convívio humano tende a ser gratificante trazendo novidades agradáveis. Pense no futuro com otimismo e espírito de perseverança.
De 21 a 31 de janeiro: Novamente uma fase em que transformações são necessárias, embora difíceis. Não aceite tudo como simples desafio, mas procure compreender a causa do que está acontecendo. Tendência a exageros de humor, ora muito otimista, ora pessimista.
De 1º a 10 de fevereiro: Novas possibilidades começam a surgir em sua carreira. Uma promoção ou melhoria pode acontecer ao longo de fevereiro. Concentre-se no que há de principal a ser conquistado no trabalho.
De 11 a 20 de fevereiro: A carreira continua sendo o foco dos melhores acontecimentos. As relações de trabalho estão beneficiadas. Você pode se encontrar com as pessoas certas. A cooperação traz vantagem para todos.
De 21 a 28 de fevereiro: Período preponderantemente benéfico para todos os assuntos. Desde organizar o trabalho até colocar ordem nos sentimentos e no convívio amoroso, muitas coisas podem se encaixar e encontrar o lugar certo em sua vida.
De 1º a 10 de março: É tempo de realizar trabalho dedicado a alguma causa, seja ela um interesse seu, do grupo do qual faz parte ou mesmo uma causa altruísta e humanitária. O sentimento de encontro e de harmonia entre as pessoas é seu maior desejo e ajuda a alimentar o sentimento de confiança na vida.
De 11 a 20 de março: Ainda um período para dedicar-se a grandes causas. Pode ser um sonho pessoal ou uma causa voltada para a coletividade. As amizades são favorecidas quando você se dispõe a se relacionar com o espírito aberto e desprendido.
De 21 a 31 de março: O magnetismo pessoal atrai atenção das pessoas no ambiente social. De algum modo você estará se destacando. Apesar de não ser seu jeito habitual, as ações contundentes e decididas favorecem o desenvolvimento profissional.
De 1º a 10 de abril: Momento para organizar os problemas não resolvidos. É um passo para resolvê-los. Agora você pode avançar para alguma solução. Uma fase de mudanças na vida material e de transformações no jeito de ser, sendo oportuno livrar-se do que não lhe serve mais. Uma sensação de deslocamento ou estranheza pode estar presente.
De 11 a 20 de abril: Você pode descobrir algo a respeito de si mesmo. Mantenha-se aberto no sentido de renovar a visão de individualidade. Boa disposição para trabalhar a seu favor. Os processos de cura e regeneração são muito ajudados pela correta compreensão dos desequilíbrios.
De 21 a 30 de abril: O Sol em seu signo dá início a um novo ciclo anual. A perspectiva é de renovação geral em suas motivações e nos diversos campos de experiência. Momento positivo para fortalecer a auto-estima; até porque ela pode ter andado em baixa nos últimos tempos.
De 1º a 10 de maio: Dentre as novas motivações, a de prosperidade material deverá receber atenção especial. No amor, o tempo é de assentar os sentimentos, mais do que de procurar novas emoções. A estabilidade é uma das grandes necessidades taurinas.
De 11 a 20 de maio: Suas esperanças se renovam no convívio humano e no contato com as idéias mais verdadeiras que possa encontrar. Os aspectos positivos de sua personalidade devem ser reafirmados neste momento.
De 21 a 31 de maio: Podem surgir problemas financeiros. Não se desespere, mantenha a calma; o trabalho ainda é a melhor saída para tirar a sua conta bancária do vermelho. Concentre-se no que é mais importante.
De 1º a 10 de junho: Momento de possíveis exorbitâncias financeiras. Poderá ex-

pandir seus negócios e ganhar dinheiro, mas fique atento ao quanto isto pode custar. As relações afetivas tendem a atrair você muito mais pelo prazer imediato do que por benefícios de médio prazo ou outros fatores.

De 11 a 20 de junho: Mais um período para você cuidar das finanças e questões materiais. Dentre as muitas possibilidades oferecidas pelo momento, é preciso se dedicar àquelas que sejam realizáveis. Não é hora de sonhar, mas de ter os pés no chão quanto a estes assuntos.

De 21 a 30 de junho: As atividades intelectuais e de comunicação estão favorecidas. A profundidade de seu pensamento faz você enxergar algo com muitas nuances e sutilezas. A imaginação deve ser aplicada a seu favor no cumprimento das tarefas de rotina.

De 1º a 10 de julho: As viagens e o contato com novos ambientes estão amplamente favorecidos. Assim também a atividade intelectual e comunicativa. Mas nem tudo o que está prometido nestes dias acontece com facilidade. Há mais trabalho do que o esperado.

De 11 a 20 de julho: O período favorece a vida organizada; os cuidados com a saúde devem ser redobrados e convém não dispensar energia em várias direções. Concentre-se no que é realmente importante.

De 21 a 31 de julho: As afeições estão em momento de exaltação e com isso pode embaralhar os sentimentos. A boa afeição vive de algo mais do que apenas promessas. Você percebe melhor o que se passa em suas relações familiares. Por outro lado, há indício de tensão entre trabalho e família.

De 1º a 10 de agosto: Momento propício para pequenas e interessantes aquisições para o seu lar. Nem sempre o que diverte é prático ou necessário. A fase é favorável para as tarefas de rotina, no trabalho ou em casa. Aqueles com quem partilha seu ambiente podem ajudá-lo.

De 11 a 20 de agosto: Momento de recolhimento, mas, ao invés de quietude, há agitação dos pensamentos, como se todos estivessem a mudar de lugar. Tal disposição é estimulante para a imaginação e a fantasia, que devem ser vividas de modo positivo.

De 21 a 31 de agosto: No amor você pode estar um tanto impositivo e talvez pense que está sendo apreciado. É bom que apure seu senso de limite e não abuse da paciência alheia. Mantenha o sentido prático e aproveite as oportunidades que realmente têm chance de melhorar algo em sua vida. A vaidade nada produz.

De 1º a 10 de setembro: O entendimento com a pessoa amada está muito favorecido. Planos conjuntos reforçam a união. É bom sair da rotina no relacionamento a dois e nos assuntos que envolvam partilha e convívio com outras pessoas. Abra-se à renovação.

De 11 a 20 de setembro: Período positivo para romper com algum hábito ou limitação e avançar decididamente na direção de novas conquistas profissionais. Estímulo positivo para as afeições e para a conquista amorosa. Há um certo magnetismo no ar.

De 21 a 30 de setembro: Momento de maior produtividade no trabalho. Não basta idealizar: agora é tempo de concretizar. As boas idéias devem ser colocadas em prática, pois só assim elas têm valor. As relações afetivas devem fazer parte de sua vida cotidiana, de modo natural e simples.

De 1º a 10 de outubro: No trabalho, quando começar a agir numa determinada direção, tente manter o prumo e não mudar de rumo. Procure ter uma visão geral de seus negócios e da situação financeira. Esta visão geral permite agir com criatividade.

De 11 a 20 de outubro: Momento de possível dúvida entre dar razão àqueles que o acompanham ou fazer prevalecer sua vontade. Seja menos egoísta com seus recursos, compartilhando-os com aqueles a quem protege. Tendência a perder o ritmo das atividades físicas que se desenvolvem em meio a uma dinâmica intensa, mas de natureza dispersiva.

De 21 a 31 de outubro: Momento para cuidar das relações pessoais e das associações. Cultive tudo de bom que elas contêm potencialmente. Alguns relacionamentos precisarão sofrer reformas em profundidade para continuarem satisfatórios.

De 1º a 10 de novembro: Pensamentos e emoções estão em harmonia. Você pode se orientar com segurança e certeza, inclusive diante de relações desafiadoras. Fase estimulante para o contato humano, as atividades de comunicação e a troca de idéias.

De 11 a 20 de novembro: As parcerias de trabalho estão em momento favorável. Boa cooperação e troca de idéias com colegas e demais participantes. Momento para conhecer um pouco mais da pessoa amada. Aproxime-se dela, e procure vivenciar os sentimentos presentes.

De 21 a 30 de novembro: Momento de crise regeneradora, quando iniciam as transformações que se fazem necessárias, mesmo que à sua revelia. O apego pode ser um grande problema, pois há coisas que necessitam ser retiradas de sua vida e de suas mãos. Elas deixarão espaço vazio para novos acontecimentos.

De 1º a 10 de dezembro: Momento de prosperar material e financeiramente. É preciso cuidar de seus bens materiais, evocando as boas relações – aquelas que conduzam a bons resultados materiais. Momento de renovação da própria identidade pessoal.

De 11 a 20 de dezembro: Momento de máximo recolhimento. É tempo de mergulhar nos sentimentos afetivos que costuma não revelar. Mas também para reorganizar os valores filosóficos, religiosos e morais que norteiam sua conduta. Tais valores têm afinidade com você quando baseados numa visão concreta das questões.

De 21 a 31 de dezembro: É tempo de se aproximar dos sonhos e projetos de longo alcance; aqueles capazes de dar nova forma ao conjunto de sua vida. Momento propício para o cultivo de uma filosofia elevada e para conhecer mais a respeito do ser humano.

TIPO HUMANO
GÊMEOS

DE 21 DE MAIO A 20 DE JUNHO
Signo do Ar, regido por Mercúrio

CARÁTER: O geminiano é ágil, versátil e despreocupado. A vida para ele nada mais é do que um bom exercício mental. Para saciar sua curiosidade, está sempre pesquisando algum assunto. Cada pormenor lhe interessa. Sempre em movimento, circula pelos ambientes sociais, ávido por uma conversa inteligente. Seu temperamento agitado exige mudança e excitação contínuas. **Personalidades deste signo:** Rubinho Barrichello, Ivete Sangalo, Nicole Kidman, Kenny G.

PROFISSÃO: A inteligência brilhante e a imaginação febril fazem do geminiano um profissional cheio de idéias, embora lhe falte determinação para colocá-las em prática. Sabe tomar decisões sob pressão e se recusa a deixar seu caminho original para se adaptar a regras preestabelecidas. Só se sentirá feliz em ambientes em que possa se comunicar. **Profissões mais indicadas:** Vendedor, locutor de rádio, publicitário, arquiteto.

AMOR: Embora falante, o geminiano tem dificuldade para expressar o que sente. Isso porque vive no mundo das idéias, e não no dos sentimentos. Costuma ficar amedrontado diante de exigências emocionais. No relacionamento, precisa se sentir livre para expressar seu amor etéreo e indefinível. Tende a ser volúvel e superficial. **Melhores parceiros:** Aquário, Áries, Libra.

SAÚDE: A mente efervescente do geminiano às vezes pode sofrer um esgotamento e exigir um profundo repouso. Suas partes mais sensíveis são os ombros, os braços e as mãos, embora também tenha pulmões e sistema nervoso relativamente frágeis. **Receita ideal:** Higiene mental, ar puro e banhos de sol.

PRESSÁGIOS PARA OS GEMINIANOS EM 2005

De 1º a 10 de janeiro: Muita excitação nos relacionamentos neste começo de ano, quando situações desafiadoras exigem que você se torne mais participativo e atuante. As parcerias e associações podem se definir de uma maneira nova. Procure aceitar o ritmo das outras pessoas.

De 11 a 20 de janeiro: Momento de dar uma parada e refletir sobre o que não funciona mais em sua vida. É tempo de eliminar o que não tem mais sentido, abrindo espaço para outras possibilidades. Os compromissos materiais devem ser seguidos à risca.

De 21 a 31 de janeiro: Período em que medos secretos podem estar presentes de maneira explícita. Ao invés de fixar-se nesses medos, procure lidar com os problemas com inteligência, cuidado e ponderação. Respeite os limites, mas não os tema.

De 1º a 10 de fevereiro: Período luminoso para as atividades culturais, o desenvolvimento do espírito e o ânimo para com a vida e o amor, apesar de alguns conflitos parecerem sem solução. Os vínculos societários se fortalecem nestes dias, ainda mais se houver entre vocês um esforço para aproximar os ideais e interesses.

De 11 a 20 de fevereiro: Início de uma fase muito mais positiva que as anteriores, inclusive por ser possível agora encontrar solução ou bom encaminhamento para conflitos que antes pareciam insolúveis. As atividades filosóficas e culturais, assim como as viagens ao estrangeiro, estão favorecidas.

De 21 a 28 de fevereiro: Mudanças bruscas são necessárias no trabalho, e é preciso adaptar-se à realidade que se apresenta. Use de sua natural adaptabilidade para acompanhar o fluxo renovador destes tempos, sem fixar-se às velhas formas.

De 1º a 10 de março: Momento de redefinir os rumos da carreira profissional, fazendo uma boa revisão e avaliando se ela está como você quer. Não tente comandar tudo, mas também procure não deixar nada solto à mercê das circunstâncias. Encontre o ponto certo para seu trabalho fluir da melhor maneira.

De 11 a 20 de março: Ainda uma fase para desenvolver a carreira profissional. Agora as situações se apresentam mais concretas e bem definidas. É preciso coragem para lidar com a instabilidade de certas situações nesta área. Mantenha a firmeza em seu interior, já que as situações externas tendem a oscilar.

De 21 a 31 de março: Momento de construir e dar contornos concretos para aqueles sonhos enraizados desde sempre em sua mente. Momento para se abrir ao contato mais fluente com o mundo e de se comunicar com mais eficiência. É preciso falar o que pensa e o que deseja.

De 1º a 10 de abril: Os amigos lhe revelam boas surpresas neste período, que tanto pode ser no campo material ou relativo a alguma especial afinidade que antes não estava revelada. Tempo favorável para pensar com clareza e inteligência criativa, em especial sobre as questões de trabalho.

De 11 a 20 de abril: Novamente um período positivo para as relações de amizade e a participação social. De alguma maneira, o mundo abre as portas para você e é preciso ingressar e ser atuante nas situações que pedem por sua presença.

De 21 a 30 de abril: As dificuldades e pendências, inclusive de saúde, estão sendo apresentadas com realismo. Para que seu futuro se renove, aprenda a lidar com o passado, em especial evitando que sua inércia e suas cargas se imponham sobre o presente.

De 1º a 10 de maio: Deixe de lado o pessimismo e o negativismo. É tempo de cultivar os gestos objetivos, em especial no trabalho. Realize, sem temor, aquilo que sua imaginação elabora. A realidade de sua vida material está mais clara. É preciso tomar uma decisão relativa a um empreendimento.

De 11 a 20 de maio: Abra espaço para meditação e a sensibilização relacionada com os aspectos profundos de sua natureza. Momento para cultivar uma relação amistosa com as pessoas e apostar nas coisas que realmente têm afinidade com você.

De 21 a 31 de maio: É preciso reconhecer suas características pessoais de modo realista. Não siga apenas os antigos modelos. Ouse criar um estilo seu, mais individual, e que seja adequadamente atual em relação ao tempo e às motivações que está ansiando viver.

De 1º a 10 de junho: Cuide do que é seu, cultivando o que plantou com suas mãos, seja material ou afetivamente. Procure deixar de lado o que os outros pensam de você e afirme seus valores e motivações mais pessoais. É importante cultivar aquilo que realmente faz seu ânimo vital reacender.

De 11 a 20 de junho: Um ciclo anual está começando neste mês de junho, como ocorre todos os anos com o trânsito do Sol por seu signo. Mais do que apenas mais um ano, procure fazer deste um ano solar especial para você. Há condições especiais para isso.

De 21 a 30 de junho: O que antes era intenção e motivação, agora deve ser colocado em prática. Arregace as mangas, deixe a preguiça de lado e se responsabilize por concretizar os sonhos e intenções que borbulham em seu interior. O momento é propício para um recomeçar.

De 1º a 10 de julho: Momento de total realismo nas questões financeiras e quanto aos compromissos morais. Seja bem realista nestes assuntos. Poderá assim chegar a resultados mais positivos do que aqueles que tem obtido.

De 11 a 20 de julho: Os assuntos financeiros continuam na ordem do dia. As responsabilidades materiais devem ser conduzidas com firmeza e coragem. Embora enfrente desafios, poderá sair deste período com maior segurança para lidar com estes assuntos.

De 21 a 31 de julho: Você agora pode experimentar o quanto cabe em seu tempo, na capacidade de ação e no cotidiano. Não cabe tudo o quanto existe, mas é mais que suficiente para realizar o necessário.

De 1º a 10 de agosto: A qualidade de seus pensamentos e o padrão de sua mentalidade podem ser percebidos com particular clareza. A realidade de seus valores filosóficos está colocada às claras. O momento é, portanto, positivo para ordenar o conjunto de sua vida, desde os planos de longo prazo até os detalhes de cotidiano.

De 11 a 20 de agosto: As viagens e contatos com novos ambientes estão favoravelmente estimulados. Poderá encontrar situações que antes não faziam parte de sua vida, mas que agora se mostram bastante benéficas. O magnetismo e o brilho marcam sua comunicação e expressão.

De 21 a 31 de agosto: Uma nova luz pode fazê-lo perceber um caminho que se abre em direção às suas raízes e origens. O momento é de descoberta daquilo que está mais bem guardado. O relacionamento familiar precisa de mais atenção e cuidado, não apenas em seus aspectos práticos, mas principalmente quanto aos sentimentos e afeições.

De 1º a 10 de setembro: Atenção com o entusiasmo por estar em contato com pessoas ou ambientes especiais. Cultive a boa discriminação. Evite jogar com o acaso ou permitir-se displicências, pois o custo pode ser alto. Assente-se na percepção do que é realmente importante para você.

De 11 a 20 de setembro: Momento de maior afeição à família, não apenas aos aspectos práticos da relação, mas principalmente aos sentimentos entre vocês. O sentimento de ligação com suas origens pode guiar alguns passos importantes.

De 21 a 30 de setembro: Momento de expressão amorosa e de atividade criadora e criativa. Um importante empreendimento pode estar se iniciando. O impulso é positivo para realizar sua vontade. Mas é preciso empenho e perseverança antes de algo vir a acontecer.

De 1º a 10 de outubro: Este período continua sendo favorável para a expressão amorosa e a disposição criadora. Dê continuidade ao que começou desde o período anterior, não se dispersando por conta de opções variadas demais. Assim poderá efetivamente construir algo nestes campos.

De 11 a 20 de outubro: Momento caloroso e brilhante para os sentimentos amorosos e para a criatividade artística. Procure aplicar a criatividade também no trabalho. Uma decisão fundamental pode ser tomada com êxito, se considerar bem a realidade.

De 21 a 31 de outubro: Você tende a confiar nas pessoas erradas ou julgá-las errado. É preciso apurar seu discernimento, em especial com as pessoas no trabalho. Certas tarefas podem não levar a nada. Procure não seguir às cegas o planejamento ou as ordens. Seja cuidadoso no trabalho.

De 1º a 10 de novembro: Boas idéias voltadas para o trabalho, organizando e encontrando saídas criativas para os problemas. Momento oportuno para ter uma nova visão a respeito de si mesmo, descobrindo potenciais antes desconhecidos.

De 11 a 20 de novembro: Os riscos com patrimônio e dinheiro são grandes, pois pode se confundir e investir errado. Procure também não desperdiçar recursos com projetos sem sentido. Sua visão pode estar turva ou a mente fora de foco. Você tende a enxergar as situações de modo distorcido.

De 21 a 30 de novembro: A partir de agora, procure partilhar mais sua vida com as outras pessoas. Acabou-se o tempo de ficar consigo mesmo ou de atuar solitariamente. Sua vida pede essa abertura, essa disposição para estar com as pessoas e dividir com elas seu viver.

De 1º a 10 de dezembro: Tudo está às claras em seu casamento e nas demais uniões. Lembre-se que é na realidade que se plantam os sonhos, mesmo no âmbito das relações. É preciso saber se adaptar ao ritmo da pessoa que está ao seu lado, somando as qualidades e evitando os atritos mais frontais – e muitas vezes desnecessários.

De 11 a 20 de dezembro: Dê ênfase ao convívio estreito com as pessoas, à troca de afeto e idéias com os que lhe rodeiam e compõem o ambiente próximo. Aceite a proximidade afetiva. O foco agora deve ser colocado no mundo e nas pessoas com quem partilha o viver. Deste modo um influxo espiritual renovador poderá tocá-lo.

De 21 a 31 de dezembro: É tempo de cultivar as grandes idéias e de abraçar uma causa que satisfaça seu espírito. Dedique-se às aspirações filosóficas e religiosas. É tempo de aceitar a transformação que lenta e profundamente vem se constituindo. Aceite abrir-se a um universo maior que o puramente material.

Eu nunca olho para as massas como sendo de minha
responsabilidade. Olho para o indivíduo.
Eu só posso amar uma pessoa de cada vez. Só posso
alimentar uma pessoa de cada vez. Somente uma,
só uma... Assim você começa – eu começo.
Eu curei uma pessoa – talvez se eu não tivesse
curado essa única pessoa, eu não teria
curado quarenta e duas mil.
Todo esse trabalho não passa de uma gota no oceano.
Mas, se eu não tivesse colocado essa gota, o oceano
estaria com uma gota a menos. A mesma coisa acontece
com você, com a sua família, com a comunidade onde você vive.
Basta começar. . . uma, mais uma e mais uma.

– *Madre Teresa*

TIPO HUMANO

CÂNCER

DE 21 DE JUNHO A 21 DE JULHO
Signo da Água, regido pela Lua

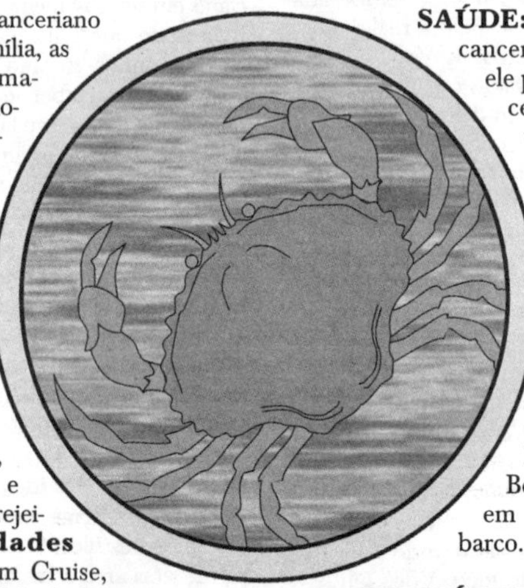

CARÁTER: O canceriano aprecia a casa, a família, as tradições. É extremamente sensível e emotivo, embora em geral esconda isso. Um espírito devotado e protetor é natural deste signo, assim como a forte ligação que tem com suas raízes. É profundamente instintivo e vulnerável à opinião alheia. Por isso, vive se protegendo e morre de medo da rejeição. **Personalidades deste signo:** Tom Cruise, Ana Paula Arosio, Murilo Benício, Gisele Bündchen.

SAÚDE: Se a segurança do canceriano for ameaçada, ele pode realmente adoecer e ficar um longo tempo de cama. As partes mais vulneráveis do seu corpo são o aparelho digestivo, a região do peito e a cabeça. Se não tiver tendência para o pessimismo, pode chegar a uma idade bem avançada. **Receita ideal:** Bom humor, refeições em família, passeios de barco.

PROFISSÃO: A insegurança impulsiona o canceriano à ambição, mas não deixa que ele corra muitos riscos. Ele é mais propenso a economizar do que a gastar, pois para ele dinheiro é coisa séria. Os cancerianos são líderes natos, nascem para dar ordens, e não para recebê-las. Como têm talentos artísticos, podem se dar muito bem em qualquer atividade na qual possam usar esses dons naturais. **Profissões mais indicadas:** Contador, industrial, corretor de imóveis, desenhista.

AMOR: O típico canceriano sempre vincula o amor à segurança. Por isso ele só se liga de fato a alguém quando confia nessa pessoa. Quando se apaixona, precisa de um carinho quase maternal, e retribui da mesma forma. Tende a ser leal em seus relacionamentos, pois zela pela vida familiar. Para ele, qualquer rompimento é um trauma, e ele só chega a esse ponto se seus sentimentos forem espicaçados. **Melhores parceiros:** Touro, Virgem, Capricórnio.

PRESSÁGIOS PARA OS CANCERIANOS EM 2005

De 1 a 10 de janeiro: A rotina de trabalho e os cuidados com a saúde requerem maior atenção, já que há muito o que aperfeiçoar nestes âmbitos. Fase de instabilidade nas relações humanas e familiares. Uma certa agitação à sua volta pode levá-lo à intranqüilidade.

De 11 a 20 de janeiro: As relações de parceria e o casamento passam a ser o foco dos interesses. Forte tensão nestes assuntos, até pelo excesso de importância dada a eles. Mas, de fato, é tempo de construir uma nova forma para seus relacionamentos principais. Ou poderá se sentir sozinho ou por demais apartado das pessoas.

De 21 a 31 de janeiro: As relações familiares e a vida conjugal passam por momento bastante difícil. Os conflitos predominam e é preciso saber administrar as diferenças entre as pessoas. Os gestos exagerados podem piorar as coisas. No trabalho, momento de muita força, que deve ser canalizada com sentido puramente construtivo e positivo.

De 1º a 10 de fevereiro: Muitos dos conflitos dos períodos anteriores estão agora amainados. A harmonia tende a reinar no ambiente familiar, você volta a se sentir seguro e seus sentimentos tendem a se estabilizar. Momento de concluir as modificações necessárias para atualizar as parcerias e o relacionamento a dois.

De 11 a 20 de fevereiro: Momento para ingressar em novos campos e dimensões da existência. Nada de ficar na mesmice de sempre. Agora o que vale é ter um tanto de ousadia – indo além do que está acostumado. Claro que, para isso, é preciso também de coragem e confiança.

De 21 a 28 de fevereiro: Seus pensamentos se agitam e buscam soluções e visões novas para sua própria orientação. Espírito renovador e voltado para abrir as perspectivas para o futuro. Está reforçada a indicação anterior, de ir além dos limites até aqui conhecidos por você.

De 1º a 10 de março: Bom momento para aprofundar o conhecimento. As conversas podem também ser instigantes e esclarecedoras. Um período oportuno para descobrir tudo o que não sabia antes. Os estudos são favorecidos, acima de tudo, pela intuição.

De 11 a 20 de março: O contato com o estrangeiro, assim como as viagens e as atividades culturais, estão favorecidas e podem ser muito benéficas neste momento. Procure alargar os horizontes de sua mente. O espírito religioso e devocional está presente de modo marcante, exigindo concepções além da simples lógica e razão.

De 21 a 31 de março: Boas relações favorecem o desenvolvimento do trabalho profissional. Mas não pense só em trabalho e procure agradar ao seu íntimo também. O período é propício para elaborar pensamentos que favorecem o desenvolvimento. Os planos de longo prazo são concebidos de modo positivo.

De 1º a 10 de abril: O anseio por poder e domínio tende a aumentar, inclusive para realizar a sensação de ter tais atributos. Você acha que precisa mostrar muita força. O momento vai se formando a favor dos planos e sonhos pessoais. Um interesse forte está nascendo no trabalho profissional.

De 11 a 20 de abril: As condições de trabalho levam-no ao limite e, de algum modo, exigem atitude forte e de certa ousadia. Os resultados em médio prazo tendem a ser bons. De imediato, o esforço é grande.

De 21 a 30 de abril: Mais um momento de reformas na atividade profissional. Sua sensibilidade deve ter apontado que as coisas não são como antes. Ao levantar os olhos para o futuro, você tende a desejar que tudo seja diferente. Forças maiores se põem em ação.

De 1º a 10 de maio: Um bom momento para colocar em prática algumas idéias que renovem seu trabalho, assim como para planejar o futuro. É favorável divulgar seus pensamentos para o público. A camaradagem e o entendimento incentivam as relações.

De 11 a 20 de maio: As amizades e o convívio com grupos de pessoas são bem-vindos neste período. Você tem necessidade de se sentir pertencendo aos sentimentos e a uma comunidade de pessoas. Mas não espere que isso aconteça sozinho; trabalhe em prol de pertencer a um grupo.

De 21 a 31 de maio: Você pode não entender direito o que está se passando consigo mesmo e com o mundo à sua volta. Momento de confusão para os pensamentos e de tendência a ter falsas intuições. A cautela é necessária nas decisões e opiniões.

De 1º a 10 de junho: Além de estar mais sensível e solitário, é possível que, ainda por cima, alguma pessoa queira provocá-lo. Fique centrado em você e não se deixe abalar por situações passageiras. Conflito nas negociações e no convívio íntimo. Procure resolver os problemas imediatos.

De 11 a 20 de junho: As aflições são muitas, no trabalho e no amor. Mas tudo pode ser facilmente superado se não se perturbar demais. Siga seu caminho. Atenção para não se perder em desafios inúteis nesta fase agitada. É mais útil organizar a agenda conforme o planejado do que ceder a circunstâncias fortuitas.

De 21 a 30 de junho: Os problemas podem parecer muito maiores do que na realidade são. Procure cuidar de modo objetivo e concreto, inclusive da saúde. A presença do Sol em seu signo indica aumento da vitalidade física e psíquica.

De 1º a 10 de julho: Cuidar do patrimônio e da vida financeira é mais importante que discussões filosóficas. De pouco adianta imaginar soluções para cuidar da materialidade, se não as coloca em prática.

De 11 a 20 de julho: Estados emocionais intensos e agudamente conturbadores. Mesclam-se forças intensas e passionais. É preciso, de algum modo, dar vazão ao que se passa com você. Procure fazê-lo com equilíbrio. Você deseja mudar algo em si próprio, e é realmente disso que tem necessidade.

De 21 a 31 de julho: Há muito o que organizar nas finanças. Algum aspecto que foi negligenciado, agora aparece e perturba o que estava ordenado. A boa visão que teve do trabalho tende a nublar-se novamente. Esteja disposto a repensar alguns pontos.

De 1º a 10 de agosto: As propostas de negócio abrem seus olhos para novos horizontes. Há o que não pode ser concretizado de imediato, mas registre as possibilidades para o futuro. Perda da noção convencional de sua personalidade e de sua pessoa. Momento que pode ser de enlevo místico.

De 11 a 20 de agosto: O trabalho e os negócios podem reverter em bons resultados imediatos. Mas organize-se antes de tudo o mais. Facilidade para resolver problemas e encontrar saída para diversas situações.

De 21 a 31 de agosto: Novo interesse por suas posses, assim como por conforto e bem-estar material. Momento de esperar, antes de fazer grandes mudanças no trabalho. Os negócios, papéis e a comunicação podem ter resultado concreto. As relações cotidianas estão mais agradáveis e fluentes.

De 1º a 10 de setembro: Transformação em sua maneira de pensar, nos meios de comunicação e nas pessoas com as quais convive. Tendência a afastamentos e encontros inesperados. Agora, a prosperidade depende da renovação mais do que da acumulação.

De 11 a 20 de setembro: Bom período para você conversar, de modo desarmado e fluente, com as pessoas que lhe são próximas. Há muito a ser esclarecido entre vocês. Boa dinâmica para os afazeres de rotina. Você pode viajar ou fazer contatos importantes.

De 21 a 30 de setembro: É tempo de colocar seus recursos à disposição da família e de suas necessidades. Não é hora de administrar com mesquinhez. Tudo o que pensa e cogita deve ser comunicado, mesmo que seja difícil. Bom momento para um convívio próximo e sensível com as pessoas.

De 1º a 10 de outubro: O convívio familiar e os cuidados com sua casa são agora mais afins às suas necessidades. Mas pode sentir-se inquieto com isso. O importante é colocar em prática as boas idéias e aprimorar a harmonia dos ambientes.

De 11 a 20 de outubro: Você pode ter que conviver com situações de tensão em seu ambiente íntimo – seja em seu lar, ou mesmo em sua interioridade. Nem tudo pode ser como pretende. A harmonia do conjunto pode ser melhor solução do que alguma satisfação unicamente pessoal.

De 21 a 31 de outubro: Momento estimulante para as relações afetivas. Sentimentos nobres e fortes. Tenha atitude criativa e inovadora perante estes assuntos. A comunicação é a base dos bons eventos na vida amorosa. Procure trocar os sentimentos com a pessoa amada.

De 1º a 10 de novembro: Os impedimentos e obstáculos tendem a se impor nas relações afetivas. Mas a questão a cuidar no momento é o convívio amoroso com a pessoa amada. Questões materiais, por mais que pressionem, não devem ocupar tanto sua atenção.

De 11 a 20 de novembro: Momento mais calmo e frutífero para o relacionamento amoroso. Os sentimentos se estabilizam e as fantasias românticas podem ser orientadas no sentido de colorir e intensificar o relacionamento. Aposte nos sentimentos positivos, dentre todos os muitos que surgem em seu íntimo.

De 21 a 30 de novembro: Você pode deixar de cuidar do que se apresenta à sua frente – as tarefas práticas imediatas – o que prejudicaria seu trabalho. Talvez precise rever a importância que atribui aos afazeres rotineiros. O importante é manter um bom ritmo nas diversas atividades.

De 1º a 10 de dezembro: Os cuidados com a saúde e a manutenção de uma boa dinâmica no trabalho e nos afazeres de rotina são agora bastante importantes. Mesmo que novidades e aventuras atraiam sua atenção, procure manter o foco no que realmente interessa.

De 11 a 20 de dezembro: Você pode querer demais e acabar com menos, em especial nas associações e relações pessoais.

Os desafios o excitam e desviam do que é mais importante. Momentos de aflição com colegas de trabalho ou sócios. Procure pensar nos resultados que pretendem juntos, e não apenas implicar com os detalhes.

De 21 a 31 de dezembro: As transformações provêm das uniões e alianças, mas causam alguma comoção. A realidade das relações tende sempre a parecer-lhe muito crua. Não obstante, tal comoção abre campo para novas realidades.

TIPO HUMANO
LEÃO

DE 22 DE JULHO A 22 DE AGOSTO
Signo do Fogo, regido pelo Sol

CARÁTER: O leonino vive como se estivesse num palco, sempre representando. Adora ser visto e admirado. Cheio de energia vital, é confiante, ousado e altivo. Adora dar conselhos com um ar de superioridade e condescendência. É extrovertido, orgulhoso e consciente de seus direitos. **Personalidades deste signo:** Arnold Schwarzenegger, Ney Matogrosso, Caetano Veloso, Madonna.

PROFISSÃO: O leonino adora assumir responsabilidades e delegar tarefas. Não é precavido com relação ao dinheiro, embora não dispense o luxo, as diversões e os prazeres. É um administrador excelente, um líder nato. Em geral, é ousado, criativo e trabalha com afinco. Por isso, se não for o chefe, pelo menos precisa ter uma posição em que possa exibir suas qualidades. **Profissões mais indicadas:** Político, relações-públicas, cantor, professor.

AMOR: Para o leonino, o amor é uma ópera: tem de ser dramático. Uma pequena atração não vale a pena. Ele adora estar apaixonado e ser o amante. Romântico e generoso, expressa seu amor com versos e presentes caros. Um dos seus pontos fortes é fazer da relação algo mágico. Ele ama com classe e sem inibição, certo de que sempre agradará. **Melhores parceiros:** Áries, Libra, Sagitário.

SAÚDE: O nativo deste signo é propenso a sofrer acidentes, febre alta, doenças súbitas. A falta de afeto faz com que sua incrível vitalidade se apague como uma lamparina sem óleo. Pode ter problemas no coração, nas costas e na coluna. **Receita ideal:** Diversão, exercícios de relaxamento e passeios ao pôr-do-sol.

PRESSÁGIOS PARA OS LEONINOS EM 2005

De 1º a 10 de janeiro: Um começo de ano estimulante para renovar o modo como você trabalha e os hábitos físicos e de saúde. Tudo melhora ao aceitar novas condições. Mesmo as disciplinas mais áridas podem ser necessárias, e trazer, a médio prazo, resultados plenamente compensadores.

De 11 a 20 de janeiro: Bons apoios e cooperações no trabalho. Bons resultados em negociações e nas ações em parceria. O ambiente de trabalho tende a estar mais amistoso. Uma fase mais suave nas relações pessoais e de companheirismo.

De 21 a 31 de janeiro: Começa uma fase positiva e estimulante para renovar o casamento e os relacionamentos associativos. Mudanças bruscas podem acontecer nestes assuntos, ainda mais se houver questões materiais em estado crítico.

De 1º a 10 de fevereiro: As relações sociais e as amizades estão bastante bem estimuladas. É tempo de colher frutos dos esforços de trabalho. Há agora estímulos variados para desempenhar criativamente sua atuação profissional. Idéias inovadoras ajudam o desenvolvimento

De 11 a 20 de fevereiro: O relacionamento a dois está sob o foco das luzes planetárias do momento. A atualização dos conteúdos e significados da relação é agora fundamental. Não deixe a rotina decidir o que deveria ser resolvido com base na reflexão e na vontade atuante.

De 21 a 28 de fevereiro: Você ingressa em período estimulante para transformar muita coisa em sua vida, por vezes até de modo radical e definitivo. O que lhe incomoda ou não tem mais sentido deve ser tratado em definitivo – e, se necessário, despachado de uma vez.

De 1º a 10 de março: Você pode perceber a fundo situações de outras pessoas. É como se conseguisse captar o que está por trás da aparência. Mesmo assim, tendência à confusão de pensamentos, sentimentos e sensações, em especial quanto à avaliação de pessoas e dos relacionamentos.

De 11 a 20 de março: As confusões emocionais tendem a lhe perturbar. Não obstante, é tempo de ingressar em novas dimensões de experiência, mesmo que não saiba muito bem como elas são ou como se comportar. Uma antiga situação pode ser eliminada ou resolvida em definitivo.

De 21 a 31 de março: Começa o período mais estimulante do ano para renovar o modo de pensar, as concepções intelectuais e os valores éticos e místicos que regem suas aspirações. É tempo de olhar com confiança para o futuro.

De 1º a 10 de abril: Continua a fase positiva para renovar seus sonhos e projetos de vida. Algo pode surpreendê-lo, pois algo pode ser tão novo que poderia ser concebido por você, dentro da lógica sustentada até aqui. Aceite as intuições que abrem perspectivas inusitadas.

De 11 a 20 de abril: Maior atividade intelectual e interesses culturais. É tempo de aperfeiçoar a mente, estudar e dedicar-se ao cultivo do espírito humanista. O melhor é traduzir seus sentimentos e paixões em gestos simples, que possam ser colocados no cotidiano. Às vezes uma pequena afirmação ou gesto é a melhor solução.

De 21 a 30 de abril: Uma fase estimulante para renovar a carreira profissional. Nem tudo seguirá a ordem natural de causa e efeito, como já comentado antes quanto aos projetos futuros. Em parte, você terá mesmo que trabalhar com afinco, mas algo vindo de fora – talvez uma oportunidade ou um lance do destino – virá completar a direção final dos eventos.

De 1º a 10 de maio: Os assuntos profissionais devem ser tratados com especial esmero. Você precisa unir os deveres com alguma forma de interesse ou gosto pessoal. Não lhe é correto trabalhar por muito tempo com algo que, fundamentalmente, não aprecie. Corrija este tipo de desvio, agora, se necessário.

De 11 a 20 de maio: O receio diante de situações desafiadoras não deveria fazê-lo recuar, mas pressionar à coragem e à ousadia. A carreira profissional, principalmente, sairá beneficiada com tal atitude. Não espere passivamente o trabalho se resolver por si.

De 21 a 31 de maio: As situações parecem desafiadoras e podem levar a reações vigorosas. As relações pessoais chegam a causar perturbação. As amizades dão seu apoio em harmonia e amenizam as tensões.

De 1º a 10 de junho: Você pode perder um pouco do bom senso nas relações afetivas e amorosas. É tempo mesmo de relaxar mais, de se divertir. Momento de reflexões amplas e de mente aberta. A construção de seus pensamentos e ideais ganha reforço positivo.

De 11 a 20 de junho: Maior disposição para o convívio social, mostrando-se mais afetuoso com os amigos e com as pessoas que lhe são importantes. Este convívio beneficia a atividade profissional.

De 21 a 30 de junho: Você pode hoje se comunicar melhor com seus inimigos, sejam eles pessoas no mundo, sejam entidades internas. Maior afetividade e disposição amorosa a partir de agora. Fase oportuna para se esforçar em nome de algum projeto pessoal, mesmo que isso custe algum sacrifício.

De 1º a 10 de julho: Um período estimulante para renovar o modo como lida com as dificuldades da existência. É tempo de aceitar o enfrentamento do viver, o que significa se responsabilizar por resolver os problemas que estão em suas mãos.

De 11 a 20 de julho: Algumas restrições do passado estão desaparecendo. Você começa a se sentir mais leve. Mas os amores já não podem ser os mesmos. Nem, aliás, você deveria desejar que o fossem.

De 21 a 31 de julho: Com o ingresso do Sol no signo de Leão nestes dias, começa um novo ciclo anual, particularmente estimulante para renovar a sua própria pessoa. O sentimento, em todo caso, é tudo o que precisa mudar desde a raiz.

De 1º a 10 de agosto: Um novo ramo de talentos, sonhos e motivações está pronto para nascer. Confie na renovação constante, como benção que permite a você se reencontrar, mais uma vez. Os estudos levam a conclusões surpreendentes. As aspirações começam a dar sinais de que estão evoluindo rapidamente.

De 11 a 20 de agosto: A renovação iniciada nos períodos anteriores, agora se completa e se torna plena. Continue trabalhando por ela, pois não basta dar o início aos processos, é preciso reinar com constância sobre eles para que se solidifiquem.

De 21 a 31 de agosto: Sua condição material está por se alterar, dando lugar a uma condição de maior alívio. Você começa a mostrar outras faces de sua identidade. Isso faz mudar sua relação com as pessoas e com seus parceiros, em especial.

De 1º a 10 de setembro: Um período positivo, devido ao sentido de oportunidade e tino prático, para renovar o modo como se relaciona com dinheiro e posses materiais. É imprescindível planejar o modo de agir diante das finanças.

De 11 a 20 de setembro: Mais atento a detalhes, você está bastante curioso e perscrutador. As questões práticas e a lida com as finanças e negócios tendem a ser especialmente favorecidas por esse espírito.

De 21 a 30 de setembro: Tem início um período estimulante para renovar o cotidiano e criar novas possibilidades, mais de acordo com seus interesses atuais. Os estudos e as atividades de comunicação são favorecidos pelo equilíbrio e pela ponderação.

De 1º a 10 de outubro: Grande e positivo estímulo intelectual, em especial para os pensamentos de cunho renovador e original. Aumento da sensibilidade para com as pessoas próximas. Você pode compreendê-las melhor.

De 11 a 20 de outubro: O momento é estimulante para a atividade intelectual, filosófica e artística. Os símbolos mais complexos e sutis estão ao alcance de sua mente. Os estudos e o trabalho mental, assim como as relações de parceria e de cotidiano, desenvolvem-se melhor agora.

De 21 a 31 de outubro: Este tende a ser um período favorável para renovar sua participação nas relações familiares e nas obrigações domésticas. Não fique acalentando os maus sentimentos. Evite as culpas tolas. Aplique-se em melhorar objetivamente o ambiente familiar.

De 1º a 10 de novembro: Um período benéfico para as relações familiares e de possível harmonia nos ambientes que o acolhem. Talvez perceba que há muito mais a ser dito e compreendido do que o que cabe nas palavras.

De 11 a 20 de novembro: Momento voltado para o recolhimento e a reflexão. Você se dispõe a imaginar o que se passa em sua relação com as pessoas, ao invés de experimentar diretamente as relações. Apesar da emotividade deste momento, não perca um mínimo de objetividade.

De 21 a 30 de novembro: Há aspectos de sua estrutura de vida – casa e trabalho – que perderam seu significado. Para sua estrutura crescer, parte dela precisa findar. Os amores se vão, como folhas que se soltam e voam em direção ao solo. Sentimentos amorosos estão em fase de mudança.

De 1º a 10 de dezembro: Começa fase bastante positiva e estimulante para a renovação dos sentimentos amorosos. O anseio por liberdade tende a estar presente em seus sentimentos. As aventuras e os desafios são um apelo especial.

De 11 a 20 de dezembro: Aumento da emotividade e transbordar de sentimentos, em especial nas relações afetivas. Tudo está meio confuso e a excitação tende a sobrepujar a ordem emocional. As motivações dão grande impulso, mas olhe bem a direção para a qual está sendo dirigido.

De 21 a 31 de dezembro: As inspirações e gestos criativos devem agora ganhar mais corpo, mais forma. É tempo do esforço de concretização dos muitos valores que passou a ansiar desde o começo do mês. Este será o impulso inicial para o começo do próximo ano.

TIPO HUMANO

VIRGEM

DE 23 DE AGOSTO A 22 DE SETEMBRO
Signo da Terra, regido por Mercúrio

CARÁTER: O virginiano é amante dos detalhes e por isso mesmo não costuma ter uma visão ampla das coisas. Por outro lado, é melhor do que ninguém para fazer cálculos e análises minuciosas. É reservado, sutil e muito realista. Pode ser obsessivo em sua mania de limpeza e em sua busca por perfeição. Aprecia a atividade constante e está sempre disposto a ajudar. **Personalidades deste signo:** Sandra de Sá, Richard Gere, Malu Mader, Paulo Coelho.

PROFISSÃO: O nativo deste signo gosta de rotina e de horários rígidos. Prefere se envolver em atividades em que possa usar seu talento natural para cálculos e pesquisas. Não é um grande líder, mas tem uma capacidade de organização impressionante. Precisa de segurança e de uma carreira profissional sólida. **Profissões mais indicadas:** Economista, enfermeiro, artesão, analista de sistemas.

AMOR: Nem sempre é fácil para o virginiano expor seus sentimentos, embora seja romântico e sentimental. Sua sensibilidade e sua delicadeza fazem com que ele quase adivinhe as vontades da pessoa amada. Paixão e sexo não são suficientes para prendê-lo. Prefere uma relação estável, cuja base seja a afinidade mental. **Melhores parceiros:** Touro, Peixes, Capricórnio.

SAÚDE: Embora pareça frio e impassível, o virginiano costuma sofrer de ansiedade e de nervosismo. Isso pode acarretar-lhe problemas digestivos, esgotamento e erupções cutâneas. Preocupa-se tanto com a saúde que não é raro sofrer de hipocondria. Quando se propõe a fazer exercícios ou um regime, leva isso adiante com uma rigidez militar. **Receita ideal:** Banhos mornos, convívio com bichos de estimação, expedições para explorar a natureza.

PRESSÁGIOS PARA OS VIRGINIANOS EM 2005

De 1º a 10 de janeiro: A dinâmica presente nestes primeiros dias do ano favorece as relações humanas e amorosas, com desejos e anseios urgentes e apaixonados. A precipitação pode ser a tônica, se não for cuidadoso. Os empreendimentos ambiciosos fazem você se mover.

De 11 a 20 de janeiro: Momento de grande entusiasmo emocional e amoroso. Você está mais encantador e tende a atrair a atenção das pessoas à sua volta. É favorável ser criativo, assim como iniciar empreendimentos voltados para resultados materiais e bem objetivos.

De 21 a 31 de janeiro: A qualidade do momento favorece lidar com bens e patrimônio, sejam eles materiais ou mesmo imateriais. Você deseja tirar o melhor de cada situação, e pode conseguir isso aplicando-se com inteligência e espírito inovador.

De 1º a 10 de fevereiro: Idéias inventivas e geniais estão surgindo na atividade profissional, o que pode ser muito estimulante, mesmo que um pouco utópico. Se conseguir transformar as idéias em algo concreto, com certeza estará realizando algo muito especial.

De 11 a 20 de fevereiro: Continue com o esforço de colocar em prática as grandes e inovadoras idéias. É importante manter o ritmo nas atividades de rotina, em especial naquelas que afetam mais diretamente seu estado orgânico e colaborem para o estabelecimento de seu padrão de saúde.

De 21 a 28 de fevereiro: A qualidade do momento favorece superar os obstáculos agora presentes no dia-a-dia, e afirmar suas vontades mais pessoais e imediatas. Para sanar os problemas, procure utilizar-se da sensibilidade.

De 1º a 10 de março: Neste momento estão favorecidos os projetos conjuntos com outras pessoas, talvez ligados mesmo ao casamento. Reúna energia para pôr em prática quando tudo estiver bastante bem planejado.

De 11 a 20 de março: A vida a dois e as parcerias são afetadas por oscilações, oriundas das adaptações emocionais que se fazem imprescindíveis. Não adianta tentar controlar tudo, o melhor é seguir sabiamente o movimento e as ondas que jogam para cá e para lá, em seus relacionamentos.

De 21 a 31 de março: A qualidade do momento se volta para superar os obstáculos financeiros e materiais que o destino está lhe impondo. Nada de esmorecer: é tempo de luta e de conquistar o impossível.

De 1º a 10 de abril: Período oportuno para jogar fora, literal ou figuradamente, uma série de coisas em sua vida que não servem mais. Não vá por impulso apenas, mas pondere antes de tomar uma decisão tão definitiva – embora necessária no momento.

De 11 a 20 de abril: A qualidade do momento favorece a vida profissional e financeira, e a urgência com que pode tentar resolver os compromissos materiais em especial. Comece a planejar os próximos passos em sua carreira.

De 21 a 30 de abril: A qualidade do momento favorece os planos e projetos futuros, e a urgência com que pode tentar empreendê-los. Procure reunir forças para a batalha. Este período favorece o trabalho e os negócios. Terá que produzir muito, e por seus próprios meios.

De 1º a 10 de maio: Inspiração e intuição não lhe faltarão quando for pensar em temas filosóficos ou religiosos. É o momento de perceber melhor o significado profundo de muitas coisas. Está particularmente estimulada a sensibilidade às outras pessoas ou mesmo às outras dimensões da existência.

De 11 a 20 de maio: A instintividade pode estar criando um choque em relação a seus ideais e valores mais nobres. Você é composto por dois lados; equilibre luz e sombra. Os outros podem impedir que você caminhe na direção que deseja. Certos impulsos podem ir contra compromissos antes assumidos.

De 21 a 31 de maio: Momento oportuno para dar tudo de você no trabalho. Momento de grande inspiração para vislumbrar possibilidades futuras em sua vida. A intuição pode fazê-lo perceber coisas que ainda nem estão visíveis.

De 1º a 10 de junho: É tempo de iniciar uma nova etapa profissional, e é possível ocorrer algum êxito ou sucesso neste ou nos próximos períodos. As boas relações são fundamentais para que isso realmente se realize.

De 11 a 20 de junho: No trabalho, talvez você queira ir para um lado e os demais participantes para um lado contrário. Ceder simplesmente ou impor sua vontade tende a piorar a situação, mesmo que se utilize da habilidade detalhista que lhe é peculiar.

De 21 a 30 de junho: São os sonhos e projetos de longo prazo que estão ganhando novo vigor, agora e nas próximas semanas. Os resultados financeiros de seu trabalho também tendem a surgir com mais parcimônia durante um tempo.

De 1º a 10 de julho: Você está envolvido com sentimentos vindos das camadas elevadas da mente. O que pode significar um estado de êxtase, ou a insatisfação quando voltar a tocar com os pés na terra. Há tendência neste período a engolfar-se no oceano dos sentimentos e pensamentos além da organização consciente e racional.

De 11 a 20 de julho: O envolvimento emocional e amoroso com as pessoas tende a ser encantador. Atenção para as miragens, pois podem ser confundidas com os verdadeiros oásis. Sua imaginação tende a estar tão vibrante que você pode se distrair passeando em sonhos inatingíveis e impraticáveis, mesmo com a melhor das boas intenções.

De 21 a 31 de julho: Começa uma etapa anual em que o recolhimento e a tendência ao isolamento se impõem. É tempo de meditar e se interiorizar – de modo construtivo, isto é, gerando um estado interior positivo e harmonioso. Os obstáculos surgem com clareza em seu caminho, exigindo solução.

De 1º a 10 de agosto: O encantamento com algum objeto, lugar ou condição material fará sua felicidade nestes dias. Mas pode desejar algo tão impossível, que nada chegue a lhe satisfazer. É preciso valer-se corretamente do seu poder de vontade.

De 11 a 20 de agosto: Utilize agora seu poder de vontade na resolução de antigas pendências e na superação dos problemas mais agudos que se apresentam nestes dias. Nem sempre podemos usar as melhores qualidades como queremos, mas pode ser necessário usar estas qualidades para cumprir algo positivo, mas à nossa revelia.

De 21 a 31 de agosto: Atenção ainda às perturbações que podem interferir em sua rotina. Pense primeiro se a novidade pode mesmo melhorar o que está fazendo. É um bom momento para cultivar algum gosto pessoal ou prazer que o afaste do burburinho do mundo, e que o leve a estar consigo mesmo.

De 1º a 10 de setembro: Bom momento para rever seus interesses de vida, ficando um pouco consigo mesmo e inclusive cuidando do corpo e da imagem pessoal. A atividade corpórea pode ser uma boa escolha neste período. Uma atividade agradável é sem dúvida melhor que a lassidão.

De 11 a 20 de setembro: Pode haver uma crise interna: você pensar de um jeito, mas seu instinto pedir outra decisão. Não bloqueie nenhum dos pólos, pois ambos mostram algo de valor. É seu modo de ser que está se transformando, sendo possível regenerar antigos comportamentos e atitudes.

De 21 a 30 de setembro: Você está sujeito a precipitações, movido por um impulso emocional ou por se sentir desafiado. Canalize positivamente as energias que borbulham em seu interior e aceite as transformações que estão em curso

De 1º a 10 de outubro: As restrições financeiras ou materiais de algum tipo estão terminando. É tempo de usar os recursos disponíveis com mais liberdade. A prosperidade material volta a ser uma possibilidade real.

De 11 a 20 de outubro: O processo de expansão financeira está refluindo. É tempo de constituir melhor sua condição econômica, sem esbanjar. Tenha senso de medida, ponderando cada situação na qual tiver que investir ou colocar seus recursos.

De 21 a 31 de outubro: Fique atento à tendência a se rebelar contra as rotinas e se afastar demais das pessoas. O encontro com pessoas amigas ou particularmente encantadoras pode ser a marca feliz destes dias.

De 1º a 10 de novembro: Renove o trabalho com novas idéias, mas não fuja dele. As atividades culturais estão muito favorecidas, e você pode encontrar-se com pessoas bonitas. Seguir os passos estabelecidos continua sendo mais produtivo, apesar do impulso para mudar tudo.

De 11 a 20 de novembro: As amizades e o convívio social podem trazer os melhores momentos deste período. Uma atração mais forte pode envolvê-lo. Tendência a vivenciar uma fase feliz no trabalho, especialmente depois de livrar-se das obrigações que lhe são impostas. O momento é de dar uma dimensão mais artística para seu trabalho.

De 21 a 30 de novembro: A qualidade do momento favorece a vida doméstica e os afazeres do lar, ou do cotidiano de trabalho. Há muito o que fazer, mudar e aprimorar. Talvez se disponha a fazer as grandes coisas e deixar de lado aquilo que pode e precisa fazer de mais prático e útil.
De 1º a 10 de dezembro: Um ambiente que esteja de acordo com sua sensibilidade pode ser o máximo para você. Cuide de onde você está. A contemplação será uma atitude natural nestes dias.
De 11 a 20 de dezembro: Muita tensão e contrariedade para alguém tão sensível à desarmonia como você. Mas o que precisa ser rompido, deixe que se rompa. A expansão e as melhorias em seu lar e no ambiente familiar estão se fortalecendo. É tempo de cultivar e usufruir as conquistas feitas até aqui.
De 21 a 31 de dezembro: Os sentimentos amorosos e a inspiração artística estão estimulados em seu mais alto grau. Uma bela inspiração, mas que deve ser temperada com um pouco do sentido de aplicação prática. Um final de ano que tende a ser particularmente poético.

TIPO HUMANO
LIBRA

DE 23 DE SETEMBRO A 22 DE OUTUBRO
Signo do Ar, regido por Vênus

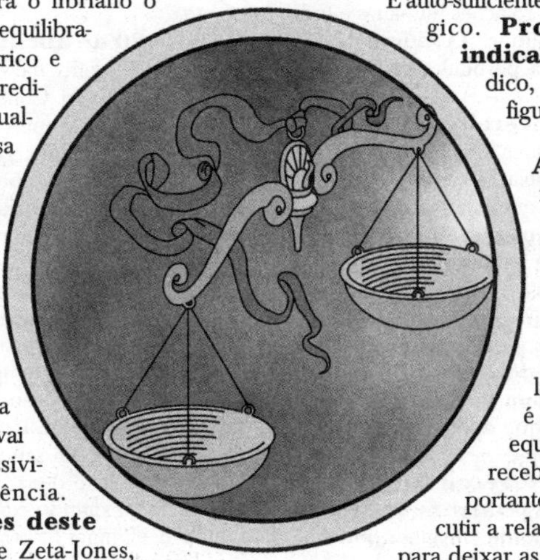

CARÁTER: Para o libriano o mundo deveria ser equilibrado, perfeito, simétrico e harmonioso. Ele acredita na justiça e na igualdade, e é por causa disso que ele às vezes se desilude com as imperfeições humanas. Sempre procura o bom, o verdadeiro, o belo. Sabe usar seu charme e diplomacia natural a seu favor, e jamais vai demonstrar agressividade ou impaciência. **Personalidades deste signo:** Catherine Zeta-Jones, Fagner, Fernanda Montenegro, Luciano Pavarotti.

PROFISSÃO: O nativo deste signo tem a reputação de ser hábil diplomata e primoroso homem de Estado. Consegue tudo o que quer com o mínimo de ofensa. Adora trabalhar em ambientes agradáveis, em que possa dar vazão ao seu gênio artístico e criativo. É auto-suficiente, ambicioso e enérgico. **Profissões mais indicadas:** Filósofo, médico, editor, advogado, figurinista.

AMOR: O libriano sempre mostra suas melhores qualidades num relacionamento em que exista harmonia e comunicação. Para ele, o relacionamento ideal é aquele em que há equilíbrio entre dar e receber. Detesta brigas; portanto, se tiver que discutir a relação, vai fazer tudo para deixar as emoções fortes de fora. Pode demorar até que ele expresse uma emoção natural e espontânea sem antes pesar os prós e os contras. **Melhores parceiros:** Áries, Touro, Leão.

SAÚDE: O libriano costuma equilibrar os períodos de atividade intensa com os de completo repouso. Isso o mantém equilibrado e livra-o de problemas físicos e mentais mais graves. Os abusos são o seu maior problema. Gosta de exagerar nos doces, o que pode causar obesidade e problemas de estômago. As áreas sensíveis do corpo são os rins e os órgãos de reprodução. **Receita ideal:** Música suave, leitura, repouso em ambientes agradáveis.

PRESSÁGIOS PARA OS LIBRIANOS EM 2005

De 1º a 10 de janeiro: É no convívio com os seus, com seu lar e com os lugares que lhe são especiais que você encontra, nestes primeiros dias do ano, a plenitude dos sentimentos e da satisfação pessoal.
De 11 a 20 de janeiro: Procure desenvolver mais plenamente a harmonia nas relações familiares e no ambiente doméstico. Mais do que viver como um fardo, estes assuntos deveriam fornecer uma base sólida e segura para você.
De 21 a 31 de janeiro: Um período bastante positivo para namorar, para os sentimentos afetivos, as relações humanas e tudo o que se refira ao amor. A criatividade estética e artística está particularmente feliz e refinada.
De 1º a 10 de fevereiro: Estímulo positivo para viver os afetos e amores de modo pleno e entregue. Não é tempo de colocar restrições à pessoa amada, nem a si mesmo. A plenitude dos sentimentos deveria levá-lo a ser mais pessoal e intimista com as pessoas.
De 11 a 20 de fevereiro: Mais um período estimulante para os sentimentos amorosos, as diversões, o prazer e a expressão de sua criatividade pessoal. Idealismo pode ser bonito, mas é melhor viver as relações em sua realidade do que apenas por meio de abstrações.
De 21 a 28 de fevereiro: Fase de entrosamento com as pessoas, no convívio cotidiano, assim como de encantamento e sedução em diversos ambientes e relações. O envolvimento com o ambiente de trabalho é agora mais forte. No entanto, talvez poucos eventos significativos venham a se concretizar.
De 1º a 10 de março: Outras perspectivas de trabalho podem se tornar mais claras a partir de agora. Uma situação complexa lhe dá mais liberdade. O retorno financeiro é beneficiado. Uma mudança doméstica importante pode começar a acontecer. Ela abrirá, de algum modo, mais espaço para você.
De 11 a 20 de março: Aprender novas técnicas e habilidades no trabalho é um campo em expansão. Você pode usar muito bem sua sensibilidade, se organizá-la minimamente. Neste período, evite cometer enganos no trabalho.
De 21 a 31 de março: Seu espírito anda agitado e inquieto. As polêmicas e desentendimentos no trabalho podem fazê-lo perder energia. Concentre sua atenção em empreender algo difícil no trabalho. Discussões em casa ou com a pessoa amada, ou ainda com sócios e clientes, pode pôr muito a perder neste período.
De 1º a 10 de abril: O mundo pode não atender aos seus desejos. Procure a calma e a ponderação para levar adiante sua vontade e empreender o que quer que seja. Diante das contrariedades que o cotidiano possa lhe trazer, proceda assim: evite enfrentar os problemas de frente, mas desvie estrategicamente.
De 11 a 20 de abril: O casamento e todas as uniões em sua vida têm agora um período de refluxo. Consolide os passos que já foram trilhados, antes de prosseguir. Não é hora de se precipitar, nem nos relacionamentos nem nas questões de trabalho.
De 21 a 30 de abril: Uma associação importante em sua vida está passando por revisão. Os motivos que a levaram a se formar talvez não o convençam mais. A organização de suas rotinas está afetada. Atividades precisam ser deslocadas ou repensadas. A teimosia em fazer sempre do mesmo jeito pode ser um item a repensar.
De 1º a 10 de maio: Desejos intensos tendem a surgir em seu interior. Talvez não tenham condição de ser manifestados completamente, exigindo certas mudanças. Momento de eliminar tudo aquilo que não cabe mais em sua vida. Seja prático, mais do que sentimental.
De 11 a 20 de maio: Ainda um período de eliminação e transformação do que não serve mais em solo fértil para uma renovação futura. Os desejos e a instintividade deveriam ser aceitos com mais naturalidade por você.
De 21 a 31 de maio: Jogo de força em seu trabalho. Não teime sem necessidade,

não queira controlar tudo. Concentre-se em atos e palavras construtivos. Atrito entre os procedimentos de trabalho e os valores éticos. É preciso esforço para conseguir conciliar os dois, em alguma medida.

De 1º a 10 de junho: Os interesses culturais ou até mesmo filosóficos estão na ordem do dia. Conversar e trocar idéias pode ser o mais estimulante. Momento para deixar de lado a tendência a querer controlar tudo. Esteja mais relaxado perto das pessoas.

De 11 a 20 de junho: A intensa movimentação de sentimentos e desejos pode lhe agitá-lo. Começa um período de maior interesse por aspectos filosóficos e culturais refinados. O cultivo emocional deve ter agora um caráter mais íntimo, como certas flores que precisam de proteção para ser adequadamente cultivadas.

De 21 a 30 de junho: Você, que tende a estar tão preocupado com a instabilidade da direção de seu futuro, pode agora vislumbrar horizontes mais positivos. O trabalho é beneficiado quando se responsabiliza por colocar os projetos em prática. Não fique esperando um padrinho ou a sorte começarem as coisas por você.

De 1º a 10 de julho: Sua imaginação se volta para os sonhos de conquistas e as ambições na carreira profissional. O desejo de chegar a ser mais poderoso o atrai de modo especial.

De 11 a 20 de julho: Os melhores momentos podem ser vividos no trabalho, onde a participação em projetos interessantes e criativos tende a ser algo muito bom. É tempo de firmar ainda mais os projetos e atividades profissionais que começou há pouco a empreender.

De 21 a 31 de julho: Dedicação e envolvimento com as pessoas à volta, em especial aquelas com quem tem laços mais fortes. É tempo de atuar em uma atividade criativa, usufruir algum conforto ou mesmo um luxo especial, ou ainda, dar o melhor de você sendo hospitaleiro com alguém.

De 1º a 10 de agosto: Estímulo para o convívio com amigos e amigas, a participação em grupos sociais e tudo o que reúna as pessoas à sua volta. Poderá se mostrar particularmente atraente e magnético em meio a essas pessoas.

De 11 a 20 de agosto: Necessidade de convívio social e afetivo satisfatório. É preciso que as pessoas o apreciem, assim como você a elas. Trabalhar começa a se tornar mais agradável. Este trabalho pode inclusive ser de cunho doméstico ou particular.

De 21 a 31 de agosto: Começa um período de recolhimento para os sentimentos amorosos e para as relações. É tempo de reavaliar o que se passa com relação a estes assuntos. Ainda assim, há relações vibrantes presentes e atraindo sua atenção.

De 1º a 10 de setembro: A irritabilidade com as pessoas e a tendência a rebater tudo com críticas tende a prejudicar o convívio. Por outro lado, o período é favorável para o convívio com as pessoas queridas e para namorar. Mantenha-se ao menos perto dessas pessoas.

De 11 a 20 de setembro: Toda a energia deste período se volta para resolver possíveis pendências e carências que estejam atrapalhando o desenvolvimento da atuação profissional e pessoal. É preciso cuidar da saúde com todo o esmero, garantindo uma boa condição física neste momento de transição para um novo ciclo.

De 21 a 30 de setembro: O ingresso do Sol em seu signo indica aumento da vitalidade física e psíquica, preparando o início de nova etapa. Procure, antes de tudo o mais, colocar uma ordem básica em seu íntimo – em seus pensamentos e sentimentos.

De 1º a 10 de outubro: Um novo ciclo anual está começando e se confirmando nestes dias. As motivações se renovam e você percebe a vida de maneira nova. Traços positivos de sua identidade devem ser reforçados, de modo a mudar a orientação geral de seu comportamento – para melhor.

De 11 a 20 de outubro: Confirmação da renovação iniciada nos períodos anteriores. Momento de firmar novos comportamentos e continuar salientando os traços de personalidade que deseja ver predominar em sua maneira de ser.

De 21 a 31 de outubro: Há uma tendência a arriscar seus bens e dinheiro, devido ao espírito especulador e ao gosto por jogar com a sorte. Cuide do essencial, no amor, que são os sentimentos.

De 1º a 10 de novembro: Estão diminuindo as preocupações financeiras e aquelas relacionadas a compromissos que o prendem. Começa a se delinear uma orientação mais positiva na vida material. Trabalhe para que isso realmente aconteça, atuando com decisão, coragem e perseverança.

De 11 a 20 de novembro: Momento de agir com decisão e bravura ao lidar com questões materiais. Este assunto nunca é fácil para você, mas não é por isso que vai ficar de braços cruzados. Faça o que está ao seu alcance, com humildade, mas também com espírito decidido e valente.

De 21 a 30 de novembro: Um período favorável para estabelecer relação com aqueles que se aproximarem naturalmente de você. Conhecer novos lugares e paisagens, no sentido literal ou figurado, pode ser proveitoso e agradável.

De 1º a 10 de dezembro: Uma rotina repetitiva não é o que você mais aprecia ou precisa neste momento. Vale a pena renovar a ordem do cotidiano, desde que não se disperse em opções sem fim. Encontre novas orientações para sua mente e para suas ações. Os estudos favorecem muito esse encontro.

De 11 a 20 de dezembro: Uma atitude muito expansiva pode complicar o ambiente familiar e a organização do cotidiano. Aceite as mudanças que venham desses ambientes, pois revelam um momento em que alguma adaptação é necessária.

De 21 a 31 de dezembro: Um final de ano estimulante para conviver com a família e todos aqueles que componham um ambiente agradável. Cuidado para não centralizar demais as atenções e deixar pouco espaço para os outros.

TIPO HUMANO
ESCORPIÃO

DE 23 DE OUTUBRO A 21 DE NOVEMBRO
Signo da Água, regido por Marte e Plutão

CARÁTER: Enigmático e penetrante, o nativo de Escorpião sonda sem nada revelar. Por baixo da cortina de fumaça que faz questão de manter entre ele e as outras pessoas, é profundamente sentimental e sensível. Tem um faro especial para perceber aquilo que os outros querem esconder. Está sempre apaixonado, seja pelo trabalho, pela vida ou pela pessoa amada. **Personalidades deste signo:** Pelé, Marieta Severo, Leonardo DiCaprio, Príncipe Charles.

PROFISSÃO: Graças à sua enorme força de vontade, paciência e persistência, o escorpiano pode vencer qualquer coisa a que se proponha. É praticamente irrefreável quando decide empreender algo. Pode esperar anos a fio para conseguir chegar aonde quer, e nem sempre é o sucesso que o motiva. Sensível ao sofrimento alheio, o escorpiano sente-se atraído por profissões ligadas à assistência. **Profissões mais indicadas:** Psicólogo, farmacêutico, militar, mineralogista.

AMOR: O escorpiano anseia por uma união profunda e íntima, mas escolhe com muito cuidado quem ele vai deixar entrar na sua vida. Por trás da sua fria reserva, há um vulcão de paixão e de erotismo. Seu magnetismo é quase palpável. Ele ama ardentemente, e isso inclui uma dose maciça de ciúme. **Melhores parceiros:** Virgem, Câncer e Peixes.

SAÚDE: O nativo de Escorpião tem uma notável resistência a doenças; no entanto, pode ser atacado por febres e males de origem inexplicável. O problema é que ele acha que sabe mais do que qualquer médico. As principais áreas afetadas são: bexiga, reto, próstata e ovários. **Receita ideal:** Meditação, bom humor, sexo.

PRESSÁGIOS PARA OS ESCORPIANOS EM 2005

De 1º a 10 de janeiro: Uma ligação especial tende a se formar com certas pessoas, especialmente com os amigos. Um período positivo para os estudos e a atividade intelectual. No trabalho, é hora de agir com decisão para dar forma mais definida aos sonhos.
De 11 a 20 de janeiro: Abre-se uma porta no campo dos estudos e do desenvolvimento do intelecto, assim como no da comunicação. Ajude a que isso aconteça efetivamente. As viagens e o contato com diferentes ambientes estão favorecidos.
De 21 a 31 de janeiro: É preciso conduzir com jeito as situações em sua casa. Nem impor demais sua vontade, mas também não deixar as situações soltas. É seu próprio bem-estar que está em jogo nesta formulação de atitude perante a vida doméstica. Faça valer um pouco da sua visão nestes assuntos.
De 1º a 10 de fevereiro: Um período favorável para se envolver com o trabalho e o conforto material. As obrigações podem ser a tônica, apesar dos bons resultados que venha a colher quanto a melhorar sua moradia e as relações familiares.
De 11 a 20 de fevereiro: A ligação com a família e seu lar está mais forte, e nesses ambientes pode encontrar segurança emocional. Você se mostra mais vibrante e apaixonado, mas com uma certa melancolia. Bom momento para aprimorar associações.
De 21 a 28 de fevereiro: Estes são dias de grande envolvimento emocional com a pessoa amada e com aqueles com quem compartilha o viver. Nem todos os detalhes estão ajustados, mas talvez isso não seja importante. Os sentimentos mais profundos são os que têm maior significação para você.
De 1º a 10 de março: Os sentimentos amorosos podem levá-lo a deparar-se com algo que estaria fora dos padrões razoáveis. Displicência com relação aos valores éticos. Momento de aproximar-se dos amigos, mas também de ter uma certa cautela, evitando agitos superficiais e banais.
De 11 a 20 de março: Os sentimentos amorosos tornam-se ainda mais intensos. O difícil é focalizar os sentimentos e dar forma satisfatória àquilo que eles contêm e fazem você idealizar. A sensibilidade emocional e a intuição são atributos aos quais deveria confiar mais valor neste momento.
De 21 a 31 de março: Os assuntos práticos, em especial no trabalho, estão favorecidos. No entanto, a falta de planejamento e a desorganização podem pôr a perder seus esforços. Além do entusiasmo natural, é preciso ter ordem no que faz no trabalho.
De 1º a 10 de abril: Os afazeres de rotina parecem agora mais prazenteiros e leves. Começa fase mais amena e agradável quanto aos compromissos sociais e profissionais. O envolvimento emocional com as pessoas tende a levar ao despertar de novos interesses e afinidades.
De 11 a 20 de abril: As dificuldades da rotina profissional podem ser superadas com êxito. É tempo de atingir um resultado importante no trabalho. Seus pensamentos estão mais objetivos e ambiciosos. Coloque-os em prática.
De 21 a 30 de abril: É possível encontrar uma harmonia especial com a pessoa amada, mesmo em meio a ações enérgicas e apaixonadas. No trabalho, dê importância primordial aos resultados que possa obter de imediato.
De 1º a 10 de maio: Um dia brilhante para a afirmação de suas vontades e motivações mais profundas. Mas também momento de lutar pela harmonia nos relacionamentos, colocando-se de modo claro e vigoroso.
De 11 a 20 de maio: Tendência a encontrar emoções conflitantes nas relações pessoais, e pode acabar não sabendo direito o que deseja com as pessoas. Você se exalta nas relações pessoais, levando as emoções a extremos nem sempre benéficos. Não é hora

de arriscar as relações que sejam positivas e estejam prosperando.

De 21 a 31 de maio: Momento em que pode encontrar a perfeita expressão de seus sentimentos, ainda mais no convívio íntimo. A sensação é de harmonia e satisfação interior. Conversar com a pessoa amada é agora fundamental para que ocorra a harmonia possível.

De 1º a 10 de junho: Um período positivo para lutar pela realização de seus sonhos na vida material e financeira. Uma importante aquisição ou venda pode se realizar. Por outro lado, é tempo de se desfazer daquelas coisas ou situações que não têm mais vida e significado.

De 11 a 20 de junho: Você tende a se voltar mais para o universo subjetivo e especulativo do que para a realidade prática. Mas a realidade pode chamá-lo com mudanças e situações inesperadas. Boa inspiração criadora e imaginativa.

De 21 a 30 de junho: Fase favorável para encontrar novas saídas para antigos problemas. Uma pendência pode ser superada ou o problema eliminado. Você tende a reagir impulsivamente quando sua sensibilidade é tocada.

De 1º a 10 de julho: Você tende a estar dividido entre assuntos práticos e o gosto pelo estudo e pelos pensamentos elevados. O trabalho exige mais mobilidade e boa capacidade de adaptação a mudanças.

De 11 a 20 de julho: Quando se trata de fortalecer as aspirações e os planos futuros, você pode se esquecer de olhar a realidade prática. Pois agora é tempo de harmonizar os sonhos com a realidade. Responsabilize-se por tornar concretos seus sonhos pessoais.

De 21 a 31 de julho: A profissão ganha novo impulso, agora que está se completando uma regeneração necessária. É tempo da carreira voltar a caminhar. Use sua vontade para dar uma direção firme e estável ao trabalho.

De 1º a 10 de agosto: Momento de possível atrito com superiores e figuras de autoridade. Você tende a negar qualquer comando ou obediência. No fundo, isso acaba por prejudicá-lo. Mas a ânsia de liberdade é agora muito intensa, e deve ser aplicada de modo construtivo.

De 11 a 20 de agosto: É tempo de pensar nas conseqüências maiores de suas decisões no trabalho e não apenas nos resultados materiais imediatos. As relações de amizade são agora mais marcantes, e sua participação social mais requisitada e desejada.

De 21 a 31 de agosto: As relações afetivas estão sob sentimentos intensos, mas talvez seja difícil transmiti-los à pessoa certa. As amizades provocam tal intensidade, assim como os amores. A mudança de direção no trabalho é necessária, mas o custo pode ser grande.

De 1º a 10 de setembro: Você corre o risco de romper com pessoas de seu ambiente próximo, por se sentir contrariado. Uma reação temperamental tende a piorar a situação. Os projetos para o futuro deveriam ser delineados com mais clareza e precisão; assim, se aproximam da realidade e podem, então, orientar a um novo futuro.

De 11 a 20 de setembro: Um modo de avaliar as amizades é se perguntar quais aquelas que traria para conviver mais de perto. É o momento de aprofundar as amizades. No trabalho, há momentos em que a comunicação é fundamental, e você está vivendo um momento assim. Saber ouvir os colegas ajuda muito o bom entendimento.

De 21 a 30 de setembro: Você pode finalmente encontrar paz em seu íntimo. Momento de integrar aspectos de sua pessoa que costuma não aceitar muito bem. Essa harmonia tende a se expandir para as relações íntimas.

De 1º a 10 de outubro: Você pode agir contra as autoridades e pessoas com as quais divide sua vida pessoal e trabalho. Os excessos estão agindo contra sua saúde e equilíbrio físico. As situações delicadas devem ser encaradas com boa vontade e serenidade. Nada de falsear os conflitos ou escamotear as pendências que lhe afligem.

De 11 a 20 de outubro: Antigos obstáculos, que prejudicavam o desempenho e o desembaraço no viver, podem agora ser removidos. Agora é tempo de as coisas voltarem a ficar claras. Ajude o processo natural de eliminação dos véus sobre seus olhos. Claro que se você ficar de braços cruzados nada acontece.

De 21 a 31 de outubro: É tempo de melhorar sua atitude diante de situações em crise e de possíveis mudanças ou perdas iminentes. De pouco vale resmungar ou cho-

ramingar. É preciso desprendimento e coragem.
De 1º a 10 de novembro: A falta de ordem na maneira de raciocinar e organizar as ações é sua inimiga no momento. As paixões devem movê-lo numa direção, mas o ideal é que elas não o deixem cego a tudo o mais. Ao definir o que deseja, naturalmente se vinculará às coisas e pessoas do mundo, mesmo que prefira não se amarrar a nada.
De 11 a 20 de novembro: Certas definições na vida podem parecer inevitáveis. Não se deixe levar passivamente, nem tente mandar em tudo. É preciso participar ativamente sem querer dominar por completo. Saiba compartilhar e, ao mesmo tempo, expressar seus desejos e intenções.
De 21 a 30 de novembro: Você pode estar preocupado quanto aos negócios e as questões relativas a dinheiro e materialidade. Má comunicação e inquietação podem acarretar ações prejudiciais na profissão. Procure encontrar o ponto certo.
De 1º a 10 de dezembro: A precipitação entusiasmada nos negócios e ao lidar com bens materiais tende a atrair prejuízos. A forma impositiva de se comunicar no trabalho é outro ponto a cuidar. Saiba os limites de cada situação e negocie os avanços dentro de critérios razoáveis e com senso de medida.
De 11 a 20 de dezembro: As boas relações são necessárias para a vida financeira. É hora de formar algum acordo ou aliança com o sentido de prosperar materialmente. Quando você resolve empreender um projeto novo ou constituir uma nova direção pessoal, é preciso tomar providências práticas. Esta é a hora.
De 21 a 31 de dezembro: Para você se expressar numa conversa é preciso ingressar um pouco no território alheio. Muitas vezes, você evita se intrometer até por não querer que se intrometam em sua vida. Mesmo em meio a situações difíceis é preciso encontrar alegria no viver. Fortaleça o fogo vital por meio da alegria e do entusiasmo com coisas boas.

TIPO HUMANO
SAGITÁRIO

DE 22 DE NOVEMBRO A 21 DE DEZEMBRO
Signo do Fogo, regido por Júpiter

CARÁTER: Para o sagitariano, a vida é uma aventura, uma viagem, uma busca. E o mais importante é fazer de tudo isso uma experiência rica, interessante e variada. O sagitariano adora o que é novo, excitante, inexplorado. É sincero, jovial e otimista, embora sua falta de tato seja inegável. O tédio é o seu maior inimigo. Ele precisa de estímulos mentais, de mudanças e de novos horizontes. **Personalidades deste signo:** Deborah Secco, Angélica, Kim Basinger, Brad Pitt.

PROFISSÃO: Evidentemente, não se encontram muitos sagitarianos trancados em escritórios, seguindo uma rotina monótona. Sua avidez por desafios às vezes o leva a se dedicar a duas atividades diferentes. Ele se identifica com o intelecto e com os estudos. É atraído pelo perigo e pelos empreendimentos arriscados. **Profissões mais indicadas:** Veterinário, agente de viagens, professor, piloto de provas.

AMOR: Para esse nativo, sempre em busca de novidade, os relacionamentos estáveis podem parecer armadilhas. Ciúme e possessividade extinguem rapidamente sua afeição. O mais apaixonado dos sagitarianos ainda tem uma tendência a ser insensível. Afinal, quem nunca desprende os olhos do horizonte, não presta muita atenção onde pisa ou em quem está ao seu lado. **Melhores parceiros:** Áries, Leão, Aquário.

SAÚDE: O sagitariano precisa de exercícios físicos, muito mais do que qualquer signo do Zodíaco. Se se sente cansado, é sinal de que está entediado. O gosto pelo perigo pode resultar em acidentes. Suas áreas sensíveis são as coxas, os quadris e o nervo ciático. **Receita ideal:** Esportes, viagens, ocultismo.

PRESSÁGIOS PARA OS SAGITARIANOS EM 2005

De 1º a 10 de janeiro: O começo de ano indica mudança nos planos da vida financeira. Pode sentir-se tendo que carregar muito peso. Aprenda a lidar com as responsabilidades materiais que são efetivamente suas. Uma relação amorosa precisa chegar a certos resultados para ser satisfatória; não pode ser apenas devaneio sem direção.
De 11 a 20 de janeiro: Os assuntos financeiros e materiais podem trazer situações desagradáveis. Mais do que se sentir rejeitado, é preciso ganhar mobilidade e responder objetivamente à situação.
De 21 a 31 de janeiro: Neste período o trabalho pode exigir mais de você. Procure confiar em sua capacidade intelectual, pois ela realmente pode trazer alguma solução inovadora. É tempo de arejar as rotinas e abrir-se a novas possibilidades em seu cotidiano.
De 1º a 10 de fevereiro: As viagens e estudos estão favorecidos, se bem que em meio a restrições. Neste período você pode gastar mais do que tem, e não apenas em dinheiro, mas nos diversos recursos que venha a disponibilizar. Situações alheias à sua vontade perturbam o andamento do cotidiano.
De 11 a 20 de fevereiro: Você está mais imaginativo e romântico. O momento pede que se entregue a seus sonhos, em especial nas atividades de cunho criativo, como as artes. É preciso saber respeitar os compromissos e os acordos firmados. Período estimulante para o contato com o mágico e o misterioso deste mundo.
De 21 a 28 de fevereiro: Um bom ambiente familiar seria o ideal neste momento, apesar dos pequenos contratempos e possíveis desencontros. É necessária boa vontade para tudo correr bem. Não é bom momento para aquisições e vendas. As restrições ao conforto têm que ser bem administradas.
De 1º a 10 de março: Novamente, um momento positivo para cultivar um bom ambiente familiar e sentir-se bem consigo mesmo, e com as pessoas de convívio mais íntimo. Sua sensibilidade ao estado emocional das outras pessoas exige ter com elas um clima de paz e harmonia.
De 11 a 20 de março: Um período de grande intensidade emocional que tende a se transformar em um transbordamento ou conflito interior. É tempo de manter o equilíbrio acima de tudo. Uma boa base emocional depende das condições de harmonia sutil no ambiente à sua volta.
De 21 a 31 de março: Os sentimentos apaixonados dão o principal colorido a este período. É como se uma chama acendesse em seu coração. Nem sempre as condições de convívio serão perfeitas, mas o desejo de aproximação é forte.
De 1º a 10 de abril: Certas questões afetivas podem tocar sua sensibilidade e fazer com que se sinta pouco querido. Convém não se deixar dominar por tais sentimentos. Os amigos podem não lhe dar a atenção que desejaria receber. Mesmo que a pessoa amada esteja mais próxima, é possível haver discordância.
De 11 a 20 de abril: Não deixe os sentimentos amorosos se esvaírem em meio do caminho. As paixões são fogo fugaz, mas podem ser alimentadas adequadamente até que se estabeleça uma relação de forma completa, integral e producente.
De 21 a 30 de abril: As restrições de conforto podem acabar com sua satisfação e bem-estar. Mas não exagere nessa sensa-

ção, pois não é bem assim. E, afinal, tudo acaba por passar. Trabalhe, enfim, com afinco para recuperar ou manter as condições de conforto que lhe são necessárias.

De 1º a 10 de maio: As exigências no trabalho podem afastá-lo de uma pretendida tranqüilidade. No amor, as surpresas o desacomodam, mas podem renovar o relacionamento. É preciso conduzir as mudanças em sua vida até o fim, sem esmorecer.

De 11 a 20 de maio: Os afazeres domésticos e de rotina sofrem a interferência de certas pessoas. Você está prestes a entrar em confusões no ambiente de trabalho. Esteja atento com possíveis descuidos. Seus desejos precisam se adaptar melhor às situações para poderem se realizar.

De 21 a 31 de maio: A indisposição com seus chefes e superiores tende a prejudicar o trabalho. É aconselhável procurar melhor comunicação com eles. Poderá encontrar maneiras alternativas de resolver problemas práticos. Use seus recursos criativamente e poderá gerar resultados surpreendentes.

De 1º a 10 de junho: A atuação profissional tende a ser mais criativa, introduzindo soluções que não estavam no programa. As mudanças de rotina deveriam ser bem-vindas, pois arejam o viver. Pequenos desentendimentos sentimentais com os amigos.

De 11 a 20 de junho: Período importante para as relações íntimas e a vida a dois. Você está muito mais sensível, desejoso de reconhecimento e por criar um clima de confiança com as pessoas. Mãos à obra, mas respeitando os limites do outro!

De 21 a 30 de junho: Os relacionamentos e parcerias se intensificam e você tende a se aproximar mais daqueles com quem divide sua existência. Agora, os resultados concretos de tais relações se mostram com clareza.

De 1º a 10 de julho: As surpresas na vida material tendem a ser mais positivas que de costume. A agitação nos afazeres do cotidiano pode trazer inquietude e dispersão. Momento de sentimentos afetivos bastante intensos. Pode extasiar-se com a beleza e com a apreciação estética.

De 11 a 20 de julho: Os gestos criativos tendem a aproximá-lo das pessoas queridas, assim como favorecem gerar um ambiente positivo. O desprendimento emocional abre o caminho para o bom relacionamento. O desejo de se aproximar do íntimo das pessoas é grande. Procure ser mais adaptável nos relacionamentos.

De 21 a 31 de julho: Um forte sentimento de realização nas relações pessoais e íntimas aproxima-o das pessoas queridas. As viagens e o desenvolvimento da mente estão atingindo momento de ápice.

De 1º a 10 de agosto: As tarefas cotidianas podem restringir as ações e os planos maiores. Procure conciliar as grandes idéias com as exigências da rotina. Algum tipo de apoio pode melhorar as condições materiais.

De 11 a 20 de agosto: Os encontros amorosos estão favorecidos. Você pode estar fascinado por alguém em especial, ou exercendo alguma forma de fascínio também. A falta de medida pode ser um problema ao lidar com a profissão e as responsabilidades sociais. No amor, pode desejar situações diferentes das que lhe acontecem.

De 21 a 31 de agosto: Momento excelente para cultivar a autoconfiança, em especial nos valores e idéias que norteiam suas atitudes. As expectativas agradáveis com relação ao trabalho podem ser surpreendidas por mudanças inesperadas. É tempo de ser realista mais do que sonhador.

De 1º a 10 de setembro: Período voltado para as realizações sociais e profissionais. Você está mais dedicado às grandes causas. Estímulo positivo para o pensamento filosófico e para os altos estudos. O momento pede colocar em prática seu conhecimento.

De 11 a 20 de setembro: As relações que envolvam resultados conjuntos merecem agora uma atenção especial. É tempo de acertarem melhor os ponteiros. Uma fase para se dedicar ao trabalho, em especial às tarefas em cooperação. Contudo, há a tendência a trabalhar demais.

De 21 a 30 de setembro: Sua disposição é emotiva, imaginativa e romântica. Mas o convívio afetivo pode não estar à altura dessa disposição. As idéias para o trabalho revelam-se particularmente inspiradas.

De 1º a 10 de outubro: Uma fase estimulante para as relações sociais e de amizade. Você pode estar fortemente integrado a um determinado grupo de pessoas. Restringir a alegria dos outros não é boa maneira de encontrar seu lugar. Procure ser mais simpático aos interesses das pessoas queridas.

De 11 a 20 de outubro: O convívio humano está positivamente estimulado. É tempo de sair e encontrar-se com as pessoas. Você começa a se mostrar mais carinhoso e afetivo, além de se dispor a cultivar as afinidades que mais lhe agradam. Um período de muita atividade com seus afazeres.

De 21 a 31 de outubro: Os momentos de recolhimento podem ser os mais gratificantes nestes dias. Apesar da dificuldade natural da solidão, é nela que pode encontrar o que há de mais valioso neste momento.

De 1º a 10 de novembro: Uma fase de emoções conturbadas, talvez por entrar em contato com zonas psíquicas mais profundas e um tanto desconhecidas. Seus sentimentos e desejos para com a carreira profissional estão em momento de transmutação. Pode não querer mais nada, para depois querer tudo novo.

De 11 a 20 de novembro: Mais uma vez pode estar se sentindo solitário e isolado, como se o mundo desconsiderasse sua existência. Não exagere esse sentimento. Procure cuidar bem dos compromissos materiais. Fase para resolver pendências emocionais e liberar-se para uma nova etapa de vida.

De 21 a 30 de novembro: Período de aumento da autoconfiança e de estabilização dos sentimentos e das motivações. As atividades cotidianas mostram-se agitadas, ora prazenteiras, ora confusas. Tente não se complicar nos negócios, evitando a dispersão de recursos e os acordos feitos às pressas. Nas relações sociais, pode viver um momento encantador.

De 1º a 10 de dezembro: Um pouco mais de paz reina em seu interior. Por outro lado, sentimentos amorosos especiais começam a ser despertados. Bom momento para desenvolver a habilidade de dizer o que sente e o que deseja para a pessoa amada.

De 11 a 20 de dezembro: Um novo ciclo anual está começando para os sagitarianos, marcado pelo surgimento de aspirações e ideais que lhe movimentam com vigor para o futuro. A vitalidade física e psíquica é agora bem maior que nos períodos anteriores, mas cuidado para não dispersá-la em ações sem orientação.

De 21 a 31 de dezembro: Não se surpreenda se o mundo mostrar a você que nem tudo o que pensa ou imagina é verdade. Um período para aceitar diferentes realidades, em especial na vida material. O período final deste ano permite encontrar alguma paz interior, ao aceitar a realidade tal qual ela é.

Perguntamo-nos: Quem sou eu para ser brilhante,
magnífico, talentoso, fabuloso?
Na verdade, quem você não é? Você é filho de Deus.
Sua excessiva humildade não presta serviços ao mundo.
Não há lucidez alguma em encolher-se para
que as pessoas não se sintam inseguras ao seu lado.
Nascemos para manifestar a glória divina que existe em nós.
Não em uns poucos de nós: em todos.
Quando permitimos que a nossa própria luz brilhe,
inconscientemente damos aos outros permissão para fazerem o mesmo.
Quando nos libertamos do medo, nossa presença
automaticamente liberta os semelhantes.

– Extraído de *As Nove Musas dos Tempos Modernos*,
de Jill Badonsky, Ed. Cultrix.

TIPO HUMANO
CAPRICÓRNIO

DE 22 DE DEZEMBRO A 20 DE JANEIRO
Signo da Terra, regido por Saturno

CARÁTER: Racional e sério, o capricorniano se preocupa com tudo. É disciplinado, materialista, astuto e ambicioso. A desconfiança que tem da vida faz com que faça tudo com prudência. O espírito irônico faz parte do seu charme. A realização de um projeto pode consumir sua vida inteira, mas com certeza vai conferir-lhe poder e conforto. **Personalidades deste signo:** Mel Gibson, Michael Schumaccher, Renato Aragão, Cláudia Raia.

PROFISSÃO: A idéia de enriquecer da noite para o dia não atrai o capricorniano. Seu progresso é lento e constante. Gosta da fama e de estar em evidência. A carreira é tão importante para ele que todo o resto fica em segundo plano. Ele precisa de uma atividade que lhe transmita segurança e não exija muito da sua energia. **Profissões indicadas:** Matemático, engenheiro, dentista, contador.

AMOR: Ficar sem a proteção da sua armadura é um grande esforço para o capricorniano. Por isso, render-se às emoções é algo que não o agrada. Ele adora manter o controle, e seu maior medo é tornar-se dependente e fraco. Raramente se vê um capricorniano jogando tudo para o alto por causa de um amor. Mas tem profundo respeito pela lealdade, pelos laços de família e pelos compromissos. **Melhores parceiros:** Touro, Virgem, Peixes.

SAÚDE: A natureza temperada do capricorniano lhe confere extrema resistência a doenças. Para ele, a tristeza é mais mortal do que os germes. Costuma ter a pele muito sensível, por isso pode sofrer de alergias, erupções nervosas e acne. Suas partes mais vulneráveis são os joelhos, os ossos e os dentes. **Receita ideal:** Pescaria, montanhismo, luz do sol e frescor da chuva.

PRESSÁGIOS PARA OS CAPRICORNIANOS EM 2005

De 1º a 10 de janeiro: Uma certa agitação começa a crescer na vida profissional. Uma boa renovação se aproxima. Possíveis surpresas no resultado dos negócios e das associações. Início de fase de maior autoconfiança e de motivações firmes e positivas. Nas relações de cunho prático, seja realmente prático e eficiente.

De 11 a 20 de janeiro: Neste período, os limites continuam presentes nos afazeres práticos, mas é possível lidar com estes com mais inteligência e menos constrangimento. Em meio a tudo isso, é tempo de afirmar suas melhores qualidades, talentos e disposições, formando assim uma identidade renovada.

De 21 a 31 de janeiro: Você tende a entrar em contato com situações inesperadas e de alta tensão em meio aos afazeres cotidianos. Não se descontrole. A vida financeira precisa ser bem planejada a partir de agora, se quer evitar sobressaltos ao longo do ano.

De 1º a 10 de fevereiro: É tempo de cuidar das finanças e procurar a prosperidade material, mesmo que tenha que realizar difíceis empreitadas. A organização mental e o planejamento continuam sendo a pedra de toque para alcançar os melhores resultados.

De 11 a 20 de fevereiro: As relações comerciais estão favorecidas. Os contatos de negócios são bem resolvidos. As relações de trabalho estão prejudicadas. O ambiente doméstico e o casamento podem ser fonte de problemas. Você está com mais energia e entusiasmo.

De 21 a 28 de fevereiro: Momento oportuno para mudar o ritmo das rotinas e para fazer todo tipo de pequena mudança. Não se deixe ficar sem uma organização mínima. Não obstante, as atividades criativas e divertidas deveriam tomar parte de sua rotina.

De 1º a 10 de março: Você está inspirado por imagens e fantasias que dão um colorido quase irreal para a existência. Sua rotina deveria ser mais permeada por esse colorido. Mesmo sem deixar de lado o devido cumprimento dos deveres, dos quais é sempre tão zeloso.

De 11 a 20 de março: Ainda um tanto exaltado em sentimentos, você tende a sonhar em relação a certos desejos profundos. Nas rotinas, o senso prático está muito favorecido. Momento de bom estímulo para novos aprendizados no trabalho e para aprimorar a capacidade de atuação.

De 21 a 31 de março: É tempo de melhorar o seu lar, mesmo que isso envolva tarefas difíceis. Ao final, você ficará mais satisfeito consigo mesmo e com a casa. Você precisa cuidar mais de si mesmo, seja da saúde ou do equilíbrio emocional. Bom tempo para a recuperação de suas forças.

De 1º a 10 de abril: Você está mais fascinante e misterioso, ou tende a atrair situações desse tipo. É tempo de cumprir os compromissos com a família. O conforto doméstico lhe atrai de maneira especial. Você agora deveria fazer algo de especial pela sua casa.

De 11 a 20 de abril: Momento de grande sentimentalidade e de um certo saudosismo em relação ao que talvez nem tenha vivido realmente. Na vida doméstica, mais estabilidade e senso prático.

De 21 a 30 de abril: Momento de ser realista no convívio amoroso. Não projete o que não pode vir a ser. Mas também não esfrie demais os sentimentos. Encontre a ponderação entre esses dois extremos.

De 1º a 10 de maio: Os sentimentos e desejos amorosos estão em fase de expansão. É tempo de vivê-los mais plenamente. Agora é mais fácil aceitar seus próprios sentimentos e dar expressão a eles, por meio de gestos concretos e palavras bem pesadas e medidas.

De 11 a 20 de maio: Um dia de sentimentos refinados, elevados, mas um tanto utópicos também. Procure dar uma forma definida às intenções criativas. No amor, os sentimentos são ardorosos, mas talvez pouco fantasiosos. A sensualidade está em alta.

De 21 a 31 de maio: As pessoas o ajudam a resolver seus problemas e superar deficiências. Momento em que pode contar com apoio eficiente. As idéias criativas favorecem o desempenho no trabalho. Momento para expandir os contatos e melhorar o modo de trabalhar.

De 1º a 10 de junho: Momento de grande eficiência no trabalho, podendo agir por conta própria e dar soluções muito pessoais. Você mostra toda a sua habilidade e senso de oportunidade para lidar com dinheiro e para fazer negócios.

De 11 a 20 de junho: Seu humor está mais oscilante, e os sentimentos tendem a arrastá-lo de um lado para o outro. Os afazeres práticos, mesmo que um pouco aborrecidos, tendem a garantir uma linha de atuação e conduta.

De 21 a 30 de junho: É tempo de renovar e atualizar a vida a dois. Não deixe as rotinas se imporem, mas procure novas formas de convívio. Os humores tendem a afetar bastante seu relacionamento, gerando ressentimentos – mas, sem estes, vocês passariam bem melhor.

De 1º a 10 de julho: Momento de inspiração pessoal, em que pode dar uma condução mais eficiente e satisfatória para suas motivações e interesses. A vida a dois é permeada por romantismo e fantasias bastante imaginativas. A boa exploração destes é condição para um bom relacionamento.

De 11 a 20 de julho: Você pode ser pego de surpresa no trabalho com alguma mudança que não estava no programa. Planeje o melhor uso para seu dinheiro. Você tende a pensar de um modo e agir de outro, em especial no trabalho. Isso não produz uma direção firme.

De 21 a 31 de julho: Momento oportuno para livrar-se de muitas coisas que carrega, mas que já não fazem sentido em sua vida e às quais você tende a se apegar. Desapego agora é fundamental para dar os passos que precisa dar.

De 1º a 10 de agosto: As boas idéias e as novas soluções facilitam a concretização dos negócios, tanto de aquisição quanto de venda. Continua sendo tempo de eliminar coisas que não funcionam mais em sua vida.

De 11 a 20 de agosto: Uma fase positiva para os negócios comerciais. Os contatos profissionais estão também favorecidos. A boa vontade pode não ser suficiente para resolver os problemas. É preciso colocar muito esforço e aceitar restrições.

De 21 a 31 de agosto: É tempo de renovação em seus valores, princípios e pensamentos. Procure a profundidade, mais do que a diversidade de idéias. Você começa a se envolver com grandes projetos que venham a redesenhar sua vida. É preciso confiar nas forças construtivas e apontar o caminho que deseja para elas.

De 1º a 10 de setembro: A organização da mente é fundamental na definição dos valores e dos rumos a serem firmados de agora em diante. Apesar do forte espírito crítico, não é apontando as falhas que cultiva os melhores valores, mas sim trabalhando em torno das qualidades reconhecidas por você.

De 11 a 20 de setembro: Você está mais idealista e envolvido com pensamentos elevados. Seus parceiros estão rigorosos e exigentes. No trabalho, talvez tenha que dar muito e ser pouco reconhecido – por enquanto.

De 21 a 30 de setembro: Momento de iniciar novos projetos ou empreendimentos ligados à sua profissão. As dificuldades precisam ser enfrentadas com coragem. Uma fase importante para o trabalho, pois pode aperfeiçoar o que faz e melhorar as condições em seu ambiente.

De 1º a 10 de outubro: As coisas que tem vontade de realizar precisam ser bem construídas, ou podem não acontecer. Mesmo o que vier a acontecer tende a ter restrições. Algumas pessoas do ambiente próximo podem encantá-lo de modo especial. O fascínio tende a ser mútuo.

De 11 a 20 de outubro: Momento de renovação na carreira profissional. Mudanças podem ser introduzidas com êxito em seu trabalho. As preocupações estão presentes com maior ênfase. Procure dar mais atenção às relações agradáveis, sem se limitar pelos problemas.

De 21 a 31 de outubro: O contato com familiares e com sua origem pode ser muito especial. Procure observar o que o destino lhe traz, espontaneamente, neste sentido. Momento de forte agitação interna, como se quisesse colocar para fora algo que ainda não sabe bem o que é. Tenha calma e deixe o tempo amadurecer as novas motivações.

De 1º a 10 de novembro: Pode ser difícil articular sua vontade, mas isso é uma necessidade. Procure afirmar com clareza aquilo que quer. As amizades estão acaloradas e algum encanto especial pode surgir. O momento favorece divertir-se com os amigos, mais do que ficar em casa.

De 11 a 20 de novembro: Os amigos se mostram mais compreensivos com você. Algum apoio efetivo e prático tende a favorecê-lo neste momento. Os projetos de longo prazo trazem entusiasmo de modo especial. Aproveite para realizar algo em relação a eles.

De 21 a 30 de novembro: Há muita vida e uma certa tensão neste momento, em particular nas relações amorosas. Você começa a se recolher ao íntimo. É importante que o cotidiano possa receber bem os conteúdos criativos e afetivos.

De 1º a 10 de dezembro: As obrigações familiares podem ser mais agradáveis neste período. É tempo de conciliar dever e diversão. Estar bem consigo mesmo é mais importante agora do que estar bem com as demais pessoas.

De 11 a 20 de dezembro: As questões fundamentais da existência precisam ser consideradas por você. Momento para estudar e refletir sobre o desconhecido. O mundo lhe faz exigências difíceis e é preciso dar uma boa resposta, até para demonstrar seu valor e competência.

De 21 a 31 de dezembro: É tempo de redefinir sua própria identidade. Você poderá ser movido por interesses e motivações renovados, à medida que se deixar imbuir pelos novos sentimentos que brotam no seu íntimo.

Horóscopo chinês

A astrologia chinesa fundamenta-se no ano lunar, que dura doze meses e 29 dias. Cada ano lunar é regido por um signo, representado por um animal. Segundo a tradição chinesa, os seres humanos recebem as características do signo regente de cada ano.

Verifique na tabela a seguir qual é o seu animal-signo, tomando por base a data do seu nascimento. Se estiver interessado em conhecer o seu signo ascendente no horóscopo chinês, consulte também a tabela das horas regidas pelos signos. As compatibilidades entre os signos e a descrição de cada elemento da natureza poderão ser encontradas no livro *Manual do Horóscopo Chinês*, de Theodora Lau, publicado pela Editora Pensamento.

OS ANOS LUNARES DE 1900 A 2024

Signos	**Período Correspondente**	**Elemento**	**Polaridade**
Rato	de 31 de janeiro de 1900 até 18 de fevereiro de 1901	Metal	+
Boi	de 19 de fevereiro de 1901 até 7 de fevereiro de 1902	Metal	–
Tigre	de 8 de fevereiro de 1902 até 28 de janeiro de 1903	Água	+
Coelho	de 29 de janeiro de 1903 até 15 de fevereiro de 1904	Água	–
Dragão	de 16 de fevereiro de 1904 até 3 de fevereiro de 1905	Madeira	+
Serpente	de 4 de fevereiro de 1905 até 24 de janeiro de 1906	Madeira	–
Cavalo	de 25 de janeiro de 1906 até 12 de fevereiro de 1907	Fogo	+
Carneiro	de 13 de fevereiro de 1907 até 1º de fevereiro de 1908	Fogo	–
Macaco	de 2 de fevereiro de 1908 até 21 de janeiro de 1909	Terra	+
Galo	de 22 de janeiro de 1909 até 9 de fevereiro de 1910	Terra	–
Cão	de 10 de fevereiro de 1910 até 29 de janeiro de 1911	Metal	+
Porco	de 30 de janeiro de 1911 até 17 de fevereiro de 1912	Metal	–
Rato	de 18 de fevereiro de 1912 até 5 de fevereiro de 1913	Água	+
Boi	de 6 de fevereiro de 1913 até 25 de janeiro de 1914	Água	–
Tigre	de 26 de janeiro de 1914 até 13 de fevereiro de 1915	Madeira	+
Coelho	de 14 de fevereiro de 1915 até 12 de fevereiro de 1916	Madeira	–
Dragão	de 13 de fevereiro de 1916 até 22 de janeiro de 1917	Fogo	+
Serpente	de 23 de janeiro de 1917 até 10 de fevereiro de 1918	Fogo	–
Cavalo	de 11 de fevereiro de 1918 até 31 de janeiro de 1919	Terra	+
Carneiro	de 1º de fevereiro de 1919 até 19 de fevereiro de 1920	Terra	–
Macaco	de 20 de fevereiro de 1920 até 7 de fevereiro de 1921	Metal	+
Galo	de 8 de fevereiro de 1921 até 27 de janeiro de 1922	Metal	–
Cão	de 28 de janeiro de 1922 até 15 de fevereiro de 1923	Água	+
Porco	de 16 de fevereiro de 1923 até 4 de fevereiro de 1924	Água	–
Rato	de 5 de fevereiro de 1924 até 24 de janeiro de 1925	Madeira	+
Boi	de 25 de janeiro de 1925 até 12 de fevereiro de 1926	Madeira	–
Tigre	de 13 de fevereiro de 1926 até 1º de fevereiro de 1927	Fogo	+
Coelho	de 2 de fevereiro de 1927 até 22 de janeiro de 1928	Fogo	–
Dragão	de 23 de janeiro de 1928 até 9 de fevereiro de 1929	Terra	+
Serpente	de 10 de fevereiro de 1929 até 29 de janeiro de 1930	Terra	–
Cavalo	de 30 de janeiro de 1930 até 16 de fevereiro de 1931	Metal	+
Carneiro	de 17 de fevereiro de 1931 até 5 de fevereiro de 1932	Metal	–
Macaco	de 6 de fevereiro de 1932 até 25 de janeiro de 1933	Água	+

Galo	de	26	de	janeiro	de	1933	até	13	de	fevereiro	de	1934	Água	–
Cão	de	14	de	fevereiro	de	1934	até	3	de	fevereiro	de	1935	Madeira	+
Porco	de	4	de	fevereiro	de	1935	até	23	de	janeiro	de	1936	Madeira	–
Rato	de	24	de	janeiro	de	1936	até	10	de	fevereiro	de	1937	Fogo	+
Boi	de	11	de	fevereiro	de	1937	até	30	de	janeiro	de	1938	Fogo	–
Tigre	de	31	de	janeiro	de	1938	até	18	de	fevereiro	de	1939	Terra	+
Coelho	de	19	de	fevereiro	de	1939	até	7	de	fevereiro	de	1940	Terra	–
Dragão	de	8	de	fevereiro	de	1940	até	26	de	janeiro	de	1941	Metal	+
Serpente	de	27	de	janeiro	de	1941	até	14	de	fevereiro	de	1942	Metal	–
Cavalo	de	15	de	fevereiro	de	1942	até	4	de	fevereiro	de	1943	Água	+
Carneiro	de	5	de	fevereiro	de	1943	até	24	de	janeiro	de	1944	Água	–
Macaco	de	25	de	janeiro	de	1944	até	12	de	fevereiro	de	1945	Madeira	+
Galo	de	13	de	fevereiro	de	1945	até	1º	de	fevereiro	de	1946	Madeira	–
Cão	de	2	de	fevereiro	de	1946	até	21	de	janeiro	de	1947	Fogo	+
Porco	de	22	de	janeiro	de	1947	até	9	de	fevereiro	de	1948	Fogo	–
Rato	de	10	de	fevereiro	de	1948	até	28	de	janeiro	de	1949	Terra	+
Boi	de	29	de	janeiro	de	1949	até	16	de	fevereiro	de	1950	Terra	–
Tigre	de	17	de	fevereiro	de	1950	até	5	de	fevereiro	de	1951	Metal	+
Coelho	de	6	de	fevereiro	de	1951	até	26	de	janeiro	de	1952	Metal	–
Dragão	de	27	de	janeiro	de	1952	até	13	de	fevereiro	de	1953	Água	+
Serpente	de	14	de	fevereiro	de	1953	até	2	de	fevereiro	de	1954	Água	–
Cavalo	de	3	de	fevereiro	de	1954	até	23	de	janeiro	de	1955	Madeira	+
Carneiro	de	24	de	janeiro	de	1955	até	11	de	fevereiro	de	1956	Madeira	–
Macaco	de	12	de	fevereiro	de	1956	até	30	de	janeiro	de	1957	Fogo	+
Galo	de	31	de	janeiro	de	1957	até	17	de	fevereiro	de	1958	Fogo	–
Cão	de	18	de	fevereiro	de	1958	até	7	de	fevereiro	de	1959	Terra	+
Porco	de	8	de	fevereiro	de	1959	até	27	de	janeiro	de	1960	Terra	–
Rato	de	28	de	janeiro	de	1960	até	14	de	fevereiro	de	1961	Metal	+
Boi	de	15	de	fevereiro	de	1961	até	4	de	fevereiro	de	1962	Metal	–
Tigre	de	5	de	fevereiro	de	1962	até	24	de	janeiro	de	1963	Água	+
Coelho	de	25	de	janeiro	de	1963	até	12	de	fevereiro	de	1964	Água	–
Dragão	de	13	de	fevereiro	de	1964	até	1º	de	fevereiro	de	1965	Madeira	+
Serpente	de	2	de	fevereiro	de	1965	até	20	de	janeiro	de	1966	Madeira	–
Cavalo	de	21	de	janeiro	de	1966	até	8	de	fevereiro	de	1967	Fogo	+
Carneiro	de	9	de	fevereiro	de	1967	até	29	de	janeiro	de	1968	Fogo	–
Macaco	de	30	de	janeiro	de	1968	até	16	de	fevereiro	de	1969	Terra	+
Galo	de	17	de	fevereiro	de	1969	até	5	de	fevereiro	de	1970	Terra	–
Cão	de	6	de	fevereiro	de	1970	até	26	de	janeiro	de	1971	Metal	+
Porco	de	27	de	janeiro	de	1971	até	15	de	janeiro	de	1972	Metal	–
Rato	de	16	de	janeiro	de	1972	até	2	de	fevereiro	de	1973	Água	+
Boi	de	3	de	fevereiro	de	1973	até	22	de	janeiro	de	1974	Água	–
Tigre	de	23	de	janeiro	de	1974	até	10	de	fevereiro	de	1975	Madeira	+
Coelho	de	11	de	fevereiro	de	1975	até	30	de	janeiro	de	1976	Madeira	–
Dragão	de	31	de	janeiro	de	1976	até	17	de	fevereiro	de	1977	Fogo	+
Serpente	de	18	de	fevereiro	de	1977	até	6	de	fevereiro	de	1978	Fogo	–
Cavalo	de	7	de	fevereiro	de	1978	até	27	de	janeiro	de	1979	Terra	+
Carneiro	de	28	de	janeiro	de	1979	até	15	de	fevereiro	de	1980	Terra	–
Macaco	de	16	de	fevereiro	de	1980	até	4	de	fevereiro	de	1981	Metal	+
Galo	de	5	de	fevereiro	de	1981	até	24	de	janeiro	de	1982	Metal	–
Cão	de	25	de	janeiro	de	1982	até	12	de	fevereiro	de	1983	Água	+
Porco	de	13	de	fevereiro	de	1983	até	1º	de	fevereiro	de	1984	Água	–
Rato	de	2	de	fevereiro	de	1984	até	19	de	fevereiro	de	1985	Madeira	+
Boi	de	20	de	fevereiro	de	1985	até	8	de	fevereiro	de	1986	Madeira	–

Tigre	de 9	de	fevereiro	de 1986	até	28	de	janeiro	de	1987	Fogo	+
Coelho	de 29	de	janeiro	de 1987	até	16	de	fevereiro	de	1988	Fogo	–
Dragão	de 17	de	fevereiro	de 1988	até	5	de	fevereiro	de	1989	Terra	+
Serpente	de 6	de	fevereiro	de 1989	até	26	de	janeiro	de	1990	Terra	–
Cavalo	de 27	de	janeiro	de 1990	até	14	de	fevereiro	de	1991	Metal	+
Carneiro	de 15	de	fevereiro	de 1991	até	3	de	fevereiro	de	1992	Metal	–
Macaco	de 4	de	fevereiro	de 1992	até	22	de	janeiro	de	1993	Água	+
Galo	de 23	de	janeiro	de 1993	até	9	de	fevereiro	de	1994	Água	–
Cão	de 10	de	fevereiro	de 1994	até	30	de	janeiro	de	1995	Madeira	+
Porco	de 31	de	janeiro	de 1995	até	18	de	fevereiro	de	1996	Madeira	–
Rato	de 19	de	fevereiro	de 1996	até	7	de	fevereiro	de	1997	Fogo	+
Boi	de 8	de	fevereiro	de 1997	até	28	de	janeiro	de	1998	Fogo	–
Tigre	de 29	de	janeiro	de 1998	até	16	de	fevereiro	de	1999	Terra	+
Coelho	de 17	de	fevereiro	de 1999	até	5	de	fevereiro	de	2000	Terra	–
Dragão	de 6	de	fevereiro	de 2000	até	24	de	janeiro	de	2001	Metal	+
Serpente	de 25	de	janeiro	de 2001	até	11	de	fevereiro	de	2002	Metal	–
Cavalo	de 12	de	fevereiro	de 2002	até	31	de	janeiro	de	2003	Água	+
Carneiro	de 1º	de	fevereiro	de 2003	até	20	de	janeiro	de	2004	Água	–
Macaco	de 21	de	janeiro	de 2004	até	7	de	fevereiro	de	2005	Madeira	+
Galo	de 8	de	fevereiro	de 2005	até	28	de	janeiro	de	2006	Madeira	–
Cão	de 29	de	janeiro	de 2006	até	16	de	fevereiro	de	2007	Fogo	+
Porco	de 17	de	fevereiro	de 2007	até	6	de	fevereiro	de	2008	Fogo	–
Rato	de 7	de	fevereiro	de 2008	até	25	de	janeiro	de	2009	Terra	+
Boi	de 26	de	janeiro	de 2009	até	13	de	fevereiro	de	2010	Terra	–
Tigre	de 14	de	fevereiro	de 2010	até	2	de	fevereiro	de	2011	Metal	+
Coelho	de 3	de	fevereiro	de 2011	até	22	de	janeiro	de	2012	Metal	–
Dragão	de 23	de	janeiro	de 2012	até	9	de	fevereiro	de	2013	Água	+
Serpente	de 10	de	fevereiro	de 2013	até	20	de	janeiro	de	2014	Água	–
Cavalo	de 21	de	janeiro	de 2014	até	18	de	fevereiro	de	2015	Madeira	+
Carneiro	de 19	de	fevereiro	de 2015	até	7	de	janeiro	de	2016	Madeira	–
Macaco	de 8	de	janeiro	de 2016	até	27	de	janeiro	de	2017	Fogo	+
Galo	de 28	de	janeiro	de 2017	até	14	de	fevereiro	de	2018	Fogo	–
Cão	de 15	de	fevereiro	de 2018	até	3	de	janeiro	de	2019	Terra	+
Porco	de 4	de	janeiro	de 2019	até	23	de	janeiro	de	2020	Terra	–
Rato	de 24	de	janeiro	de 2020	até	10	de	fevereiro	de	2021	Metal	+
Boi	de 11	de	fevereiro	de 2021	até	31	de	janeiro	de	2022	Metal	–
Tigre	de 1º	de	fevereiro	de 2022	até	20	de	janeiro	de	2023	Água	+
Coelho	de 21	de	janeiro	de 2023	até	8	de	fevereiro	de	2024	Água	–
Dragão	de 9	de	fevereiro	de 2024	até	28	de	janeiro	de	2025	Madeira	+

OS SIGNOS E AS HORAS

Das 23 à 1h, horas governadas pelo Rato
De 1 às 3h, horas governadas pelo Boi
Das 3 às 5h, horas governadas pelo Tigre
Das 5 às 7h, horas governadas pelo Coelho
Das 7 às 9h, horas governadas pelo Dragão
Das 9 às 11h, horas governadas pela Serpente
Das 11 às 13h, horas governadas pelo Cavalo
Das 13 às 15h, horas governadas pelo Carneiro
Das 15 às 17h, horas governadas pelo Macaco
Das 17 às 19h, horas governadas pelo Galo
Das 19 às 21h, horas governadas pelo Cão
Das 21 às 23h, horas governadas pelo Porco

Características gerais de cada signo

RATO - Pessoas sob este signo são trabalhadoras e econômicas. Muito adaptáveis, são bem-sucedidas em todos os empreendimentos. Têm um ótimo tino comercial, mas podem muitas vezes ser mesquinhas, principalmente nos assuntos financeiros. Muito sentimentais, os nativos de rato dão grande importância aos laços familiares e por isso fazem o que estiver a seu alcance para dar conforto e segurança à família. Suas maiores deficiências são a ambição e a precipitação. Em geral, não sabem esperar o momento oportuno para pôr as idéias em prática. Por essa razão, perdem grandes oportunidades que os fariam ter sucesso e prestígio.

BOI - Essas pessoas são calmas, conservadoras e obstinadas, e sempre dignas de confiança. Terão boas oportunidades no trabalho, devido a seu grande senso de responsabilidade. Lealdade e fidelidade são suas palavras-chave. As pessoas deste signo tendem a sofrer de problemas digestivos, devido ao hábito de guardar ressentimentos. Quando decepcionadas com o amor, podem afastar-se das novas oportunidades de romance, entregando-se totalmente ao trabalho. Costumam ser generosas, pacientes e honestas. Cumprir com o dever é seu lema, e muitas vezes passam por cima dos próprios sentimentos para levar seus planos adiante.

TIGRE - Os que nascem num ano deste signo demonstram entusiasmo e enorme alegria de viver. As novas experiências e a independência são sua meta, principalmente durante a juventude. Em geral, adoram ser o centro das atenções, o que muitas vezes resulta em problemas com amigos e familiares. Exigem sempre a simpatia e o afeto daqueles que os cercam. Raramente desanimam diante dos aspectos práticos do trabalho. Seu temperamento rebelde e exageradamente franco pode dificultar relacionamentos duradouros. Entretanto, a presença do tigre na vida das pessoas é sempre marcante, jamais passando despercebida.

COELHO - As pessoas deste signo são presenteadas com uma vida harmoniosa e tranqüila. Atenciosas e detalhistas, costumam ter um bom tino comercial. Sua grande sensibilidade é responsável tanto pelas atitudes doces e amistosas quanto pela postura, que muitas vezes parece indiferente. Como não suportam nenhum tipo de desarmonia, procuram sempre o caminho mais discreto e pacato para chegar ao seu grande objetivo: a segurança. São notadas pela capacidade de reconhecer seus limites em todas as áreas. Por essa razão, raramente agem contra a própria natureza íntima, apesar de estarem sempre dispostas a ajudar os amigos.

DRAGÃO - Graças a sua imensa reserva de energia, os dragões não podem nem conseguem passar despercebidos. Suas qualidades são tão numerosas quanto seus defeitos, e, por essa razão, fazem grandes amizades e inimizades. Passam pela vida em busca da perfeição ideal, e impacientam-se com a mediocridade e com a desonestidade. São francos ao extremo e não hesitam em ir às últimas conseqüências para conseguir o que desejam. O egoísmo e o fanatismo são as suas maiores deficiências. A consciência do dever para consigo mesmo e para com os outros lhes dá força e brilho contagiantes. Dificilmente se deixam levar por preocupações financeiras.

SERPENTE - Essas pessoas, extremamente argutas, apreciam o requinte material e intelectual. Confiantes e prudentes, raramente mudam de opinião para agradar os outros. São dotadas de rara capacidade de reflexão e ponderação. Nos relacionamentos, sejam eles familiares ou sociais, mostram-se, em geral, possessivas e exigentes, mas nem por isso deixam de ser leais companheiras. A desconfiança é um dos traços mais negativos deste signo, que jamais perdoa uma traição, mesmo que seja apenas um mal-entendido. Essas pessoas podem mostrar-se bastante rancorosas quando são impedidas de seguir o próprio caminho.

CAVALO - Quem nasce sob este regente preocupa-se muito em separar o joio do trigo. São pessoas dotadas de mente rápida e aguçada. As decisões são encaradas como desafios: representam apenas um interessante exercício intelectual. Este signo, portanto, não tem nenhuma dificuldade para tomar decisões nem costuma se demorar para escolher um caminho. A independência, as novas aventuras e experiências são tesouros que o nativo deste signo preza e busca com muita determinação. Adora os ambientes agitados e movimentados, e é capaz de fazer várias coisas ao mesmo tempo. Uma vida sem desafios rouba-lhe a alegria de viver. Por essa razão, gosta de mudar de ambiente, de trabalho e de casa, e não raro é visto como uma pessoa inconseqüente ou irresponsável.

CARNEIRO - Criaturas gentis, generosas e compreensivas, os nativos de carneiro são bastante ligados à vida doméstica e familiar. Também são considerados bons samaritanos. Os cuidados e as preocupações com as pessoas que amam beiram a superproteção, e eles não medem esforços para auxiliar a quem passa por dificuldades. Por serem avessos à violência, preferem as lamúrias a brigar ou discutir. Seu apego excessivo ao passado e às lembranças pode se tornar bastante nocivo. Com grande tendência ao pessimismo, são sensíveis a críticas ou palavras rudes. Como fazem o possível para evitar conflitos, muitas vezes escolhem o caminho do comodismo e da passividade ociosa.

MACACO - Este signo confere a seus nativos capacidade para resolver os problemas mais intricados. As pessoas de macaco têm uma inabalável alegria de viver e estão sempre atentas a tudo o que acontece à sua volta. Os fracassos significam apenas uma experiência a mais: nunca se dão por vencidas. Em geral se mostram bastante cuidadosas com as finanças e sabem resolver as questões nessa área com muita criatividade. Sempre fazendo planos mirabolantes, consideram fundamental ter uma vida agitada e desafiadora. Tendem a ser desleais quando lhes convém, e vingam-se com facilidade usando seu acurado senso de humor e sua astúcia. Muito curiosas e interessadas por tudo, revelam-se pessoas bastante cultas e bem-informadas.

GALO - Os que nascem nos anos regidos por este signo são perfeccionistas e têm muita disposição para o trabalho. Seu talento notável para as finanças os tornam capazes de fazer "mágicas" para conseguir estabilidade econômica. Adoram o trabalho, onde se mostram competentes, eficazes, pontuais e muitas vezes detalhistas ao extremo. Podem ser bastante egoístas quando se trata de dividir atenções. Apreciam ser considerados e reconhecidos por suas capacidades. Por serem pessoas de natureza pacata, preferem a rotina a ter uma vida social intensa ou cheia de futilidades. Negociantes magníficos, não raro interferem na vida das outras pessoas apenas para evitar que elas tenham prejuízo nas questões financeiras.

CÃO - Signo da justiça e da afeição. Em geral, os nascidos sob este signo dedicam a vida a ideais elevados de honra e moral. Muitas vezes são irônicos e, em sua ingenuidade, não percebem que, agindo desse modo, magoam os outros. Os meios-termos são motivos de sofrimento para eles, uma vez que não suportam a indefinição. A sinceridade e a franqueza são suas maiores qualidades. Têm um autocontrole muito desenvolvido, sendo capazes de suportar os reveses da vida com altivez. A impaciência, tanto no trabalho quanto no ambiente doméstico, pode ser um grave defeito.

PORCO - A simplicidade e a honestidade dos nativos deste signo, em geral, fazem com que vivam cercados de amigos e apreciem as boas coisas da vida. Quando exagerado, esse traço pode levá-los a valorizar excessivamente as paixões e os prazeres materiais. Por serem compreensivos e generosos demais, tornam-se muitas vezes vítimas de tramóias e abusos. A confiança cega nas pessoas e a ausência de malícia, todavia, trazem aos nativos de porco tanto vantagens como desvantagens. Temem ferir as pessoas que admiram e não gostam de contradizê-las.

2005
Ano do Galo

As qualidades do signo do Galo marcam o ano de 2005: a inteligência prática, o sentido produtivo e a capacidade de administrar situações podem ser aplicadas de muitas maneiras, favorecendo as realizações e o êxito. No entanto, estas mesmas qualidades podem levar as pessoas a se valorizarem demais, tornando-se eufóricas com relação aos triunfos alcançados, ou mesmo ainda por alcançar.

É preciso encontrar equilíbrio neste ano, mais do que entusiasmo ou exagero, em todas as atitudes. A sensação de possuir talentos e qualidades deve imbuir as pessoas da noção de dever e trabalho. É preciso desenvolver a humildade para que as atividades de trabalho e as relações humanas caminhem bem neste ano de 2005.

Este é um ano voltado para o trabalho produtivo, a organização no lar, no emprego e no ambiente em que vive seu cotidiano, muito mais do que para a diversão. Nessas tarefas será necessário um bom esforço para manter-se dentro das possibilidades e dos recursos materiais, sem entrar em especulações e delírios que impediriam ações efetivas. Procure realizar sempre o que possa ser cumprido de imediato, sem se deixar levar por sonhos longínquos.

A capacidade de organização, de administração e de detalhamento deve ser utilizada na atividade profissional. É favorável agir sempre com eficiência máxima e rigor nas escolhas e nos procedimentos de trabalho. Há uma forte tendência a que, em vez de aplicar essa eficiência, as pessoas prefiram gabar-se do que são capazes, encontrar formas fáceis e incompletas de resolver os problemas ou, simplesmente, fugir dos deveres e perderem-se em futilidades e ineficiências. Os bons e os maus resultados ao final do ano irão depender bastante do tipo de atitude que cada indivíduo tiver diante destas questões.

O relacionamento humano terá momentos de intensidade passional e dramaticidade, como se a vida fosse um palco para as pessoas se exibirem, mostrarem seus pequenos dramas pessoais. As pessoas mostrarão arrojo e coragem nas relações quando, muitas vezes, a ponderação seria o caminho adequado para se chegar à harmonia entre os participantes.

Nas relações afetivas, cada pessoa tende a estar preocupada consigo mesma, dando pouca atenção à outra, e exigindo dela total atenção para si mesma. Ou seja, é de se esperar atitudes bastante egoístas entre os amigos e na vida amorosa. Esse egoísmo se refere à grande carência afetiva do Galo, e sua ânsia de vê-la preenchida de alguma maneira. O tom dramático das relações afetivas poderia ser mais positivo se houvesse menos dessa ânsia egoísta e da vontade de ser o centro das atenções.

Nas relações entre os grupos sociais, ou mesmo os países, haverá também tendência para exagerar ou intensificar os problemas. Deste modo, as possíveis soluções tendem a ser negligenciadas, preferindo-se a afirmação do problema mais do que a busca por novas possibilidades. Pode haver disputas entre os países, mas apenas por algum exibicionismo, com discursos veementes e tomadas de posição que não são mais do que pura bravata. É pouco provável que uma atitude agressiva seja efetivamente tomada.

Por ser regido pelo elemento Madeira, o ano de 2005 terá características mais liberais e flexíveis do que outros anos de Galo. A Madeira faz com que se interesse mais pelo progresso e aprecie o crescimento das mais diversas situações de vida. Assim, ao invés das implicâncias e das ninharias, poderá dar atenção aos pontos principais que favoreçam o desenvolvimento e a expansão, em especial no trabalho. Uma disposição mais compreensiva, imparcial e sociável facilitará as relações humanas em certa medida. As qualidades virtuosas do Galo surgem de maneira mais evidente, assim como o orgulho excessivo tende a ser abrandado – enfim, o elemento Madeira torna o ano bastante favorável.

Eis o que nos reserva o ano do Galo

RATO

Um ano de atividade intensa no campo profissional, mais ainda do que para os demais signos, favorecendo alcançar resultados realmente espantosos – na medida em que se dedique ao trabalho. Poderá receber uma promoção, definir melhor o uso de seus talentos vocacionais e fortalecer o rumo da carreira profissional. O casamento e as uniões, no trabalho e no amor, estão favorecidas, mais especialmente para as mulheres deste signo. Grande ênfase será dada às questões materiais, podendo haver descuido com a saúde, a vida emocional e as relações familiares. Importa que dedique mais atenção a estes assuntos. Procure, neste ano, além do sucesso material, estar bem consigo mesmo.

BOI

Após um ano de crise e problemas, você está iniciando uma nova aurora, ingressando em período de ascensão e de maior extroversão – o que sempre lhe faz muito bem. Poderá encontrar pessoas e atividades sociais e culturais que enriqueçam sua vida. Um ano excelente para os trabalhos intelectuais e para desenvolver sua mente. Os planos para o futuro estão favorecidos, em particular aqueles que o levam a organizar o trabalho e a estrutura material de vida. É um ano preponderantemente feliz, pelas boas perspectivas que vão se abrindo progressivamente. É favorável soltar as amarras do passado, abrindo-se a novas experiências e permitindo que os horizontes de sua vida se expandam para além daquilo que já conheceu e experimentou.

TIGRE

Um ano de transformações e possíveis crises para as pessoas de Tigre. Pode haver momentos difíceis, exigindo mudar sua maneira de pensar e de sentir. A realidade mostrará como você não sabe se adequar à realidade material, aos afazeres práticos ou às exigências dos detalhes, inclusive nas relações pessoais. Por outro lado, superadas tais dificuldades, muitas melhorias podem ter lugar, especialmente na segunda metade do ano. Será necessário aceitar as adversidades e procurar crescer a partir delas. Os negócios caminharão melhor depois de uma fase inicial de adaptação. A ajuda de amigos e familiares chegará nos momentos em que não puder sustentar sozinho as situações. Aprenda a compartilhar e a receber ajuda. Afinal, é tempo de aprender que não dá para fazer tudo sozinho.

COELHO

Um ano de relacionamentos importantes. A participação de outras pessoas em sua vida será decisiva em muitos assuntos e tudo poderá chegar ao melhor resultado agora. Mas, se escolher as parcerias ou companhias erradas, então é possível que a vida se complique ao se enredar com os problemas alheios ou por não encontrar quem lhe acompanhe em seus interesses e atividades. É um ano em que sentirá necessidade de compartilhar tudo com outras pessoas, desde os sentimentos às atividades e tarefas profissionais. Poderá desejar ser o centro das atenções para essas pessoas, tornando-se mais importante do que elas. No entanto, o importante não é quem comanda, e sim a cooperação. É preciso ponderar sobre as pessoas com quem vai dividir sua vida e nas quais depositar confiança, usando do melhor discernimento.

DRAGÃO

Um ano positivo para o trabalho e o conforto material, que tendem a ser o centro dos acontecimentos. Caso passe por alguma dificuldade financeira, com certeza poderá se recuperar dela através do trabalho árduo e dos esforços perseverantes. O aperfeiçoamento profissional será favorecido, assim como as atividades que aumentem sua habilidade manual e mental. É necessário cuidar bastante bem da saúde, pois estará com menos vitalidade orgânica. Basta manter cuidados mínimos adequados ao seu tipo de organismo que, provavelmente, sua saúde se manterá intacta. Procure melhorar suas condições de conforto, tanto no trabalho quanto no ambiente doméstico.

SERPENTE

2005 é um ano altamente positivo para as pessoas de Serpente. As realizações tendem a ser grandiosas em diversos campos e os empreendimentos iniciados agora tenderão a ter longa duração e ser exitosos. Os lucros aumentarão, a vida financeira ficará mais fácil e você estará mais confiante. No amor e nas relações afetivas, a situação tende a ser também bastante feliz, podendo iniciar um longo, feliz e apaixonado romance. A vida familiar e a relação com os filhos serão fonte de grande realização pessoal. É aconselhável cultivar a harmonia emocional na relação com estas pessoas. Todo o esforço empreendido nos últimos anos começa agora a mostrar seus frutos, de modo mais evidente.

CAVALO

2005 é um ano favorável para a vida familiar, para se dedicar ao lar e a si mesmo, assim como para cuidar de todo tipo de tarefa ou melhoria doméstica – muito mais do que para progredir material e profissionalmente. Os momentos de tranqüilidade em casa e de reflexão serão mais do que necessários, pois você deve recuperar o equilíbrio interior, antes de recomeçar novamente a dinâmica agitada de sua vida. Este ano é como um momento de parada para tomar fôlego, olhar o ambiente em torno e se preparar, antes de começar grandes empreendimentos em 2006. Procure olhar para trás, para seu passado, fazendo uma revisão de tudo o que tem acontecido com você. E, também, retome contato com as raízes mais profundas de seu ser, buscando os anseios fundamentais que habitam sua alma.

CARNEIRO

Este tende a ser um ano bastante movimentado, com muitos pequenos acontecimentos, alguma diversão e renovação das rotinas e das relações humanas. Poderá mudar de casa, de cidade ou, no mínimo, de ritmo de vida – ou mudar um pouco de cada uma dessas coisas, diversas vezes, ao longo do ano. O importante é arejar o espírito e ganhar alento com cada modificação como que abrindo espaço para novos potenciais e possibilidades em você. É preciso estar preparado para abandonar antigos hábitos e conhecer novas propostas e estilos de vida. As atividades mentais e comunicativas estarão especialmente favorecidas. É preciso agir com organização em tudo o que fizer para chegar ao sucesso – mas este será moderado, mesmo no melhor dos casos. É preciso manter um padrão mínimo de organização, mesmo em meio a todas as mudanças de ritmo e condição.

MACACO

Um ano de concretização de muitas das intenções e novas propostas surgidas no ano que passou. As aspirações precisam agora ganhar corpo, tornarem-se inteira e completamente concretas. Poderá pôr em prática uma nova maneira de ser e de se comportar. É um ano para ações práticas, não tanto para reflexões ou subjetividades. Seja direto e objetivo, aproveitando assim as boas energias do momento. O corpo físico deverá passar por algumas mudanças. É aconselhável a prática de atividades físicas, como esportes, expressão corporal ou mesmo tratamentos fisioterápicos. Os acontecimentos financeiros terão importância central em 2005. Procure consolidar sua posição nestes assuntos, constituindo assim uma nova e mais sólida condição de vida. A tendência é que seu padrão de vida melhore – mas naturalmente terá que trabalhar de acordo com as melhores características do ano do Galo, para alcançar o sucesso.

GALO

Este é o seu ano, início de um novo ciclo, momento de renovar as motivações e as aspirações que regem seu viver. Uma longa fase foi deixada para trás, desde o ano que passou, e agora começa o tempo de levantar os olhos para o futuro que se abre à sua frente. Procure não repetir os velhos modelos e padrões – justamente porque eles estão obsoletos diante das motivações atuais que batem em seu peito de Galo. É tempo de lutar por uma renovação total e completa, trazendo à atualidade tudo que de melhor conheceu ou acumulou no passado. Nem tudo será fácil e feliz, pois terá que lutar bastante para realizar tal renovação. Mas, ao final do ano, poderá estar bastante satisfeito com o que conseguiu realizar.

CÃO

Este ano representa um final de ciclo para as pessoas de Cão. Pode ser um ano confuso, com problemas relacionados à saúde e ao equilíbrio de vários aspectos de sua vida. O trabalho e a realização material tendem a ficar comprometidos – e, no mínimo, sofrerão uma diminuição no ritmo produtivo e de crescimento. É um ano adequado para meditar sobre a existência e o sentido que você percebe ou pretende atribuir a ela, no seu mais amplo contexto. As realizações concretas são mais difíceis agora, enquanto a renovação interior e subjetiva pode ser levada a cabo com êxito. É favorável diminuir o ritmo das atividades práticas e guardar mais tempo à reflexão e à meditação. Os momentos de isolamento e de sossego são fundamentais neste processo, mesmo que, com isso, surja uma certa inquietação quanto às questões e relações afetivas. Saiba conviver consigo mesmo, assim como aprecia tanto conviver com as outras pessoas.

PORCO

Um ano para pensar a respeito do futuro e para reorganizar-se em torno de grandes sonhos e projetos que venham a direcionar sua vida de agora em diante. Após um período de êxitos profissionais e materiais, no qual alcançou o patamar que lhe é possível ter no momento, agora é tempo de pensar o que fazer com as conquistas alcançadas. Poderá se dedicar a atividades que beneficiem a coletividade ou alguma parte da sociedade, participando de eventos com grupos de pessoas. Os amigos e as relações sociais terão papel de destaque neste ano, pois você está precisando sentir-se mais participante e inserido no meio em que vive. É tempo de contribuir com o que tem de melhor para o ambiente social em que vive. Os amores estão mais calmos. O período é de estabilização não apenas de seus sentimentos, mas também do relacionamento afetivo. A vida financeira pode não ser fácil, ainda mais se optar por projetos de vida que exijam uma mudança na condição material.

Esforce-se para saber escutar

A arte de escutar é um processo ativo. É atingir o grau de bom ouvinte que assegurará o que Sun Tzu chamou de "a garantia de decisões profundas".

Aqui vão algumas regras para você aprender a escutar:

Repita para você mesmo o que ouviu. O componente fundamental de aprender a escutar é tornar claro o que foi dito pela outra pessoa. Emprega-se expedientes como "O que eu entendi você dizer foi...", ou simplesmente a repetição do enunciado. Desta forma, você assegura que entendeu o que foi dito, o que colabora para apreender informações adicionais.

Faça perguntas. Outro componente do saber escutar é fazer perguntas. Elas vão torná-lo um participante ativo da conversa, fomentarão novas informações e colaborarão para que você tenha uma influência positiva na conversação. Seja sincero no que tange às perguntas e receberá de volta um fluxo maior de informações.

Reconheça os pensamentos e sentimentos do interlocutor. Esta conduta interessada no diálogo pode ser demonstrada através de palavras ou de linguagem corporal, como com um aceno de cabeça. Ao indicar que você está captando o conteúdo da conversa, o diálogo passa de um patamar puramente emocional para a esfera dos assuntos mais sérios. É também pela demonstração de interesse real nos rumos da conversa que você consegue frustrar as interrupções impertinentes de terceiros. Com um simples sinal ou comentário, você encoraja o interlocutor a prosseguir o assunto tratado.

Descubra o que os outros querem realmente dizer. Saber escutar ajuda-nos a desenvolver a capacidade de perceber os desejos e necessidades das outras pessoas. Se conseguimos escutar verdadeiramente e compreender o que elas querem dizer, nos tornamos ouvintes argutos. As interações positivas do bom ouvinte ajudam a formar um quadro completo sobre a lógica e os sentimentos em jogo na conversação. Dessa forma, vamos ser considerados pessoas com empatia.

Melhore a auto-estima dos outros. Sorria, seja prestativo e bem-humorado. Se conseguirmos nos tornar um ouvinte que melhora a auto-estima dos outros, as pessoas vão naturalmente nos procurar e depositarão confiança em nós.

Esteja ciente de suas distrações na conversa. Você consegue prestar atenção na conversa de pessoas com quem não tem nada em comum? Consegue ser bom ouvinte de uma variada gama de assuntos? Muitas coisas podem prejudicar a nossa vontade de escutar. Se você conhece aquilo que o distrai em uma conversa, pode chegar a um patamar mais elevado na arte de saber escutar.

Mantenha-se no presente. Uma mente dispersiva é o inimigo do ouvinte. Não tire conclusões precipitadas, nem busque implicações futuras para o que está ouvindo. Mantenha a sua mente sintonizada no presente.

Faça anotações. Não importa se você vai utilizar ou não as suas anotações: fazê-las é uma maneira de se manter atento à conversa.

– Extraído de *Sun Tzu para o Sucesso*,
de G. Michaelson e S. Michaelson, Ed. Cultrix.

Hora legal

Antes de 1914, cada localidade brasileira marcava o tempo segundo o movimento aparente do Sol, que atinge o ponto mais alto (ou culminante) às 12 horas; era assim que se obtinha a **hora local**, que muda de acordo com a posição geográfica de cada região. Depois desse ano, o governo instituiu a **hora legal**, ou **oficial**, que tem por base o horário de Brasília.

O Brasil foi dividido em quatro zonas geográficas, cada uma delas com uma hora legal diferente. Veja a seguir:

1) A primeira zona abrange as ilhas Fernando de Noronha e Trindade: o tempo legal ali é de 2 horas menos que em Greenwich (Londres).

2) A segunda zona abrange os Estados de Goiás, Tocantins e Minas Gerais, e todos os Estados litorâneos (menos a parte ocidental do Pará). Nesta zona, a hora legal (ou hora de Brasília) é 3 horas menos que a de Greenwich.

3) A terceira zona abrange a parte ocidental do Pará, Mato Grosso e Mato Grosso do Sul, Roraima, Rondônia e a parte ocidental do Amazonas. O tempo legal ali é de 4 horas menos que em Greenwich.

4) A quarta zona abrange a parte ocidental do Amazonas e o Estado do Acre. O tempo legal desta zona é de 5 horas menos que o de Greenwich.

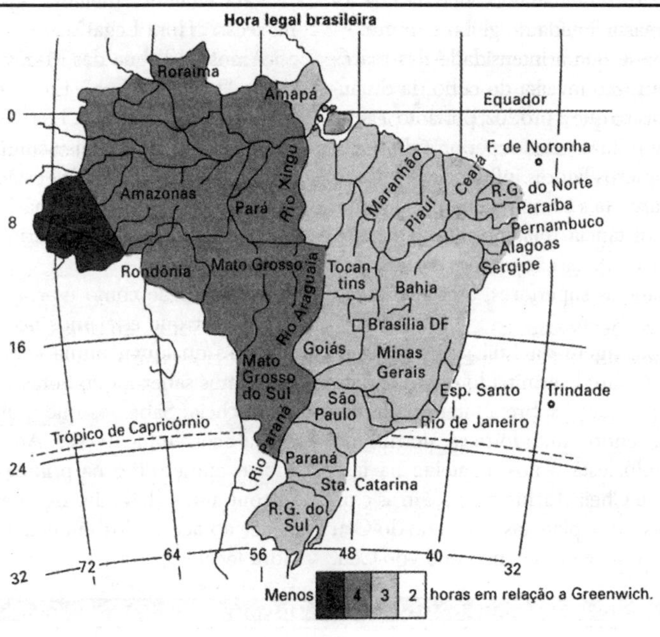

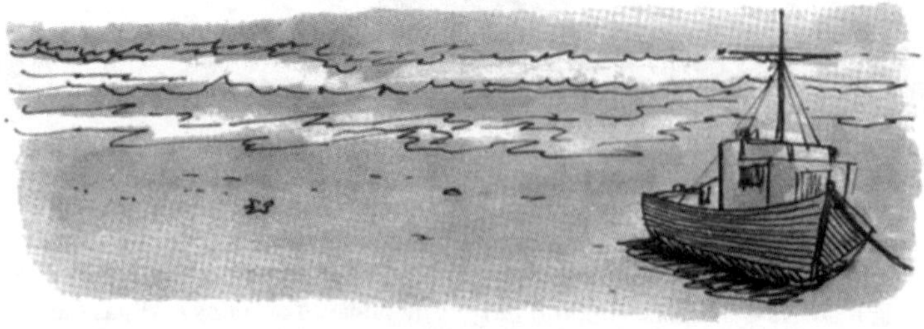

Marés

PREAMAR E BAIXA-MAR

As águas marítimas, em todos os litorais do planeta, não apresentam sempre o mesmo nível, pois ocorrem ao longo do dia e da noite os movimentos de fluxo e de refluxo, que recebem os nomes de *preamar* e *baixa-mar*, ou maré alta e maré baixa.

Por um período de 6h12min, elas sobem e descem, às vezes mais, às vezes menos. Esse importante fenômeno se deve à ação combinada do Sol e da Lua sobre a massa líquida do globo terrestre.

Sabe-se que a intensidade das marés está na razão inversa do cubo da distância do astro que a produz; portanto a ação da Lua é duas vezes superior à do Sol.

Inúmeros fatores influenciam o fluxo das marés, tais como o tamanho dos mares, a distância relativa entre a Lua, o Sol e a Terra, as conjunções e oposições aos planetas superiores, a configuração dos litorais, etc.

A passagem da Lua sobre o meridiano de um determinado ponto tem influência notável sobre a intensidade das marés, sendo muito forte se, no mesmo momento, está o nosso satélite na fase Nova ou Cheia. Incluem também as conjunções com planetas no Meio-do-Céu ou as oposições a eles, no Fundo-do-Céu.

É possível conhecer a hora da maré alta ou baixa em uma determinada praia, sendo necessário, para tanto, conhecer a data da última Lua Nova e, sobre a hora encontrada, compensar a variação do tempo entre a hora local (solar) e a hora legal (hora de Brasília). Em geral, essa variação é de apenas alguns minutos (no máximo 15 min), e se deve às diferentes longitudes.

Para entender melhor, veja o mapa na seção “Hora Legal”.

A nossa “Tábua das Marés” é baseada na “Idade da Lua”, isto é, em quantos dias temos desde a Lua Nova até o dia em que se está consultando. Na primeira coluna da tabela, estão os dias transcorridos desde a última Lua Nova. Nas outras colunas, o horário legal das marés.

Exemplo de como usar a tábua: vamos supor que estejamos no dia 25 de um mês qualquer, numa certa praia, e queremos saber a que horas ocorrerá a maré cheia. Sabemos que a última Lua Nova ocorreu há 10 dias. Ao consultarmos o número dez na primeira coluna, encontramos 9h42min. Basta então proceder ao acerto dos minutos relativos à hora local.

Tábua das marés

Tabela perpétua das marés enchentes
e vazantes segundo a Lua Nova

Idade da Lua Nova (dias)	Primeira preamar (hora)	Primeira baixa-mar (hora)	Segunda preamar (hora)	Segunda baixa-mar (hora)
1	2:30	8:42	14:54	21:06
2	3:18	9:30	15:42	21:54
3	4:06	10:18	16:30	22:42
4	4:54	11:06	17:18	23:30
5	5:42	11:54	18:06	0:18
6	6:30	12:42	18:54	1:06
7	7:18	13:30	19:42	1:54
8	8:06	14:18	20:30	2:42
9	8:54	15:06	21:18	3:30
10	9:42	15:54	22:06	4:18
11	10:30	16:42	22:54	5:06
12	11:18	17:30	23:42	5:54
13	12:06	18:18	0:30	6:42
14	12:54	19:06	1:18	7:30
15	13:42	19:54	2:06	8:18
16	14:30	20:42	2:54	9:06
17	15:18	21:30	3:42	9:54
18	16:06	22:18	4:30	10:42
19	16:54	23:06	5:18	11:30
20	17:42	23:54	6:06	12:18
21	18:30	0:42	6:54	13:06
22	19:18	1:30	7:42	13:54
23	20:06	2:18	8:30	14:42
24	20:54	3:06	9:18	15:30
25	21:42	3:54	10:06	16:18
26	22:30	4:42	10:54	17:06
27	23:18	5:30	11:42	17:54
28	0:06	6:18	12:30	18:42
29	0:54	7:06	13:18	19:30
30	1:42	7:54	14:06	20:18

Previsão do tempo para o ano de 2005

Estas previsões baseiam-se nas mudanças que ocorrem durante a Lua Nova e a Lua Cheia.

De acordo com a sabedoria popular, quando as condições climáticas mudam num dia de Lua Nova ou de Lua Cheia, elas permanecem até a próxima dessas luas. Essa crença é confirmada pela meteorologia, pois nos dias em que ocorre uma dessas fases da Lua é provável que haja uma mudança no clima, que permanece, em geral, pelos catorze dias subseqüentes.

A Lua indica apenas as pequenas variações de tempo, isto é, a Lua, na Astrologia, indica mudanças relativas à média climática numa certa região numa determinada época. Por exemplo, quando se prevê "temperatura baixa" durante o verão, isso não significa que, no verão, haverá dias em que a temperatura estará realmente baixa. Significa apenas que a estação será amena. Essa mesma previsão, no inverno, significará que há possibilidade de ocorrer geadas no sul do país. Na Amazônia, porém, significa apenas que o tempo estará mais fresco. Deve-se fazer uma interpretação análoga com relação às outras previsões do tempo.

Essas previsões, em princípio, valem para todo o país. Porém, evidentemente, não é possível haver condições climáticas tão genéricas assim num país grande como o Brasil. Para que obtivéssemos dados mais precisos, seria necessário traçar o horóscopo relativo a cada região. As condições aqui previstas, no entanto, prevalecem, de modo geral, na maior parte das regiões do país.

De 01/01 a 09/01 – dias chuvosos, céu encoberto; temperatura instável
De 10/01 a 24/01 – dias nublados, temperatura amena, ventos moderados
De 25/01 a 07/02 – dias claros, temperatura agradável; tempestades ocasionais
De 08/02 a 23/02 – tempo quente e seco; dias claros e luminosos
De 24/02 a 09/03 – temperatura bastante elevada; céu claro e tempo seco
De 10/03 a 24/03 – tempo úmido e encoberto, alternado com dias de céu claro
De 25/03 a 07/04 – dias quentes e claros, e outros encobertos; temperatura amena
De 08/04 a 23/04 – dias claros, tempo seco; temperatura moderada
De 24/04 a 07/05 – dias moderadamente quentes e secos; céu claro
De 08/05 a 22/05 – novamente dias moderadamente quentes e secos, e céu claro
De 23/05 a 05/06 – céu encoberto, tempo chuvoso e temperatura instável
De 06/06 a 21/06 – tempo quente e bastante úmido; alternância entre céu claro e nublado
De 22/06 a 05/07 – dias chuvosos e encobertos; temperatura amena
De 06/07 a 20/07 – dias claros e céu aberto; temperatura agradável
De 21/07 a 04/08 – novamente dias claros e céu aberto; temperatura agradável
De 05/08 a 18/08 – temperatura elevada, céu claro e límpido
De 19/08 a 02/09 – dias quentes, secos e de céu aberto e claro
De 03/09 a 16/09 – temperatura elevada, mas céu ora claro, ora nublado; chuvas esparsas
De 17/09 a 02/10 – tempo quente e bastante seco
De 03/10 a 16/10 – dias nublados e bastante chuvosos; temperatura amena
De 17/10 a 31/10 – dias frios e nublados
De 01/11 a 14/11 – dias bastante chuvosos; temperatura moderada
De 15/11 a 30/11 – dias chuvosos, mas temperatura em elevação
De 01/12 a 14/12 – dias instáveis, ora claros, ora chuvosos; temperatura moderada
De 15/12 a 29/12 – dias chuvosos, alternando-se com dias claros; temperatura moderada
De 30/12 a 31/12 – dias secos e temperatura agradável.

Calendário agrícola

Mônica Joseph

O calendário agrícola apresentado a seguir segue uma nova teoria astrológica a respeito do plantio e do cultivo da terra, que toma por base a passagem da Lua pelos doze signos zodiacais. Experiências feitas no Brasil e em outros países comprovaram a eficácia dessa teoria. Na verdade, trata-se de um método usado desde tempos antigos e agora resgatado.

Plantar Flores

Quando dizemos que o dia é bom para plantar flores, significa que nesse dia deve-se colocar na terra a semente da qual queremos futuramente colher flores. Por flores designamos árvores como ipês, mimosas; arbustos, como azáleas, roseiras; ou mesmo flores, como bocas-de-leão, amores-perfeitos, cravos etc. Além disso, existem as flores de horta, tais como a couve-flor, o brócolis e a alcachofra.

Plantar Folhas

Quando dizemos que o dia é bom para plantar folhas, significa que nesse dia deve-se colocar na terra a semente da qual queremos futuramente colher as folhas ou obter folhagens bonitas, como é o caso dos ficus-benjamim, ou das samambaias e avencas, do chá e dos legumes de folhas: alface, almeirão, rúcula, agrião etc.

Plantar Frutas

Quando dizemos que o dia é bom para plantar frutas, estamos nos referindo a todas as plantas que produzem frutos, sejam elas árvores, arbustos ou legumes. É o caso das mangueiras, das castanheiras, das bananeiras, dos limoeiros etc., ou de arbustos como o marmeleiro. Estamos nos referindo também aos frutos de horta, que são os legumes de frutos, ou seja, a berinjela, o tomate, o jiló etc. Os grãos e as sementes – como arroz, feijão, milho – estão incluídos nesse item.

Plantar Raízes

Quando falamos de raízes, nos referimos somente a plantas como a cenoura, a mandioca, o nabo e a beterraba. As cebolas são classificadas como bulbos.

Colheitas

Para as colheitas, o princípio é o mesmo. Há dias em que é melhor colher para reprodução, o que muitas vezes requer um especialista no assunto. O agricultor, sempre que possível, deve usar sementes de outra procedência, e não as suas próprias.

Colheita de Frutos

É preferível colher os frutos e armazená-los, pois assim eles não amadurecerão tão depressa, ficarão protegidos de bichos e não apodrecerão precocemente. Após algum tempo, poderão ser manipulados, industrializados e exportados.

Colheita, Transplantes e Limpeza

As colheitas devem ser feitas sempre em tempo seco. Para transplantes, a melhor Lua é a Minguante, quando toda a força da planta encontra-se na raiz, e ela aceita nova terra e líquido para abastecer seu caule e suas folhas. Limpeza e adubagem de canteiros, de hortas, de pomares e de jardins devem ser feitas durante a Lua Nova.

ATENÇÃO: As sugestões a seguir, indicando a melhor época para determinadas atividades agrícolas, não excluem as outras atividades.

Agricultura e pecuária

JANEIRO 2005
Até o dia 3 de janeiro – *Lua Cheia*
Até o dia 9 de janeiro – *Lua Minguante*
Até o dia 16 de janeiro – *Lua Nova*
Até o dia 24 de janeiro – *Lua Crescente*
Até o dia 31 de janeiro – *Lua Cheia*

Dias 1º e 2 – Bons para colher para reprodução todo tipo de grãos, cenoura, beterraba, rabanete, gengibre, mandioca, amendoim, alho e cebola.
Dias 3 e 4 – Ótimos para semear e plantar flores ornamentais.

Dias 5 e 6 – Ótimos para plantar mandioca, cará, inhame, batatas, rabanete, cenoura e fazer transplantes de mudas para o local definitivo.
Dias 7 e 8 – Bons para fazer mudas de galho, colher chuchu, berinjela, jiló, quiabo, pepino, cortar madeira, vime, bambu e taboa bem como fazer podas.
Dias 9 e 10 – Bons para plantar pimenta-do-reino, cevada, feijão, arroz, milho, cacau e café, bem como mandioca, cenoura, rabanete, amendoim, alho, cebola, batatas, cará e inhame.
Dias 11 e 12 – Bons para plantar todo tipo de flores e árvores floríferas, patas-de-vaca, acácias, jacarandás-mimoso, miosótis, alamandas, onze-horas, dálias, rosas, cravos.

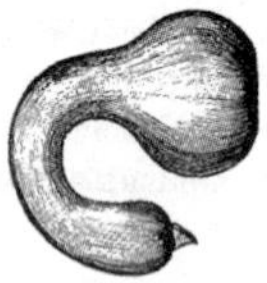

Dias 13 e 14 – Ótimos para plantar laranja, limão, pêssego, bananas, milho, trigo, cevada, feijão, aveia e cana-de-açúcar.
Dias 15, 16 e 17 – Bons para semear ou plantar melões, melancias, abóboras e morangas.
Dias 18 e 19 – Bons para semear pastos e gramados.
Dias 20 e 21 – Bons para plantar couve-flor, brócolis, ananás, abacaxi, feijão, arroz, trigo, gergelim, girassol, cevada, milho, café, cacau e guaraná.
Dias 22, 23 e 24 – Ótimos para plantar folhas para saladas, folhagens ornamentais, heras, alho, cebola e bem como colher cana-de-açúcar.
Dias 25 e 26 – Bons para plantar manjerona, alecrim, hortelã, todo tipo de ervas medicinais como camomila, boldo, capim cidrão e cáscara-sagrada.
Dias 27, 28 e 29 – Bons para colher para reprodução todo tipo de grãos, raízes tais como cenouras, beterrabas, rabanetes, gengibre, mandioca, amendoim e também alho e cebola.
Dias 30 e 31 – Ótimos para semear e plantar flores ornamentais de cores suaves.

GALINHAS: Ponha-as para chocar nos dias 4, 5, 6, 7, 8 e 9.
PESCARIA: De 26 a 31, boa no mar, e de 8 a 13, boa em rios e lagos.
Neste mês não se castram animais.

FEVEREIRO 2005
Dia 1º de fevereiro – *Lua Cheia*
Até o dia 7 de fevereiro – *Lua Minguante*
Até o dia 15 de fevereiro – *Lua Nova*
Até o dia 23 de fevereiro – *Lua Crescente*
Até o dia 28 de fevereiro – *Lua Cheia*

Dias 1º, 2 e 3 – Ótimos para plantar mandioca, cará, inhame, batatas, rabanete e cenouras e fazer transplantes de mudas de folhagens comestíveis ou ornamentais para o local definitivo.

Dias 4 e 5 – Bons para fazer mudas de galho, colher chuchu, berinjela, jiló, quiabo, pepino, cortar madeira,

vime, bambu e taboa bem como fazer podas.

Dias 6 e 7 – Bons para plantar pimenta-do-reino, cevada, feijão, arroz, milho, cacau e café, bem como mandiocas, cenouras, rabanetes, amendoins, alho, cebola, batatas, cará e inhame.

Dias 8 e 9 – Bons para plantar todo tipo de flores e árvores floríferas, patas-de-vaca, acácias, jacarandás-mimoso, miosótis, alamandas, onze-horas, madressilvas, dálias, rosas, cravos.

Dias 10 e 11 – Ótimos para plantar mangas, acerolas, laranja, limão, pêssego, bananas, milho, trigo, cevada, feijão, aveia e cana-de-açúcar.

Dias 12 e 13 – Bons para semear ou plantar melões, melancias, abóboras e morangas.

Dias 14, 15 e 16 – Bons para semear pastos e gramados, arar e limpar o terreno para o novo plantio.

Dias 17 e 18 – Bons para plantar couve-flor, brócolis, ananás, abacaxi, feijão, arroz, trigo, gergelim, girassol, cevada, milho, café, cacau e guaraná.

Dias 19 e 20 – Ótimos para plantar folhas para saladas, folhagens ornamentais, heras, alho, cebola, bem como para colher cana-de-açúcar.

Dias 21, 22 e 23 – Bons para plantar manjerona, alecrim, hortelã, todo tipo de ervas medicinais como camomila, boldo, capim cidrão e cáscara-sagrada bem como flores ornamentais e cores fortes.

Dias 24 e 25 – Bons para colher para reprodução todo tipo de grãos, raízes tais como cenouras, beterrabas, rabanetes, gengibre, mandioca, amendoim e também alho e cebola.

Dias 26, 27 e 28 – Ótimos para semear e plantar flores ornamentais de cores suaves.

GALINHAS: Ponha-as para chocar nos dias 3, 4, 5, 6, 7, 8 e 9.

PESCARIA: De 23 a 28, boa no mar, e de 1º a 3, boa em rios e lagos.

Neste mês não se castram animais.

MARÇO 2005

Até o dia 3 de março – *Lua Cheia*
Até o dia 9 de março – *Lua Minguante*
Até o dia 17 de março – *Lua Nova*
Até o dia 25 de março – *Lua Crescente*
Até o dia 31 de março – *Lua Cheia*

Dias 1º e 2 – Ótimos para plantar mandioca, cará, inhame, batatas, rabanete e cenouras, colher frutos suculentos da época e cana-de-açúcar.

Dias 3 e 4 – Bons para fazer mudas de galho, colher chuchu, berinjela, jiló, quiabo, pepino, cortar madeira, vime, bambu e taboa bem como fazer podas.

Dias 5 e 6 – Bons para plantar pimenta-do-reino, cevada, feijão, arroz, milho, cacau e café, bem como mandiocas, cenouras, rabanetes, amendoins, alho e cebola.

Dias 7 e 8 – Bons para plantar batata-inglesa, doce, cará, inhame e bardana.

Dias 9 e 10 – Ótimos para plantar frutos, grãos como trigo, milho, cevada, soja e aveia, bem como cana-de-açúcar e fazer transplantes de mudas para o local definitivo.

Dias 11 e 12 – Bons para semear ou plantar melões, melancias, abóboras e morangas.

Dias 13, 14 e 15 – Bons para semear pastos e gramados. Cortar madeira de reflorestamento, limpar, arar e preparar o terreno para o próximo plantio.

Dias 16 e 17 – Bons para plantar flores comestíveis como couve-flor, brócolis, ananás, abacaxi, semear flores ornamentais, feijão, arroz, trigo, cevada, gergelim, girassol, milho, café, cacau e guaraná.

Dias 18, 19 e 20 – Ótimos para plantar folhas para saladas, folhagens ornamentais, heras, alho, cebola, cenoura, nabo, rabanete e amendoim.

Dias 21 e 22 – Bons para plantar manjerona, alecrim, hortelã, todo tipo de ervas medicinais como camomila, boldo, cidreira, erva-doce e cáscara-sagrada.

Dias 23 e 24 – Bons para colher para reprodução arroz, trigo, milho, feijão, ger-

gelim, ervilhas, urucum ou colorau, cenouras, beterrabas rabanetes, gengibre, mandioca, amendoim, alho, cebola, batatas inglesa e doce, cará e inhame.

Dias 25, 26 e 27 – Ótimos para semear e plantar floríferas ornamentais.

Dias 28 e 29 – Ótimos para plantar mandioca, cará, inhame, batatas, rabanete e cenouras, fazer transplantes de mudas para o local definitivo e colher cana-de-açúcar.

Dias 30 e 31 – Bons para fazer mudas de galho, colher chuchu, berinjela, jiló, quiabo, pepino, cortar madeira, vime, bambu e taboa bem como fazer podas.

GALINHAS : Ponha-as para chocar dias 7, 8, 9, 10 e 11.

PESCARIA: De 7 a 15, boa no mar, e de 24 a 31, boa em rios e lagos.

Neste mês só se castram animais de pequeno porte dias 4, 5 e 6.

ABRIL 2005

Dia 1º de abril – *Lua Cheia*
Até o dia 8 de abril – *Lua Minguante*
Até o dia 15 de abril – *Lua Nova*
Até o dia 23 de abril – *Lua Crescente*
Até o dia 30 de abril – *Lua Cheia*

Dias 1º e 2 – Bons para plantar pimenta-do-reino, cevada, feijão, arroz, milho, cacau e café, bem como mandiocas, cenouras, rabanetes, amendoins, alho e cebola.

Dias 3 e 4 – Bons para plantar batatas inglesa e doce, cará, inhame e bardana. Bons para fazer podas. Cortar madeira, vime, taboa e plantar grãos e especiarias.

Dias 5 e 6 – Ótimos para plantar amendoim, beterraba, nabos, rabanetes, cenouras e fazer mudas de plantas que se reproduzam por galhos ou por ramas, como a batata-doce.

Dias 7, 8 e 9 – Bons para fazer podas, cortar madeira, vime e taboa e plantar grãos, como milho, café, feijão, trigo, gergelim, bulbos como alho e cebola e tubérculos ou seja, todo tipo de batatas, cará e inhame, bem como mandioca e cenoura.

Dias 10 e 11 – Bons para plantar grãos, como milho, café, feijão, trigo, gergelim, bulbos como alho e cebola e tubérculos, ou seja, todo tipo de batatas, cará e inhame, bem como amendoim e gengibre.

Dias 12 e 13 – Bons para plantar folhagens ornamentais, arar, limpar e adubar a terra.

Dias 14, 15 e 16 – Ótimos para plantar frutos suculentos, folhas para salada, cana-de-açúcar e fazer enxertos de cítricos.

Dias 17 e 18 – Ótimos para semear abóboras, melões, melancias, morangas, plantar flores de cores vivas.

Dias 19, 20 e 21 – Bons para semear pastos e gramados e colher para reprodução soja, cevada, arroz, trigo, milho, feijão, girassol, guaraná e café, sementes de raízes, de alho, cebola, bem como batatinhas, carás e inhames.

Dias 22 e 23 – Ótimos para plantar, semear flores anuais, perenes, arbustivas e arbóreas bem como colher flores ornamentais.

Dias 24 e 25 – Ótimos para plantar folhas como alface, couve, rúcula, louro, acelga, orégano, malva, agrião, boldo, alfazema, cidreira, espinafre, alho e cebola. Ótimos para colher cana-de-açúcar. Ótimos também para fazer transplante de mudas como alface para o local definitivo.

Dias 26 e 27 – Bons para plantar especiarias e ervas medicinais das quais se aproveitará as folhas.

Dias 28 e 29 – Bons para colher legumes, alho, cebola e batatas.

Dia 30 – Bom para colher grãos e cortar material para artesanato como vime, bambu e taboa.

GALINHAS: Ponha-as para chocar nos dias 1º, 2, 3 e 4.

PESCARIA: De 21 a 28, boa no mar, e de 5 a 13, boa em rios e lagos.

Castrar animais nos dias 2, 3 e 4.

MAIO 2005
Até o dia 7 de maio – *Lua Minguante*
Até o dia 15 de maio – *Lua Nova*
Até o dia 23 de maio – *Lua Crescente*
Até o dia 30 de maio – *Lua Cheia*

Dias 1º e 2 – Bons para colher grãos e colher material para artesanato como vime, bambu e taboa.
Dias 3 e 4 – Ótimos para plantar cenoura, beterraba, amendoim, rabanete e batatas em geral.

Dias 5 e 6 – Bons para fazer mudas de galho, plantar melissa, orégano, cidreira, louro, erva-doce, losna, camomila, arruda, guiné e sálvia.

Dias 7 e 8 – Bons para plantar grãos, como milho, café, feijão, trigo, gergelim, bulbos como alho e cebola bem como tubérculos e raízes.
Dias 9, 10 e 11 – Bons para plantar folhagens ornamentais, arar, limpar e adubar a terra.
Dias 12 e 13 – Ótimos para plantar frutos suculentos, folhas para salada, cana-de-açúcar e fazer enxertos de cítricos.
Dias 14, 15 e 16 – Bons para semear ou plantar abóboras, melancias e melões, fazer mudas de galho e plantar especiarias.
Dias 17 e 18 – Bons para semear pastos e gramados.
Dias 19 e 20 – Ótimos para plantar todo tipo de flores, desde rasteiras até arbóreas como ipê, flamboyant, resedá, guassatonga, imburana, azálea, manacá e quaresmeira.
Dias 21, 22 e 23 – Ótimos para plantar alfaces, escarolas, agrião, salsão, azedinha, rúcula, cebola e alho, bem como colher cana-de-açúcar.

Dias 24 e 25 – Bons para plantar orégano, boldo, sálvia, louro, estragão, dill, manjerona, confrei, losna, endro, algaravia, camomila, melissa e cidreira.
Dias 26 e 27 – Bons para plantar todo tipo de tubérculos como batata-doce, batata-inglesa, cará e inhame, bem como alho-porró e açafrão.
Dias 28 e 29 – Bons para colher frutos suculentos e legumes para armazenagem e posterior industrialização.

Dias 30 e 31 – Bons para plantar bardana, beterraba, mandioca, cenoura, amendoim, batatas, cará, inhame e fazer transplantes de mudas para o local definitivo.

GALINHAS: Ponha-as para chocar nos dias 1º, 2 e 3.
PESCARIA: De 21 a 28, boa no mar , e de 4 a 13, boa em rios e lagos.
Castrar animais nos dias 5, 6 e 7.

JUNHO 2005
Até o dia 6 de junho – *Lua Minguante*
Até o dia 14 de junho – *Lua Nova*
Até o dia 21 de junho – *Lua Crescente*
Até o dia 28 de junho – *Lua Cheia*
Dias 29 e 30 de junho – *Lua Minguante*

Dias 1º e 2 – Bons para colher flores para secar, cortar material como bambu, taboa e vime para fazer artesanato e também colher frutos para armazenar.

Dias 3, 4 e 5 – Bons para plantar alho e cebola.
Dias 6 e 7 – Bons para fazer enxertos e alporques bem como semear flores.
Dias 8, 9 e 10 – Ótimos para plantar abacates, goiabas, marmelos, limões, laranjas, bananas, figos, cocos, maçãs, painas, alface, azedinha, agrião, avencas, samambaias, amendoim, cenoura, bardana, batatas, cará, inhame e cana-de-açúcar.
Dias 11e 12 – Bons para fazer mudas de galho, plantar especiarias e ervas medicinais como louro, malva, alecrim, orégano, camomila, sálvia, confrei, erva-cidreira e melissa.
Dias 13, 14 e 15 – Bons para plantar raizforte, bardana, cenoura, beterraba, gengibre, rabanete, amendoim, mandioca, alho, cebola, batata-doce e inglesa, cará e inhame.
Dias 16 e 17 – Ótimos para plantar flores rasteiras, trepadeiras, arbustivas e arbóreas de cores bem vivas.
Dias 18 e 19 – Ótimos para plantar todo tipo de frutos como maçã, pêra, laranja, li-

mão, pêssego, acerola, pitanga bem como milho, feijão, trigo, cevada, gergelim e girassol.

Dias 20 e 21 – Bons para semear ou plantar de rama abóboras, melões e melancias.

Dias 22 e 23 – Bons para colher para reprodução cenouras, nabo, beterrabas, bardana, gengibre, erva-doce, amendoim, trigo, feijão, cevada, aveia, café, alho, cebola e batatas.

Dias 24 e 25 – Bons para colher flores para secar próximo ao meio-dia, bem como ervas medicinais, melissa, cidreira, antes do amanhecer, ainda orvalhadas.

Dias 26 e 27 – Ótimos para plantar todo tipo de folhas comestíveis, alface, agrião, rúcula, e ornamentais, como samambaias e avencas, colher frutos suculentos e cana-de-açúcar.

Dias 28 e 29 – Ótimos para podas anuais, fazer limpeza, adubação, cortar bambu, vime e taboa para artesanato.

Dia 30 – Bom para colher para armazenar todo tipo de frutos, tomates, berinjelas, pepinos, e fazer transplantes de mudas para os canteiros definitivos.

GALINHAS: Ponha-as para chocar nos dias 1º, 2, 3 e 30.
PESCARIA: De 19 a 25, boa no mar, e de 4 a 11, boa em rios e lagos.
Castrar animais nos dias 1º, 2, 3, 4, 5, 29 e 30.

JULHO 2005

Até o dia 5 de julho – *Lua Minguante*
Até o dia 13 de julho – *Lua Nova*
Até o dia 20 de julho – *Lua Crescente*
Até o dia 27 de julho – *Lua Cheia*
Até o dia 31 de julho – *Lua Minguante*

Dias 1º e 2 – Bons para colher para armazenar todo tipo de frutos, tomates, berinjelas, pepinos, e fazer transplantes de mudas para os canteiros definitivos.

Dias 3 e 4 – Ótimos para podas anuais de plantas que recebem este tratamento nesta época, fazer limpeza e adubação, cortar bambu, vime e taboa para artesanato.

Dias 5, 6 e 7 – Ótimos para plantar mandioca, amendoim, beterraba, gengibre, cenoura, batata-doce e inglesa, cará, inhame, rabanete e raiz-forte e bons para fazer mudas de galho, alporques, enxertos, plantar especiarias e ervas medicinais.

Dias 8 e 9 – Bons para plantar raiz-forte, bardana, cenoura, beterraba, gengibre, rabanete, amendoim, mandioca, alho, cebola, batata-doce, batata-inglesa, cará e inhame.

Dias 10, 11 e 12 – Bons para plantar flores rasteiras, trepadeiras, arbustivas e arbóreas, limpar, arar e adubar, preparando a terra para o próximo plantio.

Dias 13 e 14 – Ótimos para plantar flores rasteiras, trepadeiras, arbustivas e arbóreas.

Dias 15 e 16 – Ótimos para plantar todo tipo de frutos e legumes como maçã, pêra, laranja, tomate, chuchu, acerola, pitanga bem como milho, feijão, trigo, cevada, gergelim e girassol.

Dias 17, 18 e 19 – Bons para semear ou plantar de rama abóboras, melões e melancias.

Dias 20 e 21 – Bons para colher para reprodução cenouras, nabo, beterrabas, bardana, gengibre, erva-doce, amendoim, trigo, feijão, cevada, aveia, café, alho, cebola e batatas.

Dias 22 e 23 – Bons para colher flores para secar próximo ao meio-dia, bem como ervas medicinais, melissa, cidreira, antes do amanhecer, ainda orvalhadas.

Dias 24 e 25 – Ótimos para plantar todo tipo de folhas comestíveis, alface, agrião, rúcula, e ornamentais. Colher cana-de-açúcar

Dias 26 e 27 – Bons para plantar especiarias de folhas e ervas medicinais.

Dias 28 e 29 – Bons para colher para armazenar todo tipo de frutos, tomates, berinjelas, pepinos, e fazer transplantes de mudas para os canteiros definitivos.

Dias 30 e 31 – Ótimos para podas anuais de plantas que recebem este tratamento nesta época, fazer adubação, cortar bambu, vime e taboa para artesanato.

GALINHAS: Ponha-as para chocar nos dias 1º, 29, 30 e 31.
PESCARIA: De 18 a 25, boa no mar, e de 3 a 10, boa em rios e lagos.
Castrar animais nos dias 1º, 2, 3, 29, 30 e 31.

AGOSTO 2005

Até o dia 4 de agosto – *Lua Minguante*
Até o dia 12 de agosto – *Lua Nova*
Até o dia 18 de agosto – *Lua Crescente*
Até o dia 25 de agosto – *Lua Cheia*
Até o dia 31 de agosto – *Lua Minguante*

Dia 1º – Bom para cortar vime, bambu e taboa, bem como colher frutos e legumes para armazenar e fazer podas anuais, limpeza e adubação.

Dias 2 e 3 – Ótimos para plantar batata-inglesa e doce, cará, inhame, mandioca, cenoura, bardana, gengibre e amendoim.

Dias 4, 5 e 6 – Bons para colher para armazenar berinjelas, pepinos, chuchu, mandioca, alho, cebola, batatas, cará, inhame, amendoim, quiabo, jiló e rabanetes.

Dias 7 e 8 – Bons para plantar cenoura, mandioca, beterraba, bardana, gengibre, erva-doce, rabanete, amendoim, milho, trigo, feijão, cevada, aveia, café, alho, cebola e batatas de todos os tipos.

Dias 9, 10 e 11 – Ótimos para plantar flores anuais, rasteiras, arbustivas e arbóreas, fazer enxertos e alporques.

Dias 12 e 13 – Ótimos para plantar frutos suculentos como a manga, goiaba, maracujá, laranja, limão, mexerica, ameixa, pêra, mamão, uva, banana, pêssego, jabuticaba, jambo, alface, repolho, agrião, cana-de-açúcar, fazer enxertos e alporques.

Dias 14 e 15 – Bons para semear abóboras, melancias, melões e morangas.

Dias 16 e 17 – Bons para semear todo tipo de grãos como girassol, gergelim, milho, arroz, trigo, feijão, cevada, aveia, café, cacau e guaraná.

Dias 18 e 19 – Bons para semear pastos e gramados.

Dias 20 e 21 – Ótimos para plantar, escarola, couve, rúcula, espinafre, alface, acelga, agrião, folhagens ornamentais, cidreira, camomila, hortelã, alho e cebola, e colher cana-de-açúcar.

Dias 22 e 23 – Bons para plantar louro, orégano, manjericão, manjerona, malva e sálvia.

Dias 24 e 25 – Bons para semear ou plantar alho e cebola.

Dias 26, 27 e 28 – Bons para cortar vime, bambu e taboa, bem como colher frutos e legumes para armazenar e fazer podas anuais, limpeza e adubação.

Dias 29 e 30 – Ótimos para plantar batata-inglesa e doce, cará, inhame, mandioca, cenoura, bardana, gengibre.

Dia 31 – Bom para colher para armazenar berinjelas, pepinos, chuchu, mandioca, alho, cebola, batatas, cará, inhame, amendoim, quiabo, jiló e rabanetes.

GALINHAS: Ponha-as para chocar nos dias 28, 29, 30 e 31.
PESCARIA: De 16 a 23, boa no mar, e de 3 a 10 e 29, 30 e 31, boa em rios e lagos.
Castrar animais nos dias 1º, 27 e 28.

SETEMBRO 2005

Até o dia 3 de setembro – *Lua Minguante*
Até o dia 10 de setembro – *Lua Nova*
Até o dia 17 de setembro – *Lua Crescente*
Até o dia 24 de setembro – *Lua Cheia*
Até o dia 30 de setembro – *Lua Minguante*

Dias 1º e 2 – Bons para colher para armazenar berinjelas, pepinos, chuchu, mandioca, alho, cebola, batatas, cará, inhame, amendoim, quiabo, jiló e rabanetes.

Dias 3 e 4 – Bons para plantar cenoura, mandioca, beterraba, bardana, gengibre, erva-doce, rabanete, amendoim, milho, trigo, feijão, cevada, aveia, café, alho, cebola e batatas de todos os tipos.

Dias 5, 6 e 7 – Ótimos para plantar flores anuais, rasteiras, arbustivas e arbóreas, fazer enxertos e alporques.

Dias 8 e 9 – Ótimos para plantar todo tipo de árvores e arbustos frutíferos, couve-flor, brócolis, abacaxi e cana-de-açúcar.
Dias 10 e 11 – Bons para plantar louro, hortelã, salsinha, cebolinha, camomila, alecrim, manjericão, manjerona, malva, losna, espinafre, acelga, couve, alface e escarola.
Dias 12 e 13 – Bons para plantar alho e cebola. Bons também para colher para reprodução cevada, aveia, trigo, soja, feijão, cacau, milho, cenoura, beterraba e batatas.

Dias 14 e 15 – Bons para colher sementes de flores ornamentais para reprodução.
Dias 16, 17 e 18 – Ótimos para transplantar para local definitivo folhas para salada, colher frutos suculentos e cana-de-açúcar.
Dias 19 e 20 – Bons para cortar bambu, vime e taboa para artesanato e para colher sementes de flores ornamentais para reprodução.
Dias 21 e 22 – Bons para plantar cenouras, beterrabas, gengibre, erva-doce, rabanete, amendoim, milho, trigo, feijão, cevada, aveia, café, alho, cebola e batata-doce.
Dias 23 e 24 – Bons para plantar ou semear flores anuais de todos os tipos.
Dias 25, 26 e 27 – Ótimos para plantar ameixa, marmelo, goiaba, pêssego, manga, banana, graviola, fruta-do-conde, alface, acerola, rúcula, espinafre, azedinha, cana-de-açúcar, fazer enxertos e alporques.

Dias 28 e 29 – Bons para semear ou plantar de rama abóboras, melões e melancias.
Dia 30 – Bom para plantar milho, aveia, feijão, trigo, soja, cacau, café, cevada, girassol, guaraná, arroz, alpiste e gergelim.

GALINHAS: Ponha-as para chocar nos dias 27, 28, 29 e 30.
PESCARIA: De 15 a 22, boa no mar, e dos dias 1º a 7 e de 28 a 30, boa em rios e lagos.
Castrar animais nos dias 1º, 2, 3 e 4, 28, 29 e 30.

OUTUBRO 2005
Até o dia 2 de outubro – *Lua Minguante*
Até o dia 10 de outubro – *Lua Nova*
Até o dia 16 de outubro – *Lua Crescente*
Até o dia 24 de outubro – *Lua Cheia*
Até o dia 31 de outubro – *Lua Minguante*

Dias 1º e 2 – Bons para plantar milho, aveia, feijão, trigo, soja, cacau, café, cevada, girassol, guaraná, arroz, alpiste e gergelim.
Dias 3 e 4 – Bons para semear pastos e gramados e flores rasteiras.
Dias 5 e 6 – Ótimos para plantar todo tipo de árvores e arbustos frutíferos, bem como couve-flor, brócolis, abacaxi e cana-de-açúcar.

Dias 7, 8 e 9 – Bons para plantar louro, hortelã, sálvia, salsinha, cebolinha, camomila, alecrim, manjericão, manjerona, malva, losna, arruda e guiné, espinafre, acelga, couve, alface, escarola, erva-doce e erva-cidreira.
Dias 10 e 11 – Bons para semear pastos e gramados.
Dias 12 e 13 – Bons para colher flores para secar, plantar flores e arbustos floríferos como capucines, rosas, amor-perfeito, dálias, alamandas, azáleas, strelizias, ipês e acácias.
Dias 14 e 15 – Ótimos para plantar e semear caju, cajá-manga, goiaba, laranja, banana, coco, limão, manga, maçã, pêra, figo, milho, gergelim, girassol, trigo, ervilha, feijão, urucum e vagens.
Dias 16 e 17 – Bons para semear abóboras, melões e melancias.

Dias 18 e 19 – Bons para colher para reprodução sementes de raízes, de cebola, alho, grãos de todos os tipos, batata-inglesa e doce, cará e inhame.
Dias 20 e 21 – Bons para colher sementes de flores ornamentais para reprodução, e para consumo rápido, cebolas, alho, batata-inglesa e doce, bem como cará e inhame.
Dias 22, 23 e 24 – Ótimos para semear raiz-forte, gengibre, cenouras, beterrabas, erva-doce, amendoim, assim como plantar

ou semear folhas para saladas, colher frutos suculentos e cana-de-açúcar.
Dias 25 e 26 – Ótimos para colher para armazenar mangas, bananas, pêssegos, maçãs, ameixas, laranjas, goiabas, marmelos, berinjela e jiló.

Dias 27, 28 e 29 – Bons para cortar bambu, vime e taboa para fazer artesanato.
Dias 30 e 31 – Bons para colher flores para secar e plantar floríferas rasteiras.

GALINHAS: Ponha-as para chocar nos dias 25, 26, 27, 28 e 29.
PESCARIA: De 14 a 20, boa no mar, e de 1º a 6 e de 29 a 31, boa em rios e lagos.
Castrar animais nos dias 1º, 2, 3 e 4 e 26, 27, 28 e 29.

NOVEMBRO 2005

Dia 1º de novembro – *Lua Minguante*
Até o dia 8 de novembro – *Lua Nova*
Até o dia 15 de novembro – *Lua Crescente*
Até o dia 23 de novembro – *Lua Cheia*
Até o dia 30 de novembro – *Lua Minguante*

Dias 1º, 2 e 3 – Ótimos para plantar morango, laranja, manga, limão, acerola, graviola, confrei, alface, agrião, rúcula, acelga, azedinha, espinafre, cana-de-açúcar, fazer enxertos e alporques.

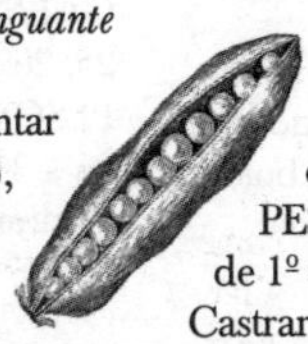

Dias 4 e 5 – Bons para fazer mudas de galho e plantar louro, orégano, hortelã, manjericão, manjerona, sálvia, malva, alecrim, arruda e guiné.
Dias 6 e 7 – Bons para semear pastos e gramados.
Dias 8 e 9 – Bons para colher flores para secar, plantar flores e arbustos floríferos como capucines, rosas, amor-perfeito, dálias, alamandas, azáleas, strelizias, ipês e acácias.
Dias 10 e 11 – Ótimos para plantar e semear caju, cajá-manga, goiaba, laranja, banana, coco, limão, manga, maçã, figo, milho, gergelim, girassol, trigo, ervilha, feijão, urucum e vagens.
Dias 12 e 13 – Bons para semear abóboras, melões e melancias.
Dias 14, 15 e 16 – Bons para semear pastos e gramados.
Dias 17 e 18 – Bons para colher para reprodução feijão, milho, arroz, trigo, cevada, gergelim, cenoura, beterraba, gengibre, rabanete, alho, cebola, batata-inglesa e doce, cará e inhame.
Dias 19 e 20 – Ótimos para plantar folhas para salada, ervas medicinais, alho, cebola e colher cana-de-açúcar.
Dias 21, 22 e 23 – Ótimos para plantar cravo, louro, manjericão, orégano, manjerona, alecrim, hortelã, sálvia, coentro, marcela e losna e fazer mudas de galho.
Dias 24 e 25 – Ótimos para semear ou plantar alho e cebolas. Cortar vime, taboa e bambu para fazer artesanato. Podar, adubar, limpar e fazer a manutenção da terra.
Dias 26, 27 e 28 – Bons para plantar flores, sejam elas rasteiras, arbustivas ou arbóreas ou comestíveis como couve-flor e brócolis.
Dias 29 e 30 – Ótimos para plantar raiz-forte, cenouras, beterrabas, nabo, gengibre, mandioquinha, batatas, cará e inhame e fazer transplantes.

GALINHAS: Ponha-as para chocar nos dias 25, 26, 27 e 28.
PESCARIA: De 13 a 20, boa no mar, e de 1º a 4 e de 28 a 30, boa em rios e lagos.
Castrar animais nos dias 25, 26, 27 e 28.

DEZEMBRO 2005

Até o dia 7 de dezembro – *Lua Nova*
Até o dia 14 de dezembro – *Lua Crescente*
Até o dia 22 de dezembro – *Lua Cheia*
Até o dia 30 de dezembro – *Lua Minguante*
Dia 31 de dezembro – *Lua Nova*

Dias 1º e 2 – Bons para fazer mudas de galho e plantar hortelã, malva, camomila, carqueja, erva-cidreira, louro, cravo, canela, manjericão, manjerona, alecrim, sálvia, hortelã, mostarda, orégano, pimentas e cominho.

Dias 3 e 4 – Bons para semear pastos e gramados.

Dias 5 e 6 – Bons para colher flores para secar, plantar flores e arbustos floríferos como capucines, rosas, amor-perfeito, dálias, alamandas, azáleas, strelizias, ipês e acácias.

Dias 7 e 8 – Ótimos para plantar e semear caju, cajá-manga, goiaba, laranja, banana, coco, limão, manga, maçã, pêra, figo, milho, gergelim, girassol, trigo, ervilha, feijão, urucum e vagens.

Dias 9, 10 e 11 – Bons para semear abóboras, melões e melancias.

Dias 12 e 13 – Bons para limpar, arar e adubar o solo.

Dias 14 e 15 – Bons para plantar couve-flor, brócolis, ananás, abacaxi, feijão, arroz, trigo, cevada, gergelim, girassol, cevada, milho, café, cacau e guaraná.

Dias 16, 17 e 18 – Ótimos para plantar folhas para saladas, folhagens ornamentais, heras, alho, cebola e também para colher cana-de-açúcar.

Dias 19 e 20 – Bons para plantar manjerona, alecrim, hortelã, também todo tipo de ervas medicinais como camomila, boldo, sálvia, capim cidrão e cáscara-sagrada.

Dias 21 e 22 – Bons para colher para reprodução arroz, trigo, milho, feijão, gergelim, ervilhas, urucum ou colorau, cenouras, beterrabas rabanetes, gengibre, mandioca, amendoim, alho, cebola e batata-inglesa e doce, cará e inhame.

Dias 23, 24 e 25 – Ótimos para semear e plantar flores ornamentais.

Dias 26 e 27 – Ótimos para plantar mandioca, cará, inhame, batatas, rabanete e cenouras e fazer transplantes de mudas para o local definitivo.

Dias 28 e 29 – Bons para fazer mudas de galho, colher chuchu, berinjela, jiló, quiabo, pepino, cortar madeira, vime, bambu e taboa bem como fazer podas.

Dias 30 e 31 – Bons para plantar pimenta-do-reino, cevada, feijão, arroz, milho, cacau e café, bem como mandiocas, cenouras, rabanetes, amendoins, alho, cebola, batatas, cará e inhame.

GALINHAS: Ponha-as para chocar nos dias 25, 26, 27, 28 e 29.
PESCARIA: De 12 a 18, boa no mar, e de 26 a 31, boa em rios e lagos.
Castrar animais nos dias 24 e 25.

Quando você romper com os seus princípios, assuma

É tão natural romper com os nossos valores quanto tê-los, o que explica por que tantas pessoas magoam as outras e acabam tendo problemas. Também é verdade que, depois de cometer esses erros, a grande maioria de nós sofre alguns tipos de desarmonia interior. Um sintoma disso é uma dor emocional ou psicológica. Dependendo do tamanho do erro ético, a dor pode provocar uma crise dentro de nós.

A pior coisa que podemos fazer quando cometemos um erro, entretanto, é negá-lo ou tentar fugir dele. Fugir da dor provoca uma outra série de problemas, e o menor deles resulta numa dor maior do que aquela da qual estávamos tentando escapar.

– Extraído de *Determine a sua Própria Sorte*, de P. Morgan e T. Monte, Ed. Cultrix.